基督教文化研究丛书

主编 何光沪 高师宁

七编 第 **5** 册

基督教"山东复兴"运动研究
（1927～1937）（上）

赵 建 玲 著

花木兰文化事业有限公司

国家图书馆出版品预行编目资料

基督教"山东复兴"运动研究（1927～1937）（上）／赵建玲
著 —— 初版 —— 新北市：花木兰文化事业有限公司，2021〔民
110〕
目 4+184 面；19×26 公分
（基督教文化研究丛书 七编 第 5 册）
ISBN 978-986-518-376-9（精装）
1. 基督教史 2. 中国
240.8   110000572

ISBN-978-986-518-376-9

基督教文化研究丛书
七编 第五册   ISBN：978-986-518-376-9

基督教"山东复兴"运动研究
（1927～1937）（上）

作　　者 赵建玲
主　　编 何光沪 高师宁
执行主编 张　欣
企　　划 北京师范大学基督教文艺研究中心
总 编 辑 杜洁祥
副总编辑 杨嘉乐
编　　辑 许郁翎、张雅淋　美术编辑 陈逸婷
出　　版 花木兰文化事业有限公司
发 行 人 高小娟
联络地址 台湾 235 新北市中和区中安街七二号十三楼
　　　　 电话：02-2923-1455 ／ 传真：02-2923-1452
网　　址 http://www.huamulan.tw 信箱 service@huamulans.com
印　　刷 普罗文化出版广告事业
初　　版 2021 年 3 月
全书字数 396585 字
定　　价 七编 9 册（精装）台币 22,000 元

基督教"山东复兴"运动研究

（1927～1937）（上）

赵建玲 著

作者简介

赵建玲，山东大学历史学博士，山东师范大学公共管理学院讲师。曾主持国家社科基金青年项目"民国时期基督教'山东复兴'运动研究"，在海内外期刊发表学术论文十余篇。

提　要

　　1927～1937年间的"山东复兴"运动是民国时期基督教发展史上的重要事件，近年来受到国内外学者的普遍关注。该复兴运动发端于山东烟台，后以星火燎原之势快速蔓延至山东省其他地区，并向外扩散至国内多个省份乃至朝鲜、日本等周边国家。"山东复兴"运动受到世界"古典五旬节"运动和中国民间信仰与传统文化的双重影响，追求"圣灵充满"，强调重生经历，宣扬神迹奇事，不仅极大振奋了基督徒的宗教精神，而且在基督教本土化、教会组织的权力结构变化、本土教会的教义与宗教实践等方面都产生了深远影响，形塑了基督教在近现代中国较具代表性的一种存在方式。该书以美南浸信会、真耶稣教会和耶稣家庭为主要对象，研究了"山东复兴"运动的时空背景、复兴路线、复兴动力及社会影响，分析了混融主义在基督教本土化过程中的作用机制，阐释了基督教与中国文化的关系，对深化近现代基督教史研究具有重要意义。

"基督教文化研究丛书"总序

何光沪 高师宁

　　基督教产生两千年来，对西方文化以至世界文化产生了广泛深远的影响——包括政治、社会、家庭在内的人生所有方面，包括文学、史学、哲学在内的所有人文学科，包括人类学、社会学、经济学在内的所有社会科学，包括音乐、美术、建筑在内的所有艺术门类……最宽广意义上的"文化"的一切领域，概莫能外。

　　一般公认，从基督教成为国教或从加洛林文艺复兴开始，直到启蒙运动或工业革命为止，欧洲的文化是彻头彻尾、彻里彻外地基督教化的，所以它被称为"基督教文化"，正如中东、南亚和东亚的文化被分别称为"伊斯兰文化"、"印度教文化"和"儒教文化"一样——当然，这些说法细究之下也有问题，例如这些文化的兴衰期限、外来因素和内部多元性等等，或许需要重估。但是，现代学者更应注意到的是，欧洲之外所有人类的生活方式，即文化，都与基督教的传入和影响，发生了或多或少、或深或浅、或直接或间接，或片面或全面的关系或联系，甚至因它而或急或缓、或大或小、或表面或深刻地发生了转变或转型。

　　考虑到这些，现代学术的所谓"基督教文化"研究，就不会限于对"基督教化的"或"基督教性质的"文化的研究，而还要研究全世界各时期各种文化或文化形式与基督教的关系了。这当然是一个多姿多彩的、引人入胜的、万花筒似的研究领域。而且，它也必然需要多种多样的角度和多学科的方法。

　　在中国，远自唐初景教传入，便有了文辞古奥的"大秦景教流行中国碑颂并序"，以及值得研究的"敦煌景教文献"；元朝的"也里可温"问题，催生了民国初期陈垣等人的史学杰作；明末清初的耶稣会士与儒生的交往对话，带来了中西文化交流的丰硕成果；十九世纪初开始的新教传教和文化活动，更造成了中国社会、政治、文化、教育诸方面、全方位、至今不息的千古巨变……所有这些，为中国（和外国）学者进行上述意义的"基督教文化研究"提供了极其丰富、取之不竭的主题和材料。而这种研究，又必定会对中国在各方面的发展，提供重大的参考价值。

就中国大陆而言，这种研究自 1949 年基本中断，至 1980 年代开始复苏。也许因为积压愈久，爆发愈烈，封闭越久，兴致越高，所以到 1990 年代，以其学者在学术界所占比重之小，资源之匮乏、条件之艰难而言，这一研究的成长之快、成果之多、影响之大、领域之广，堪称奇迹。

然而，作为所谓条件艰难之一例，但却是关键的一例，即发表和出版不易的结果，大量的研究成果，经作者辛苦劳作完成之后，却被束之高阁，与读者不得相见。这是令作者抱恨终天、令读者扼腕叹息的事情，当然也是汉语学界以及中国和华语世界的巨大损失！再举一个意义不小的例子来说，由于出版限制而成果难见天日，一些博士研究生由于在答辩前无法满足学校要求出版的规定而毕业受阻，一些年轻教师由于同样原因而晋升无路，最后的结果是有关学术界因为这些新生力量的改行转业，后继乏人而蒙受损失！

因此，借着花木兰出版社甘为学术奉献的牺牲精神，我们现在推出这套采用多学科方法研究此一主题的"基督教文化研究丛书"，不但是要尽力把这个世界最大宗教对人类文化的巨大影响以及二者关联的方方面面呈现给读者，把中国学者在这些方面研究成果的参考价值贡献给读者，更是要尽力把世纪之交几十年中淹没无闻的学者著作，尤其是年轻世代的学者著作对汉语学术此一领域的贡献展现出来，让世人从这些被发掘出来的矿石之中，得以欣赏它们放射的多彩光辉！

2015 年 2 月 25 日
于香港道风山

目
次

导　论

一、选题的背景与意义

　　"复兴"（revival）是基督教事业的寻常特征之一。现代天主教和基督新教本身就是西方世界宗教复兴的产物。[1]从历史来看，每当基督教发展陷入低潮、基督徒缺乏宗教精神时，总会时不时爆发一场宗教复兴。[2]基督教复兴有着悠久的历史渊源，早在十八世纪就有英国约翰·卫斯理（John Wesley，1703-1791）带领下的循道派复兴运动（Methodism，1703-1758）和乔纳森·爱德华兹（Jonathan Edwards，1714-1770）与乔治·怀特菲尔德（George Whitefield, 1714-1770）带领下的大觉醒运动（The Great Awakening, 1726-1750），十九世纪查理·芬尼（Charles Grandison Finney，1792-1895）掀起了"第二次大觉醒"复兴运动，并在全球范围产生深远影响，但是基督教复兴真正迎来高潮是在二十世纪以后。美国学者马克·肖（Mark Shaw）认为从二十世纪早期至二十一世纪初期基督教至少经历了八次全球范围内的复兴与扩张[3]，而"山东复兴"正代表着第二次全球复兴在中国地区的高潮部分。

1　R. G. Tiedemann, "Protestant Revivals in China with Particular Reference to Shandong Province," *Studies in World Christianity*, vol. 18, no. 3 (2012), pp. 213-236.

2　Kenneth Scott Latourette, "Advance through Storm: AD 1914 and After, with Concluding Generalizations," *A History of the Expansion of Christianity*, vol. 7, New York: Harper & Brothers, 1945, p. 487.

3　Mark Shaw, *Global Awakening: How 20ᵗʰ-Century Revivals Triggered a Christian Revolution*, Downers Grove: IVP, 2010.

1927-1937 年间的"山东复兴"（Shandong Revival）是民国时期的一场基督新教复兴运动，始于山东烟台，后快速发展至山东省其他地区，并向外扩散至国内多个省份甚至朝鲜、日本等周边国家。它受到全球五旬节运动的深刻影响，追求"圣灵充满"，强调重生经历，赞美神迹奇事，对基督教本土化、教会组织的权力结构变化、本土教会的教义与宗教实践等方面都产生了极为深远的影响，塑造了基督教在近现代中国颇具代表性的存在方式。

基督教作为一种宗教现象具有多重属性，需要从不同的视角进行研究。要全面充分地认识中国基督教，我们不仅需要关注现状，也需要了解其历史；不仅需要研究现代派和社会福音派基督教在社会改革方面做出的探索与努力，也需要关注福音派和保守派在基督教基本教义、教理和精神追求等方面的阐释与演化。近年来中国学术界对民国时期基督教的研究著作迭出，成果丰硕。从总体研究进路来看，主要研究对象和内容集中在考察基督教在医疗、教育、文化、卫生、出版、翻译、慈善、赈灾、乡村建设等方面所扮演的社会角色。相比之下，对于体现基督教宗教属性的教义和信仰实践的相关研究却寥若晨星，鲜有力作。正如法国社会学家涂尔干所言，神圣性是宗教的根本属性，与神圣事物有关的信仰、仪式和规矩是宗教的第一构成要素。[4]从这个意义上来讲，以"圣灵充满"、公开认罪、重生得救为特征的规模空前的"山东复兴"运动为我们提供了一个难得的可以窥探基督徒的精神世界和信仰实践的机会。

从该选题的现实意义来讲，对"山东复兴"运动的系统研究可以帮助我们更好地了解民国时期基督教复兴盛况，加深对于宗教与社会之间关系的认识。山东省作为儒家文化的发源地和大本营，有着极为特殊的地理意义和文化地位。在二十世纪二三十年代战乱频繁、灾难丛生、社会动荡的时代背景与"非基督运动"的严峻形势下，山东的基督教不仅没有归于消沉，反而信教人数剧增，信仰程度空前虔诚，教会自立自养能力大大提高，在全省乃至全国范围内掀起长达十年的复兴热潮，该现象非同寻常，值得我们进行深入研究。山东大复兴的特色之一就是公开认罪，在大庭广众之下"与神和好""与人和好"，甚至集体忏悔痛哭，声传数里。长时间的祈祷、"说方言"、见异象、做异梦、神迹医治等众多过激极端行为被视为理所当然，其发生的原因、发展的动力以及所产生的影响都值得进行全面考察。

---

4 爱弥儿·涂尔干：《宗教生活的基本形式》，渠东、汲喆译，北京：《商务印书馆》，2011 年，第 36-45 页。

从该选题的理论意义来讲，对中国基督教发展历史的理论范式建构日趋丰富和成熟，它们在特定的条件下都具有相当的解释性，也在一定程度上很好地揭示了宗教与社会之间的关系。但是不管是文化侵略范式、现代化理论范式、剥夺理论亦或是其他理论模式，在对"山东复兴"运动的解释上都尚有一定的局限性。"山东复兴"运动受到欧美五旬节运动、凯锡克运动、圣洁运动等影响，倡导一些新的神学教义和敬拜实践，比如相信前千禧年主义的末世观，追求"圣灵充满"的宗教体验，重视"说方言"、见异象、做异梦、医病赶鬼等圣灵恩赐。这些教义和实践具有强烈的神秘主义色彩和鲜明的情感主义特色。在这些基督徒的眼里，基督教不应该是理性至上的、沉溺于社会俗事的、平乏无味的例行公事，而应该是充满活力的、神迹伴随的、能带给人亢奋体验和灵魂拯救的鲜活经历。从"山东复兴"运动的宗教特征和信仰实践来看，它既有对西方基督教传统特别是五旬节主义教义的学习和借鉴，又有对中国民间宗教和传统文化的吸收与发展，正是在对中西两种信仰传统双重借鉴的基础上，才会在社会中下层民众中兴起热闹非凡的复兴运动，使得作为舶来品的基督教被更多的中国人所接受，成为中国信仰体系的重要组成部分。本论文结合社会结构与社会分层理论，探索基督教复兴运动的动力机制，试图阐释基督教本土化的"下层路线"实现路径与条件。

二、文献综述

民国时期基督教"山东复兴"运动是基督教全球复兴史和基督教本土化历史上的重要事件，近年来日益得到国际学术界的关注。在这场持续十年之久的复兴运动中，多个西方差会和中国教会均积极投身其中，掀起了多次复兴高潮，产生了深远的社会影响，时至今日还经常被教内人士津津乐道。从目前能够查阅到的中外文献来看，对"山东复兴"运动的相关研究可谓"墙内开花墙外香"，汉语世界普遍关注度不高，严肃的学术研究非常稀少，国外的研究成果相对丰富，研究视角也较为多元化。已有的研究成果可归纳为以下三个方面：

（一）基督教复兴运动研究

复兴运动是基督教发展史上时常出现的一种宗教现象，近年来引发了大量学者的研究兴趣。来自历史学、宗教学、社会学、人类学、神学等各学科领域的专家对复兴的原因、动力、规律、影响等各方面都进行了深入研究，取得了一系列重要成果，特别是在揭示全球地域化视野下复兴运动与基督教全球扩张和基督教本土化之间的关系方面成效显著。

"复兴"一词的中文解释是"衰落后再兴盛起来"[5]，该术语在中文版《圣经》中出现的次数不多，但在很多章节中都出现了意义相近的各种表述。香港学者连达杰整理爬梳了《圣经》中与"复兴"有关的各种中文翻译，包括重修、重新有、复新、更换为新、活、得生、复兴、苏醒、救活、存活、复活等，对应的英文术语有 repair, restore, renew, revive, shall live 等，有"更新与活力"和"兴盛与清新"之意，具体可以指活得很好、很有生命力、很精神等；或指向从低落、疾病、乏力和死亡景况中再次恢复兴旺、复兴和有力的状态；亦可指再次充满活力、生命力，显得兴旺、兴盛，给人一种清新的感觉等意思。[6]从基督教发展历史来看，教会复兴是一个可以反复出现的宗教现象，教会史学家詹姆斯·伯恩斯（James Burns）说："在宗教历史上，没有任何一种现象比'复兴重复出现'这一现象更为显著"；[7]帕克（J. I. Packer）说："为了彰显神在教会内外的荣耀，复兴事件需要重复出现。从历史事实来看，自《圣经》诞生至今的漫长岁月里，复兴的确多次出现。"[8]而在所有复兴中，出现时间最早、影响范围最广的一次当属耶稣复活五十天后的五旬节复兴，此后教会经常发生以"圣灵充满"、灵命更新为特征的复兴运动，正如著名的奋兴布道家穆迪（Dwright. L. Moody，1837-1899）所说，"五旬节是一个样本日，五旬节复兴是会重复发生的，当我们身处其中的时候，不必感到惊讶"[9]。

基督教复兴与全球扩张之间的关系一直是学者关注的重要领域。教会史专家乔治·皮特斯（George W. Peters）说："复兴与基督教扩张的关系是不可能被否定的——它是一个历史事实。研究欧美世界及第三世界的基督

5　中国社会科学院语言研究所词典编辑室编：《现代汉语词典》（第 5 版），北京：商务印书馆，2008 年，第 430 页。

6　连达杰：《引往复兴的动力——一个圣经及神学的观点》，香港：亚洲归主协会，1995 年，第 39-42 页。

7　James Burns, *Revivals: Their Laws and Leaders*, Grand Rapids, Mich. : Baker, 1960, p. 21.

8　J. I. Packer, *God in Our Midst: Seeking and Receiving Ongoing Revival*, Ann Arbor, Mich. : Servant Books, 1987, p. 23.

9　A. Skevington Wood, *The Inextinguishable Blaze: Spiritual Renewal and Advance in the 18th Century*, Eugene, Oregon: Wipf and Stock Publishers, 1968, p. 26.

教扩张史就可以得到验证。韩国、印度、印尼及东非的教会发展史是这一史实的生动写照。"[10] 另外一位世界基督教历史学家赫伯特·凯恩（J. Herbert Kane）也有类似的看法："近代的海外传教运动是由许多客观条件促成的。东印度公司开发远东的财富，建立起全世界的贸易网络，不但为殖民主义开路，也为全球宣教事业提供了便利条件。蒸汽轮船的发明，使得远洋航海更安全快捷。基督教会的复兴运动在海外传教事业中扮演了重要角色。欧洲敬虔派的奋兴运动与英美福音信仰的复兴，促使近代教会踏上了全球传教的历史征途。"[11]

　　美国教会史研究专家、来华传教士赖德烈（Kenneth Scott Latourette, 1884-1968）也很早就注意到基督教在全球范围内的扩张与膨胀，他在自己的鸿篇巨著《基督教扩张史》第七卷中，通过对 1944 年与 1914 年基督教在地域分布、信徒数量、互动程度三个方面的对比考察，赖德烈认为基督教在这三十年间一直在持续扩张，虽然存在两次世界大战、西方文明崩溃和西方传教士缺位的负面影响，但是依然可以看到，基督教在世界范围内蓬勃发展，新兴教会层出不穷，宗教复兴此起彼伏，仅二十世纪初期的一次全球复兴就波及朝鲜、印度、缅甸、非洲东部、中国等国家和地区。[12] 如赖德烈的观察一样，马克·肖也认为复兴经常站在基督教扩张的最前线。在其成名作《全球觉醒：二十世纪的复兴如何引发基督教革命》一书中，肖认为二十世纪的基督教复兴通常表现为对教义的再阐释和对权利的再分配（比如领导权从传教士让渡给本土传道人），而复兴的功能则是为基督教全球性扩张提供动力[13]。

　　在基督教复兴运动的动力方面，马克·肖认为全球复兴运动有五个动力：首先是精神动力，包括皈依基督教、末世寄望、激进社团和积极布道等活动；其次是文化动力，包括基督教领袖的本土化程度、对崇拜和真理形式的教化，对当前社会结构的语境化等；第三是历史动力，涉及复兴运动的不同发展阶

10　George W. Peters, *A Theology of Church Growth*, Grand Rapids: Academie Books, 1981, p. 11.

11　贾礼荣：《基督教宣教史略——从五旬节到今代宣教概览》，黄彼得译，玛琅（印度尼西亚）：印尼东南亚圣道神学院，1979 年，第 105 页。

12　Kenneth Scott Latourette, "Advance through Storm: AD 1914 and After, with Concluding Generalizations," pp. 463-464.

13　Mark Shaw, *Global Awakening: How 20th-Centry Revivals Triggered a Christian Revolution*, p. 28.

段，在发展过程中，必然会存在一些问题，而这些问题由本土领导人解决之后，复兴运动的领导权就会从外国传教士转移至地方领导人；第四是全球化的动力，他认为二十世纪是全球化不断推进的世纪，基督教海外传教运动一方面乘着全球化的西风一路向东，从西方传到东方[14]，另一方面东方很多国家开始向西方"反向"派出传教士，这些传教士在伦敦、柏林、纽约等地产生巨大影响[15]；第五是群体的动力，全球化和地域化是彼此依赖的过程，每个地方的复兴参与都体现了他们自己所身处其中的社会文化背景的独特性[16]。连达杰从神学角度总结出复兴运动的十个动力，分别是：动荡处境的动力、安静等候的动力、圣灵大能的动力、委身人物的动力、爱神子民的动力、生命回转的动力、祷告祈求的动力、敬拜赞美的动力、真理话语的动力、主必再来的动力。[17]社会学家威廉·麦克劳格林（William G. Mcloughlin）在其著作《复兴、觉醒、改革》中对美国过去三百年间的教会复兴运动进行了研究，他认为复兴是教会面对社会文化变迁的压力而被迫作出的一种文化更新；所谓的"悔改归主"（conversion）不过是参与者按照社会变迁的需要从一种旧世界观进入一种新世界观的自然反应，[18]因此社会文化环境的变化是基督教复兴的外部动力。

在基督教复兴的规律与特点方面，教会史学家詹姆斯·伯恩斯（James Burns）通过对历代复兴史的整理和分析，总结出五条复兴规律，包括促进人类历史进步的规律、促使灵性成长的规律、定期性出现的规律、差异性的规律和反作用的规律[19]；连达杰认为复兴的特点至少有四个，分别是复兴之前属灵景况的低落、复兴是教会整体的复兴而非个别基督徒的灵命更新、复兴往往是在慢慢累积的基础上突然发生的和复兴之后基督徒的属灵生命更为活泼热诚。[20]

---

14 Mark Shaw, *Global Awakening: How 20th-Century Revivals Triggered a Christian Revolution*, p. 12.

15 Mark Shaw, *Global Awakening: How 20th-Century Revivals Triggered a Christian Revolution*, p. 174.

16 Mark Shaw, *Global Awakening: How 20th-Century Revivals Triggered a Christian Revolution*, p. 16.

17 连达杰：《引往复兴的动力——一个圣经及神学的观点》，第 161-189 页。

18 William G. McLoughlin, *Revivals, Awakenings, and Reform*, Chicago: The University of Chicago Press, 1980, p. 38.

19 James Burns, *Revivals: Their Laws and Leaders*, pp. 21-76.

20 连达杰：《引往复兴的动力——一个圣经及神学的观点》，第 60-65 页。

　　基督教复兴运动可能出现多方面的影响和结果。戴维斯（R. E. Davies）发现，每次复兴运动过后，不仅教内人士在灵性方面得到更新，而且教外人士和名义基督徒都会受到影响；复兴带来的即时和后来的结果就是基督教的影响力更强，不仅深入地（intensively）影响教会所在的地区，而且会广泛地（extensively）影响周边地区，甚至藉着海外布道的脚步，影响扩至世界各地。[21]安德鲁·沃尔斯（Andrew Walls）通过对全球化视野下非洲基督教发展的跨文化研究，发现非洲的基督教复兴运动相当兴旺，与欧美世界基督教艰难应对世俗化冲击的命运不同，非洲基督教正以有史以来最快的速度发展，成为教会发展的最主要增长点。[22]在沃尔斯的深刻影响下，菲利普·詹金斯（Philip Jenkins）在《下一个基督教王国：全球基督教的到来》一书中做出了大胆又富有争议的预测，他预测到 2050 年基督教的地理中心将不再是北半球和西半球，而是他所谓的地球南方——亚洲、非洲和拉丁美洲，即所谓"上帝南下"[23]。虽然詹金斯的工作被认为是突破性的和创新性的，但他承认这一发现并非完全原创，而是受到多名学者的启发，特别是《世界基督教百科全书》（*World Christian Encyclopedia*）的出版。[24]可见，复兴运动的结果可以是多层次的，包括微观层面的个人属灵变化、中观层面的地方社会变化以及宏观层面的基督教重心转移等多个方面。

　　概而言之，以上关于基督教复兴运动的相关研究，将"复兴"这一现象置于两千多年的历史长河中，使我们认识到该现象并非罕见和唯一，而是基督教发展历史上时有发生的正常现象。学者们通过对复兴的表现、动力、特点、影响等多方面的研究，总结了基督教复兴发展的一般规律。全球地域化视角下的基督教复兴运动是近年来的研究热点和重点，一方面揭示了复兴运动与基督教全球扩张之间的关系，另一方面也发现了由基督教复兴引发的"上帝南下"、重心东移等新动向。不足之处在于目前研究者的学科背景过于集中，绝大部分都是从神学和宗教学角度进行的分析和阐释，相比而言历史学、社会学、人类学等社会科学的专项研究和理论建构相对薄弱，亟待加强。

---

21 R. E. Davies, *I Will Pour Out My Spirit: A History and Theology of Revivals and Evangelical Awakenings,* Tunbridge Wells : Monarch, 1992, p. 15.

22 Andrew Walls, *The Cross-Cultural Process in Christian History: Studies in the Transmission and Appropriation of Faith*, Maryknoll: Orbis, 2007.

23 Philip Jenkins, *The Next Christendom: The Coming of Global Christianity,* New York: Oxford University Press, 2002.

24 Philip Jenkins, *The Next Christendom: The Coming of Global Christianity,* p. 3.

（二）五旬节复兴运动研究

在基督教复兴史上产生过不同的神学思潮，而这些思潮也为复兴运动的兴起提供了动力。自十九世纪末二十世纪初以来，在英国循道主义、美国圣洁运动、英国凯锡克主义、神医运动、时代主义的前千禧年观、回到使徒时代的复原主义等神学思潮基础上萌发的五旬节主义日益显化，成为推动又一波基督教复兴的强大动力，并在接下来的一百多年的时间里，兴起了三波五旬节运动，对世界基督教发展产生了广泛持久的影响。在日益高涨的宗教觉醒和复兴浪潮中，新兴五旬节主义虽然在某些教义和仪式方面与主流基督教有所不同，但是并非对主流复兴思潮的根本背离。正如美国著名学者艾伦·安德森所指出的那样："五旬节主义尚在形成过程中，至少十年以后才会被视为基督教的一种独特形态……确切地说，它是一场运动或一系列运动，在长达数年的过程中融合了多种观念，并最终形成今日复杂多样的基本面貌。"[25]虽然五旬节主义诞生之初，曾被视为"异端邪说"，并遭到主流教会的排挤和批判，但是随着时间的推移，五旬节派的若干主张最终获得了多数主流教会的认可，并在多次复兴运动中显示出旺盛和持久的生命力。截至 2010 年，全球五旬节教派或其他灵恩团体有 5 亿 1500 万信徒[26]，是全球基督教势力增长人数最多、增长速度最快的新兴宗派。

与快速发展的五旬节运动相比，严肃的学术研究起步较晚，但发展很快。大约自 1950 年代开始有学者关注五旬节以来，该领域的吸引力越来越大。特别是过去二三十年间，国际学术界掀起了五旬节研究热潮，五旬节运动研究中心、学术团体、专题会议、学术期刊等相继发起建立，有关五旬节研究的专著、论文大量涌现，历史学、人类学、社会学、心理学等多种学科多有涉及，目前已成为世界基督教研究的新兴领域和研究热点。特别值得一提的是"五旬节之花资料中心"（Flower Pentecostal Heritage Center），自 1999 年开始陆续将多达 54 万页的五旬节派早期报刊实现了电子化和网络化，时间跨度长达一百多年，是五旬节历史研究者不可或缺的重要一手资料来源。

---

25 Anderson, *Spreading Fires: The Missionary Nature of Early Pentecostalism*, Maryknoll, N. Y.: Orbis Books, 2007, p. 4.

26 Todd M. Johnson, David B. Barrett & Peter F. Crossing, "Christianity 2010: A View from the New Atlas of Global Christianity," *International Bulletin of Missionary Research*, vol. 34, no. 1 (January 2010), pp. 29-36.

最早关注五旬节运动的历史学家基本都是非五旬节派背景，研究先行者主要有 1956 年研究"古典五旬节运动"的挪威籍路德宗神学家尼尔斯·霍尔（Nils Bloch-Hoell）[27]，1965 年研究在英国生活的印度裔五旬节信徒的英国社会学家麦尔凯姆·凯利（Malcolm Calley）[28]，1969 年研究智利五旬节运动的瑞士社会学家拉利维·德伊皮内（Lavlive d'Epinay, Christian）[29]等。后来五旬节运动的研究重镇逐渐转到了美国，大量美国社会历史学家参与进来，比如罗伯特·安德森（Robert Mapes Anderson）[30]、唐纳德·戴顿（Donald W. Dayton）[31]和世俗化理论代表哈维·考克斯（Harvey Cox）[32]等。直到 1970 年代才开始有五旬节派学者参与对五旬节运动的学术研究，比如瑞士五旬节宗学者沃特·霍仑外格（Walter Hollenweger）[33]、美国历史学家伊迪丝·布鲁姆霍夫（Edith L. Blumhofer）[34]、威廉·福佩尔（William Faupel）[35]、格兰特·瓦克（Grant Wacker）[36]等。相比而言，来自五旬节派内部的研究者往往对五旬节运动多有同情和肯定，自身不属于任何宗派的研究者立场较为客观中立，而来自非五旬节宗的其他宗派基督徒学者对于五旬节运动多有批判和否定。但这些研究先行者们的研究在很多方面都做出了很好的表率，因史料丰富、记述详细为后人研究提供了有益的借鉴。

当然学术研究是在前人积累的基础上不断丰富完善的，笔者重点考察了1990 年代以后在学术界产生广泛影响的研究者和专著，希望能从学术史的脉络中捋清与五旬节运动研究有关的进展、成果和动向。大致而言，已有研究

27 Nils Bloch-Hoell, *The Pentecostal Movement*, London: Allen & Unwin, 1956.

28 Malcolm J. Calley, *God's People: West Indian Pentecostal Sects in England,* New York: Oxford University Press, 1965.

29 Lavlive d'Epinay, Christian, *Haven to Masses: A Study of the Pentecostal Movement in Chile*, Cambridge, UK: Lutterworth Press, 1969.

30 Robert Mapes Anderson, *Vision of the Disinherited: The Making of American Pentecostalism*, Peabody, Mass.: Hendrickson, 1979.

31 Donald W. Dayton, *Discovering an Evangelical Heritage,* Grand Rapids: Baker Academic, 1988.

32 Harvey Cox, *Fire from Heaven: The Rise of Pentecostal Spirituality and the Reshaping of Religion in the Twenty-first Century*, Cassell Wellington House, 1994 & London, 1996.

33 Walter J. Hollenweger, *The Pentecostals*, Peabody, MA: Hendrickson, 1972.

34 Edith L. Blumhofer, *Restoring the Faith: The Assemblies of God, Pentecostalism, and American Culture*, Chicago: University of Illinois Press, 1993.

35 William Faupel, *The Everlasting Gospel: The Significance of Eschatology in the Development of Pentecostal Thought*, Sheffield [UK]: Sheffield Academic Press, 1996.

36 Grant Wacker, *Heaven Below: Early Pentecostals and American Culture*, Cambridge: Harvard University Press, 2001.

主要集中在五旬节主义的界定与表征、五旬节运动在欧美世界的起源以及对亚非拉国家的影响等几个方面，下面分别予以概括介绍。

关于五旬节主义和五旬节运动的定义与表征是学者们研究的一大热点，也是研究起点。虽然对于该现象进行适当的界定是十分必要的，但是由于五旬节主义自十九世纪末二十世纪初一出现就呈现教义和仪式上的多样性，并在后来的历史进程中不断演变和发展，从而使其成为一种内部人和外部人都很难界定的运动和现象，正如保罗·波默维尔（Paul Pomerville）所言，"就算是简单地对其外在表征进行概括性描述都是相当困难的"[37]。即便如此，学者们还是从五旬节主义的历史根源和独特教义出发，尽其所能地捕捉和刻画五旬节主义的独特气质。美国历史学家格兰特·瓦克注意到"当美国早期五旬节派在向外界解释自己——实际上是想彼此解释时——他们通常从'圣灵的洗'和'说方言'的宗教体验开始"[38]。早期五旬节派强调"说方言"（speaking in tongues）是获得灵洗和"圣灵充满"的首要凭据，这在当时是非常特别的教义主张。这一主张可以追溯至 1901 年的堪萨斯州托皮卡复兴（Topeka Revival），当时的领导人之一查尔斯·帕汉姆（Charles Fox Parham）最早提出"方言"就是别国的语言，即外国的人类语言，而非灵语。这一观点在第一波五旬节运动中占据主流。

但是也有学者不认同"说方言"是"圣灵充满"的唯一凭据，特别是在第二波、第三波五旬节运动中，人们普遍认为除了"说方言"之外，"圣灵充满"还有其他的外在表现。比如保罗·波默维尔提出，"虽然一般来说，认同'说方言'是五旬节运动中灵洗的最初凭据极为常见，但是越来越多的人相信，圣灵的到来还有其他的明显证据，其他的圣灵恩赐也可以作为灵洗的凭据"[39]。在所有的其他凭据和圣灵恩赐中，神迹医治被认定为五旬节运动的另外一个显著特征。唐纳德·戴顿（Donald W. Dayton）认为，"也许五旬节主义的所有特征中，比'圣灵的洗'更有特色的，就是它将神迹医治作为上帝救赎的外在表现，作为教会充满神圣能力的凭据"[40]。希瑟·柯蒂

---

37 Paul Pomerville, *The Third Force in Missions: A Pentecostal Contribution to Contemporary Mission Theology*, Peabody, Mass.: Hendrickson, 1985, p. 10.

38 Grant Wacker, *Heaven Below: Early Pentecostals and American Culture*, p. 35.

39 Paul Pomerville, *The Third Force in Missions: A Pentecostal Contribution to Contemporary Mission Theology*, p. 102.

40 Donald W. Dayton, *Theological Roots of Pentecostalism*, Metuchen, New Jersey: Scarecrow Press, 1987, p. 115.

斯（Heather Curtis）也认为，"虽然'说方言'作为灵洗标志主宰了早期五旬节派自我认同的主要方式，但在五旬节运动开始之初，即对神圣医治极为重视，并且这一特征延续到了五旬节主义的全球扩张进程中，对世界其他国家都产生了广泛影响"[41]。詹金斯[42]和考克斯[43]在各自对于全球五旬节运动的研究中都观察到，在五旬节运动向亚非拉国家传播的过程中，神迹医治一直是重要主题和普遍做法。坎迪·布朗（Candy Gunther Brown）甚至认为在五旬节运动全球扩张的过程中，神迹医治是其中最为重要的一个原因，远比"说方言"或任何其他灵恩都更为重要。[44]换句话说，虽然"说方言"作为五旬节运动的重要元素一直是它的显著标志和对基督教教义的独特补充，但是五旬节主义对神圣医治的强调更好地说明了五旬节运动从起源到当代的蓬勃发展。

在五旬节运动在欧美世界的起源以及对亚非拉国家的影响方面，美国历史学家艾伦·安德森（Allan Heaton Anderson）是该领域的学术权威，他在 2007 年到 2014 年间连续出版四本著作，集中讨论全球地域化视角下的世界五旬节运动。2007 年的《蔓延之火：早期五旬节运动的差传属性》一书描述了第一波"古典五旬节运动"的复兴火种如何在北美点燃，又如何以惊人的速度在全球蔓延，沿着福音派和灵恩运动所建立的传教网络到达了中国、印度、日本、埃及、南非、刚果，并且向拉丁美洲渗透，以及欧美五旬节派传教士如何成功楔入当地的社会文化环境。该书的重点是五旬节运动的差传属性和扩张属性，很大程度上是冲击——回应模式在五旬节世界传教领域的运用。[45]2010 年出版的《全球五旬节运动研究：理论与方法》是本论文集，编辑安德森在绪论中总结了五旬节运动的五个特点和学术研究面临的三个难题，介绍了五旬节研究的一般现状，然后十四名作者分别从历史学、人类学、社会学、心理学和宗教学等学科角度对五旬节运动进行了专题研究和理论阐释，可视为

---

41 Heather D. Curtis, "The Global Character of Nineteenth-Century Divine Healing," Candy Gunther Brown ed., *Global Pentecostal and Charismatic Healing*, Oxford: Oxford University Press, 2011, pp. 29-46.

42 Philip Jenkins, *The Next Christendom: The Coming of Global Christianity*, p. 157.

43 Harvey Cox, "Foreword," Candy Gunther Brown ed., *Global Pentecostal and Charismatic Healing*, p. xvii.

44 Candy Gunther Brown ed., *Global Pentecostal and Charismatic Healing*, p. 14.

45 Allan Heaton Anderson, *Spreading Fires: The Missionary Nature of Early Pentecostalism*, London: SCM Press & Maryknoll, New York: Orbis Books, 2007.

以往所有相关研究的阶段性总结。[46]在 2013 年的《直到世界尽头：五旬节主义和世界基督教的转型》一书中，安德森聚焦于五旬节运动的创新、挑战和成就，特别关注五旬节主义在不同地区、不同时代的意义和表现，他区分了古典五旬节主义、旧灵恩运动、旧的本土独立教会和新五旬节教会等不同类属的五旬节主义，提醒我们五旬节术语本身的内涵复杂性和动态演变性。[47]2014 年的《五旬节主义概论：全球灵恩派基督教》是一本五旬节研究入门指导书，全书分为两个部分，上半篇介绍了五旬节运动的背景以及在北美、拉丁美洲、欧洲、非洲、亚洲、大洋洲等地区的历史发展过程，下半篇对于圣灵神学、差传与福音、圣经与全备福音、性别与社会、政治与经济、全球化及前景等方面进行了详细分析，是最能体现安德森研究精华的代表作，其中关于中国五旬节运动特别是二十世纪上半叶兴起的真耶稣教会、耶稣家庭和"小群"的评价对于本论文极有启发意义。

除了对全球五旬节运动的宏大叙事研究之外，还有学者选取某个大洲或某个国家，对五旬节运动进行中观研究。戴维·莱曼（David Lehmann）对拉丁美洲的五旬节运动进行了深入研究，在其著作《为圣灵而战：巴西和拉丁美洲的宗教转型与民间文化》一书中，莱曼认为五旬节派因其并不在乎饱学之士是否支持和认可而与众不同。许多五旬节派传教士来自相对边缘人群的团体，人们可以说这是一个边缘团体去向另一个边缘团体传道，不过边缘的欧洲人当然有更高的地位和更多的资源，并且把"异教国家"视为"黑暗之地"。但是真正使五旬节主义扎根立足的因素并非外来的传教势力，而是本国的教会领袖。欧美传教士只是在巴西、智利、埃塞俄比亚、印度等亚非拉国家播撒下了五旬节的种子，真正把基督教变为本国宗教的是亚非拉国家的当地基督徒。通过自立门户、自建教会，五旬节运动推动了基督教去中心化和本土化。[48]

戴维·马丁（David Martin）在多年研究的基础上，从宗教社会学的视角对拉美和非洲的五旬节派迅速增长的历史原因、社会后果、发展趋势以及主

46 Allan Heaton Anderson & Michael Bergunder eds., *Studying Global Pentecostalism: Theories and Methods*, Berkeley and Los Angeles & London: University of California Press, 2010.

47 Allan Heaton Anderson, *To the Ends of the Earth: Pentecostalism and the Transformation of World Christianity*, New York: Oxford University Press, 2013.

48 David Lehmann, *Struggle for the Spirit: Religious Transformation and Popular Culture in Brazil and Latin America,* Cambridge: Polity Press, 1996.

要研究文献作了较全面的介绍和分析，并着重指出了五旬节派的本土性、自发性、包容性、草根性、跨国性、多中心等特点。鉴于这些特点，马丁认为五旬节派"有教无类"，具有穿越文化、阶级、地域、种族障碍的能力，它既是穷人的宗教，也是中产阶级白领乃至富人的宗教；它既是黑人的宗教，也是白人的宗教，因此五旬节派标志着传教时代的终结，而不是新篇章的开始。五旬节派的发展是世界基督教重心向南移动的主要动力之一。[49]

专注于研究基督教全球扩张史的菲利普·詹金斯指出，整个二十世纪的基督教史就是一部基督教从"北美宗教"转变为"全球宗教"的历史，也是基督教中心从北半球和西半球移到南半球和东半球的历史，这其中最大的推动力就是五旬节运动，因为五旬节教义能够使本土信徒得以在他们自己的地方文化背景中理解和解释圣经，并发挥一定的创造性，比如非洲和亚洲的信徒创造了他们自己的世界末日、弥赛亚或神圣医治，以适合当地文化传统的形式重新阐释了基督教教义。正是这种深入基层的亲和力和富有弹性的适应性，使得五旬节主义受到了当地居民的普遍欢迎，推动了基督教的不断发展。[50]

通过上述国外学者对五旬节运动的起源、发展、神学特征、与亚非拉国家的互动与影响等相关研究，我们可以看到教义独特、仪式乖僻的五旬节运动有着较为深厚的神学根源和较为悠久的历史起源，它发源于北美特别是美国，以"说方言"和神迹医治为最主要的宗教特征，后迅速扩展到亚非拉等发展中国家，并依靠强大的适应力获得当地民众的欢迎和认可。已有研究基本上将"冲击——反应"的研究路径运用到五旬节研究领域中，重点关注五旬节运动的差传属性，从全球化进程的宏大叙事入手，展现了世界各地五旬节运动的共性因素，包括共同的源头、相似的教义、相同的传播对象、常用的传教策略等，不足之处在于忽略了传教目的地区的主体能动性和差异性，对于全球、大洲、国家等研究层次之下的中观和微观对象缺乏更为细致深入的研究。

---

49 David Martin, *Pentecostalism: The World Their Parish*, Oxford UK: Blackwell Publishers Ltd & Malden, Massachusetts USA: Blackwell Publisher Inc., 2002.

50 Philip Jenkins, *The New Faces of Christianity: Believing the Bible in the Global South*, New York: Oxford University Press, 2006.

（三）"山东复兴"运动研究

中国上个世纪二三十年代兴起的基督教"山东复兴"运动是基督教全球复兴运动和第一波五旬节运动的重要组成部分，近年来吸引了越来越多中外学者的注意力，陆续涌现出一批史料丰富、视角新颖、论证有力、影响较大的著作和论文，为学界提供了有关"山东复兴"运动的全方位、多维度、立体化的观感体验，也为本论文的研究打下了非常坚实的学术基础。综合目前所及的研究成果，结合本文的论证框架，可以将已有相关研究分为四个方面，即"山东复兴"运动与五旬节运动的关系、全球地域化视角下的"山东复兴"运动、"山东复兴"运动与中国民间宗教的关系、"山东复兴"运动的影响与评价等，下面分别予以概要叙述。

"山东复兴"运动的神学属性是学者们首先关注的重要议题。学者们根据"山东复兴"运动期间及以后大量出现的宗教学特征，普遍倾向于将"山东复兴"运动界定为五旬节运动。比如裴士丹（Daniel Bays）观察到："1930年代早期席卷中国部分地区的五旬节复兴运动正在如火如荼地发展，它强调'圣灵的恩赐'，包括'说方言'，发预言，神圣医治等，对一些在华西方差会产生了巨大的影响。每年都有新的受到'上帝召唤'的传教士源源不断地来到中国，他们或被小型差会派出，或以个人身份来华，几乎全部属于'信心传教士'，他们的很多人都是五旬节派。这些新的五旬节主义教义和实践也促进了二十世纪二十年代大多数中国本土独立教会的产生和发展。"[51]而1930年代初期正是"山东复兴"运动发展最热烈、最旺盛之时。

德国历史学家狄德满（R. G. Tiedemann）教授认为"山东复兴"是全球基督教复兴史和中国基督教复兴史的重要组成部分，大量在华差会、西方传教士、中国本土教会、中国宗教界代表都积极参与其中，其复杂的互动交流深刻影响了中国的基督教存在[52]。在《在华基督教差会指南：从十六世纪到二十世纪》一书中，狄德满明确将真耶稣教会、耶稣家庭、灵恩会的教会属性归类为五旬节派[53]。美国杜克大学的华裔学者连曦也认为中国二十世纪二三

---

51 Daniel H. Bays, *A New History of Christianity in China*, Chichester: Wiley-Blackwell, 2012, pp. 123-124.

52 R. G. Tiedemann, "Protestant Revivals in China with Particular Reference to Shandong Province," pp. 213-236.

53 R. G. Tiedemann, *Reference Guide to Christian Missionary Societies in China: From the Sixteenth to the Twentieth Century,* New York: M. E. Sharpe, 2009, pp. 245-247.

十年代的基督教复兴运动是"古典五旬节运动"的有机组成部分，"山东复兴"运动中兴起的真耶稣教会、耶稣家庭、灵恩会等本土教会都属于五旬节派教会，"小群"等教会虽然不属于五旬节派教会，但是也具有部分五旬节主义特征。[54]安德森认为虽然不能将中国本土教会一概称为五旬节派教会，但是不能否认它们都有明显的五旬节派特征[55]。他将民国时期涌现的中国本土教会称为"旧三自"教会，认为它们以及后来的家庭教会很大程度上都是五旬节主义的[56]。卢克·卫斯理（Luke Wesley）也注意到五旬节运动对中国教会的深远影响，他认为今日中国 90%的家庭教会基督徒都属于五旬节派，[57]而其历史根源就是民国时期的五旬节复兴运动。

但是也有学者对此结论不完全认同，特别是来自美南浸信会的教友兼学者受到某些历史与现实因素的限制，倾向于降低五旬节运动对于美南浸信会的影响，而将美南浸信会华北差会在二三十年代参与的"山东复兴"运动定性为凯锡克运动，而非五旬节运动。比如美国东南浸信会神学院的卫斯理·汉迪在其博士论文中曾论及，美南浸信会华北差会的部分传教士曾因为"说方言"、医病赶鬼等受到"五旬节化"的指控，为此美国总部特地派人来中国进行调查，虽然调查结果否认了这一指控，[58]但无形之中使得美南浸信会对于公开认同五旬节主义倍感压力。中美浸信会神学院的约翰·普拉姆利（John C. Plumley II）在对美南浸信会传教士柯理培圣灵观的专题研究中，再次确认了汉迪的这一结论，认为以柯理培为代表和领袖的美南浸信会复兴是凯锡克主义的，而非五旬节主义的。[59]但是他们也承认，包括真耶稣教会、耶稣家庭、灵恩会等在内的中国本土教会是五旬节运动的产物，其属性是五

---

54 Xi Lian, *Redeemed by Fire: The Rise of Popular Christianity in Modern China*, New Haven & London: Yale University Press, 2010, pp. 85-108.

55 Allan Heaton Anderson, *An Introduction to Pentecostalism: Global Charismatic Christianity*, Cambridge: Cambridge University Press, 2014, p. 146.

56 Allan Anderson, "Varieties, Taxonomies, and Definitions," Allan Heaton Anderson & Michael Bergunder eds., *Studying Global Pentecostalism: Theories and Methods*, p. 26.

57 Luke Wesley, "Is the Chinese Church Predominantly Pentecostal?" *AJPS*, vol. 7, no. 2 (2004), p. 251.

58 Wesley L. Handy, "An Historical Analysis of the North China Mission (SBC) and Keswick Sanctification in the Shandong Revival, 1927-1937," Ph.D. diss., Southeastern Baptist Theological Seminary, 2012.

59 John C. Plumley II, "An Analysis of Charles Culpepper Sr.'s Pneumatology and Its Relevance for Missions Today," Ph. D. diss., Mid-America Baptist Theological Seminary, 2016.

旬节派教会。美南浸信会与中国本土教会都是"山东复兴"运动的重要参与者。

　　全球地域化视角下的"山东复兴"运动往往从教会发展史的角度切入，从中国五旬节运动的起源和发展来研究这场基督教复兴运动。教会复兴史研究专家欧伊文（J. Edwin Orr）认为中国在 1920 年代后期和 1930 年代的复兴，虽然主要是由于中国人传道而激发，但外国传教士的作用也不能忽略。他在《东亚教会大复兴》一书中援引了中国伯特利布道团成员之一计志文的一段话，"中国教会现在的复兴，要感谢那些敬畏神的宣教士和他们的工作。他们忠心地播下种子，现在得到了丰收"，以表达自己的观点。[60]狄德满在《中国五旬节主义的源起与组织源流》一文中，借助五旬节报刊和传教士信件对二十世纪初世界"古典五旬节运动"传入中国的过程进行了研究，确定了五旬节派最早在中国建立的据点，追溯了中国最早的五旬节派本土教会与外国五旬节派传教士之间的关系，他认为"山东复兴"运动的兴起是二十世纪初中国"古典五旬节运动"发展到一定阶段的产物。[61]裴士丹回顾了中国本土教会兴起的背景，认为其与二十世纪初"信心差会"和"信心传教士"有着千丝万缕的关系，他们往往是圣洁运动、五旬节运动的参与者，对于守安息日、前千禧年主义、"耶稣二次到来"等新兴观点较为认同，继而被中国本土教会吸收。[62]安德森认为，二十世纪上半叶中国教会史上经历了多次复兴运动，其中规模最大的有两次，分别是 1908 年的"东北复兴"和 1930-1932 年的"山东复兴"；"山东复兴"运动基本是五旬节运动，路德会、浸信会和长老会的多处教会中都出现了"说方言"、唱灵歌、通宵聚会祷告、神圣医治等现象，主要参与者是中国基督徒，对此主流教会的基本立场是明令禁止的，因此部分中国基督徒选择另立门户，自己发起创办教会，成为基督教本土化的重要动力。[63]该视角将"山东复兴"运动置于全球化和地域化的相互

---

60 欧伊文：《东亚教会大复兴》，司徒焯正等译，香港：基督教中国布道会总会文字部，1981 年，第 113 页。

61 R. G. Tiedemann, "The Origins and Organizational Development of the Pentecostal Missionary Enterprise in China," *Asian Journal of Pentecostal Studies*, vol. 14, no. 1 (2011), pp. 108-146.

62 Daniel H. Bays, "New Protestant Theological Issues, 1900-1949," R. G. Tiedemann ed., *Handbook of Christianity in China Volume Two: 1800 to the Present*, Leiden & Boston: Brill, 2010, p. 670.

63 Allan Heaton Anderson, *An Introduction to Pentecostalism: Global Charismatic Christianity*, p. 146.

作用和复杂关系中，既强调世界五旬节运动对于中国教会和复兴运动的影响，又重视中国方面的回应，是已有研究最常见的策略与路径。

另外一个常见的研究视角是从基督教与中国民间信仰之间的关系入手，探讨"山东复兴"运动得以兴起的原因和动力机制。裴士丹是较早注意到"山东复兴"运动与民间信仰关系的美国学者，通过对 1900-1937 年间中国基督教发展历史的考察，认为"山东复兴"运动既有"圣灵充满""说方言"等西方元素，也有降神附体、末世论等中国元素，特别是大量继承了白莲教的传统，本质上是西方五旬节主义和中国民间宗教的复合体[64]；他认为"山东复兴"运动既部分继承了基督教传统，同时又融合了中国民间信仰，从而呈现多样化的基督教本土化成果。[65]连曦教授在其经典著作《浴火得救：现代中国民间基督教的兴起》中认为"山东复兴"过程中兴起的灵恩运动催生了大量中国本土宗教组织和传道领袖，极大推动了基督教本土化的发展，并最终把基督教这一外来信仰真正变为富有活力的中国民间宗教。[66]美国学者张格物（Murray A. Rubinstein）以台湾真耶稣教会为例，将其与中国民间宗教进行了对比性研究，涉及主题包括规范性文本、阐释学、天使、中国的神、魔鬼和降神附体等多个方面，发现二者在神学术语、传教模式、文本传统和整体关切等多个方面有着显著的重合[67]，开启了个案研究的先例。哈佛大学博士廖慧清（Melissa Wei-Tsing Inouye）在其博士论文中对二十世纪真耶稣教会的历史发展进行了详细考察和回顾，用"圣俗一元化"的灵验模式来阐释中国本土基督教会发展的动力。[68]真耶稣教会与"山东复兴"的关系是复杂的，一方面真耶稣教会是"山东复兴"的重要参与者、受益者；另一方面，真耶稣教会快速发展依靠的灵验模式、奇迹模式也深深刻画了"山东复兴"的独特面貌和特

---

64 Daniel H. Bays, "Christian Revival in China, 1900-1937," Edith L. Blumhofer and Randall Balmer eds., *Modern Christian Revivals,* Chicago: University of Illinois Press, 1993, pp. 161-179.

65 Daniel H. Bays, "The Growth of Independent Christianity in China, 1900-1937," Daniel H. Bays ed., *Christianity in China: From the Eighteenth Century to the Present*, Stanford, Calif.: Stanford University Press, 1996, pp. 307-316.

66 连曦：《浴火得救：现代中国民间基督教的兴起》，何开松、雷阿勇译，香港：中文大学出版社，2011 年，第 65-81 页。

67 Murry A. Rubinstein, *The Protestant Community on Modern Taiwan: Mission, Seminary and Church,* Armonk, N.Y.: M E. Sharpe, 1991, pp. 129-140.

68 Melissa Wei-Tsing Inouye, "Miraculous Mundane: The True Jesus Church and Chinese Christianity in the Twentieth Century," Ph. D. diss., Harvard University, 2010.

征。陶飞亚教授在其代表作《中国的基督教乌托邦研究——以民国时期耶稣家庭为例》一书中对"山东复兴"运动的背景进行了介绍，并以耶稣家庭为例，介绍了敬奠瀛及其耶稣家庭与以安临来及其"阿尼色弗孤贫院"为代表的五旬节运动、以圣贤道为代表的中国民间宗教和会道门之间的关系。[69]

在"山东复兴"运动的影响与结果方面，中外学者们也进行了卓有成效的探索。早在 1936 年，在中国湖北滠口传教的信义神学院院长康尔伯博士（Dr. Gustav Carlberg）就在《复兴中的中国》一书中选取了若干位中国最出色的奋兴布道家，如陈崇桂、贾玉铭、宋尚节、刘道声等，并对他们的身份背景、工作过程及复兴成效进行了详细记录和分析，认为"山东复兴"最重要的成果之一就是中国本土奋兴布道家的崛起和不断壮大。[70]英国白金汉大学的诺曼·克利夫（Norman Howard Cliff）博士对 1859-1951 年间山东新教运动进行了研究，认为"山东复兴"有"西方式"和"本土式"两个中心，伴随着本土教会和布道人员的崛起，"本土式"中心的规模和影响都远远超过了"西方式"中心。"山东复兴"运动对中西方宗教领袖的权力分配、宗教组织的自立自养能力等都具有深远影响，在一定程度上可以说是中国基督教本土化过程中重要的分水岭。[71]美国威斯敏斯特神学院的李春冠（Chun Kwan Lee）博士对 1900-1949 年间中国基督教会复兴运动的产生及影响进行了详细考察，认为"山东复兴"运动是对"东北复兴"运动的延续和发展，二者都与挪威路德会传教士孟慕贞（Marie Monsen）关系密切，都是从城市扩散到农村，但是前者的灵恩性质更强。从结果来看，"山东复兴"运动的影响是多方面的，主要包括：中国本土奋兴布道家登上历史舞台，日益发挥重要作用；福音派和基要派重新实现了统一，达成了新的共识；基督教人数增加，教会活力提升；中国教会更加强调属灵和基要，刻画了中国基督教的保守气质等。[72]

---

69 陶飞亚：《中国的基督教乌托邦研究——以民国时期耶稣家庭为例》，北京：人民出版社，2012 年。

70 Gustav Carlberg, *China in Revival*, Rock Island, Illinois: Augustana Book Concern, 1936.

71 Norman Howard Cliff, "A History of the Protestant Movement in Shandong Province, China, 1859-1951," Ph.D. diss., The University of Buckingham [United Kingdom], 1995.

72 Chun Kwan Lee, "The Theology of Revival in the Chinese Christian Church, 1900-1949: Its Emergence and Impact," Ph.D. diss., Westminster Theological Seminary, 1988, pp. 177-207.

　　综上所述，过去三十年间中外学者对"山东复兴"运动进行了基础扎实、成果丰硕的研究，涉及运动的历史起源与发展、宗教特征与演化、动力机制与改进、社会影响与成效等多个方面，既有对全球化视野下"山东复兴"运动的从面到点的宏观研究，也有对真耶稣教会、耶稣家庭、灵恩会等的从点到面的微观研究，为学术界、宗教界、政府有关部门了解这一运动的性质与走向做出了令人印象深刻的阐释，也为进一步的深入研究打下了基础。其不足之处在于研究成果过于分散，除了卫斯理·汉迪的博士论文是以"山东复兴"为题进行的专项研究之外，几乎所有其他成果仅仅散见于某篇论文的其中几页，或者某本著作的某一章；即便是汉迪的博士论文也是仅以美南浸信会复兴为主，主要涉及传教士的神学观点和宗教立场，缺乏对"山东复兴"运动其他参与者的关注和其他学科角度的分析。不能否认和忽略的是，除美南浸信会以外，真耶稣教会、耶稣家庭等本土五旬节教会也同样是"山东复兴"运动的重要参与者和推动者，有关它们在"山东复兴"运动的地位和角色也值得研究，因此本论文的出发点和落脚点就是在总结前人研究的基础上，弥补已有研究的不足。

三、创新之处与相关术语界定

（一）创新之处

　　本论文的创新之处主要有以下几个方面：

　　（1）在选题方面，本论文对二十世纪二三十年代的基督教"山东复兴"运动进行历史学专题考察，试图打破西方学术界仅依靠外文资料从来华差会及传教士的角度确立的"西方话语霸权"，充分利用中文档案资料进行补充和印证，从中国受众和"局内人"的立场重述"山东复兴"史和基督教本土化史，填补国内学界专项研究空白。鉴于时间、精力、材料等各方面的限制，最终选择了美南浸信会、真耶稣教会、耶稣家庭三个中外教会团体作为重点研究对象，对"山东复兴"运动的历史过程及复杂影响进行分析。

　　（2）在史料方面，本论文属于历史学、社会学和宗教学的交叉研究，需要收集大量的原始文献和档案资料。本论文重点梳理了三类史料：一是参与"山东复兴"运动的外国差会及传教士的档案、报告、信件、传记、期刊等，特别是与西方五旬节派和美南浸信会有关的历史文献；二是参与"山东复兴"运动的中国本土基督教组织及代表性教会负责人的档案、传记、出版物等，以真耶稣教会、耶稣家庭和灵恩会及其发起人、关键人物为重点；三是"山东复兴"运动的普通参与者及其后代的口述史访谈资料，为此笔者赴福建福清、山西侯马、山东泰安、临沂、济宁、潍坊等地，与十几位具有真耶稣教会、耶稣家庭、灵恩会教派背景的宗教人士进行访谈，录音时长达三百多个小时。

（3）在研究范式方面，本论文以"山东复兴"运动为研究对象，重点考察中国教徒、本土布道家和草根基督教组织的历史参与，重建"中国中心观"视野下的基督教本土化史；在学科视角方面，尝试历史学、社会学、宗教学、心理学等多种学科的交叉与融合，综合运用多种理论对"山东复兴"运动的动力机制和发展路径进行深入分析，引入和借鉴社会科学的理论模型来分析神圣世界与世俗世界的互动互塑过程，由宏观社会结构进入微观情境互动，以个体行为研究代替模糊的群像扫描，复原单个生命的鲜活面向，进而呈现宗教组织的动态活性；在研究方法方面，除了传统的文献研究法之外，还运用了参与式观察法和口述史研究法以弥补普通基督徒档案资料匮乏之不足，通过剖析教众个体化的心理机制和行为模式的养成机理，理解宗教组织的内在运作机制和外在社会影响，进而与当代中国社会基督教信仰现状进行对比分析，为政府相关部门的决策和应对提供一定的学理依据。

当然，本论文还有一些缺憾和不足之处。一方面，从内容范畴来看，研究对象的涵盖范围有限。考虑到时间、精力、能力水平、论文篇幅等多种因素，本文仅仅选取了美南浸信会、真耶稣教会、耶稣家庭三个教会作为核心研究对象，而事实上，"山东复兴"运动的积极参与者至少还有灵恩会、神召会等中外五旬节派教会，以及初登历史舞台的中国本土奋兴布道家等，笔者在行文过程中只是简单提及，未能全面展开。另一方面，从史料的收集整理来看，亦不够全面。绝大部分"山东复兴"的亲历者已经故去，无法进行访谈，留存至今的一手材料如照片、信件、讲稿等资料非常有限；受档案开放程度的影响，有的重要历史档案尚未能获取；有的因远在海外，尚未有机会直接查阅；已经搜集到的部分重要资料，将来还有待结合其他材料展开进一步地深入分析和验证。以上缺陷与不足，希望在将来的后续研究中得到弥补和改进。

（二）相关基督教术语界定

本论文的研究对象是民国时期基督教"山东复兴"运动，涉及若干基督教专业术语，为了理解和行文的方便，需要对文中使用频率较高的若干术语进行界定。需要指出的是，每个术语的含义和演变过程都是极为复杂多元的，精准全面地给出所有人都认可的定义几乎是不可能的。本文所引用的定义侧重从历史源头出发，关注其演化与变迁，试图在此基础上做出与论文讨论主题相呼应的基本界定。

1. 复兴

"复兴"（Revival）一词是本文出现频率最高的术语之一，关于"复兴"一词的界定可谓众说纷纭。十八世纪的奋兴布道家乔纳森·爱德华兹认为"复兴是圣灵的不寻常作为，是神在社区里再次赋予新的活力，并使基督徒的敬虔生活普及开去"[73]；十九世纪的奋兴大师查尔斯·芬尼认为"复兴是基督徒更新起初的爱心，带来了罪人觉悟及悔改归主的结果。用流行的说法表达，社区里的宗教复兴是指或多或少已经倒退的教会和已经觉悟的基督徒，因得着激发、苏醒及回转，而对神的要求给予重视。它假定教会已陷入倒退的光景中，其后回转；也包括了众罪人悔改归主"[74]；史柏尔（William B. Sprague）认为"基督教复兴是指认识圣经、活出敬虔生命及实践顺服生活的复兴。每当你看见教会从一个较为低沉的光景，发展至一个活力及力量有所增加的地步；或者是基督徒对自己的本份更为忠心；或者是教会远离世界，重新力行敬虔生活，以致得着能力，都可以毫无疑问地称之为复兴"[75]；教会史学家大卫·贝宾顿（David Bebbington）认为"复兴"一词包含五个层面的意义：（1）个人属灵意识的觉醒；（2）基督徒或教会中正在发生有计划的事件；（3）基督徒的自发行为，通常包括对罪的焦虑、归向正义的渴望、积极为主事奉等；（4）影响力突破某一教会，波及和扩散到更大的范围；（5）突破教会系统，对当地社会文化造成影响。[76]

综合学者们对于"复兴"一词的既有解释，结合"山东复兴"运动中展现的特点与影响，笔者对"复兴"进行简要的界定：复兴是宗教发展史上反

---

73 Sam Storm, "Jonathan Edwards and the Theology of Revival," https://www.samstorms.com/all-articles/post/jonathan-edwards-and-the-theology-of-revival--1-, 2019 年 2 月 19 日。

74 V. Raymond Edman, *Finney Lives On: The Man, His Revival Methods, and His Message*, Grand Rapids: Fleming H. Revell Company, 1951, p. 86.

75 William B. Sprague, *Lectures on Revivals of Religion*, Edinburgh : Banner of Truth Trust, 1978, pp. 7-8.

76 David W. Bebbington, "Revivals, Revivalism and the Baptists," *Baptistic Theologies*, vol. 1, no. 1 (Spring 2009), pp. 1-13.

复出现的一种现象，它是对教会发展颓势、信徒热情下降的一种自发的、内在的回应，通常在前期积累的基础上突然爆发，带来教会活力增加、信徒灵性生命升华、福音布道广传和更多教外人士皈依等结果。在复兴的主要关注和侧重方面，往往个人皈依重于社会改革，灵魂拯救重于世俗变迁，精神奋兴重于物质追求。复兴运动的发起人、参与者、影响力等主要集中在宗教内部，并间接影响复兴团体所处的外部世界。

2. 五旬节

五旬节（Pentecost）本来是犹太人纪念摩西获得"十诫"的日子，也是犹太人庆祝农业丰收的节日，时间是在每年逾越节首日后的第49天。发生在公元33年前后的一桩奇事赋予了五旬节新的含义。按照基督教的说法，耶稣被钉十字架三天后"复活"，"复活"后第40日"升天"，第50日差遣"圣灵"降临。《新约·使徒行传》2章1-4节记载："五旬节到了，门徒都聚集在一处。忽然，从天上有响声下来，好像一阵大风吹过，充满了他们所坐的屋子；又有舌头如火焰显现出来，分开落在他们各人头上。他们就都被圣灵充满，按着圣灵所赐的口才说起别国的话来。"[77]这一事件发生后，当天就有三千人皈信耶稣，使徒们藉着"圣灵充满"和"方言"等灵恩奔赴各方，很短时间内又引领五千人信仰基督，基督徒的数量呈现井喷式增长，基督教会也开始建立起来。因为这一切事情的起因都是五旬节当天"圣灵"的拜访与降临，因此五旬节也被称为"圣灵降临节"，同时也标志着初期基督教会的开始。此后，"五旬节""圣灵充满"和"说方言"等词汇就成为经常一起出现的组合搭配，并成为彼此相互定义的依据。

虽然作为农业丰收节的五旬节每年犹太人都在庆祝，作为犹太律法诞生之日的五旬节每年犹太人都在纪念，但是作为基督教复兴运动的五旬节的历史并不久远，直到十九世纪末二十世纪初才在众多神学思潮中脱颖而出，逐渐进入人们的视野，我们可称之为"五旬节主义"或"五旬节运动"，那些拥护认可"五旬节主义"和积极参与"五旬节运动"的群体和个人可以称为"五旬宗""五旬节派"或"五旬节主义者"。

---

77 《新约·使徒行传》2：1-4，中国基督教三自爱国运动委员会、中国基督教协会：《圣经·中英对照》中文和合本，英文新国际版，南京：南京爱德印刷有限公司，2015年，第208页。

　　"五旬节主义"一词有着丰富的内涵，自诞生之日起就被不同群体进行各种不同的界定，且随着时代变化和地域迁移呈现不同的特点，是个极难把握和界定的专业术语。尽管如此，为更好地理解"山东复兴"运动与五旬节运动之间的关系，还是有必要对五旬节主义进行界定和解释。罗伯特·安德森（Robert Mapes Anderson）发现："西方古典五旬节派通常根据'原始凭据'的原则来定义自己，而这些'原始凭据'经常与圣灵工作经验和圣灵恩赐有关。"[78]艾伦·安德森认为"不管是在现象学还是神学上，五旬节主义一词都可以用来描述那些强调圣灵恩赐作工的教会和运动，特别不能忽略的是五旬节主义一词在不同社会文化背景中的适应力"[79]。盖瑞·麦克吉（Gary McGee）也同样强调了圣灵、灵恩等元素，同时强调了五旬节的本土性，他认为"五旬节运动是一种福音派的复原主义运动，重视'圣灵充满'、灵浸、灵恩、教会的活力以及本土化的敬拜方式和教会结构等"[80]。几乎所有学者都注意到了"古典五旬节运动"中五旬节派对于"说方言"、医病赶鬼、异象异梦等超自然现象的重视和强调，卫斯理·汉迪博士甚至认为是否赞成"说方言"是凯锡克主义和五旬节主义的最大区别。[81]虽然五旬节运动在后来的发展过程中逐渐放弃了"说方言"是"圣灵充满"唯一凭据的看法，但不可否认的是，"说方言"依然是五旬节主义的重要特色。

　　本文所涉及的"五旬节"主要是指二十世纪初第一波五旬节运动也称"古典五旬节运动"中对五旬节一词的界定。笔者认为，五旬节是个具有宽泛内涵和动态时代特征的专业术语，仅就"古典五旬节运动"而言，它发端于十九世纪末欧美国家的圣洁运动、凯锡克运动、神医运动等新兴运动，受到前千禧年主义、守安息日、独一神观等新兴思潮的影响，追求"圣灵充满"和圣灵恩赐等宗教体验，经常表现为"说方言"、发预言、见异象、做异梦、唱灵歌、跳灵舞、医病赶鬼等神迹奇事，是广义福音派的重要组成部分，也是基督教复兴和扩张运动的重要动力。

78　Robert Mapes Anderson, *Vision of the Disinherited: The Making of American Pentecostalism*, p. 4.

79　Allan Anderson, *An Introduction to Pentecostalism: Global Charismatic Christianity*, p. 6.

80　Gary B. McGee, "Pentecostalism," Scott W. Sunquist ed., *A Dictionary of Asian Christianity*, Grand Rapids: Eerdmans, 2001, pp. 646-650.

81　Wesley L. Handy, "An Historical Analysis of the North China Mission (SBC) and Keswick Sanctification in the Shandong Revival, 1927-1937," p. 17.

3. "圣灵充满"

"圣灵充满"（Filled with the Holy Spirit, Filled with the Spirit）又称"圣灵的浸"或者"圣灵的洗"（Baptism in the Spirit），简称"灵浸"或"灵洗"，近义词有"圣灵浇灌"（Baptism in the Holy Spirit）等，是属灵派基督教努力追求的目标。在五旬节派看来，基督徒仅仅获得"水洗"是不够的，还必须要获得"灵洗"，只有被"圣灵充满"，才能真正获得重生得救，得到丰富的生命，过上得胜的生活。

"圣灵的浸"这一概念同样源自《圣经》，在《马太福音》[82]、《马可福音》[83]、《路加福音》[84]、《使徒行传》[85]和《哥林多前书》[86]中至少七次出现"圣灵的浸"，其中四次出自施洗者约翰之口，其余三次中的两次是对约翰言语的复述。约翰先谈了"水洗"的意义，即令受洗者"悔改"，然后他马上说将有一位大人物出现，"他要用圣灵与火给你们施洗"。五旬节主义的拥护者根据这些经文的记述，认为"灵洗"是"第二次祝福/恩典"，真正的基督徒都应该追求被"圣灵充满"，而没有被"圣灵充满"的基督教不是合格的基督徒。[87]在此基础上，他们区分出获得"灵浸"和没有"灵浸"的原因与表现，比如没有获得"灵浸"的原因可能有信仰不够坚定、无知、骄傲、过分迷恋世俗财物、不悔罪认罪、不接受圣灵、不诚心祈求圣灵的降临等；而一旦求得"灵浸"则会有一系列的外在表现，并获得某些圣灵恩赐和能力，比如"说方言""翻方言"、医病赶鬼、见异象、做异梦等，往往跟超自然能力和超自然神迹有关。

五旬节主义对于"圣灵充满"的重视源于 1875 年左右兴起的"凯锡克运动"，该运动发起于英格兰坎布里亚郡一个叫做凯锡克的小镇，每年夏秋

---

82 《新约·马太福音》3：11，中国基督教三自爱国运动委员会、中国基督教协会：《圣经·中英对照》中文和合本，英文新国际版，第 4 页。

83 《新约·马可福音》1：8，中国基督教三自爱国运动委员会、中国基督教协会：《圣经·中英对照》中文和合本，英文新国际版，第 61 页。

84 《新约·路加福音》3：16，中国基督教三自爱国运动委员会、中国基督教协会：《圣经·中英对照》中文和合本，英文新国际版，第 105 页。

85 《新约·使徒行传》1：5 和 11：16，中国基督教三自爱国运动委员会、中国基督教协会：《圣经·中英对照》中文和合本，英文新国际版，第 207、229 页。

86 《新约·哥林多前书》12：13，中国基督教三自爱国运动委员会、中国基督教协会：《圣经·中英对照》中文和合本，英文新国际版，第 306 页。

87 王娆：《灵恩运动之独特性述析》，硕士学位论文，东北师范大学，2012 年，第 12 页。

之际都会有一批注重虔修的福音派基督教聚集在这里，讨论有关神学观点。这些聚会致力于追求基督徒的圣洁和成圣生活，经常被视为普世教会追求属灵最高境界的象征。早期凯锡克运动的领导者们认为"大多数基督徒都生活在失败和堕落中，而实现'更高的生活'、'更深刻的生命'或者'得胜的基督徒生活'的秘诀就是圣灵充满"[88]。从历史发展来看，十九世纪末的凯锡克运动是"古典五旬节运动"神学思想的重要来源，包括对"圣灵充满"宗教体验的强调，对神圣医治的重视等；不同之处在于五旬节派在凯锡克主义的基础上又增加了个人圣洁对属灵恩赐的强调，主要是"说方言"。[89]

概而言之，追求"圣灵充满"是基督教的悠久传统之一，但直到十九世纪末二十世纪初才在福音派基督徒中占有重要地位，它追求一种主观的个人的宗教体验，它要求基督徒过一种充满力量的、战胜罪的得胜生活，"灵浸"可以有很多凭据和标志，早期五旬节派坚持认为"说方言"是其中最为重要的一个凭据。

4. "说方言"

"说方言"（Speaking in Tongues）是一个基督教术语，也是一种特殊的宗教体验，通常指舌头不由自主地快速上下震颤，发出一些旁人难以理解的、类似语言的声音。它有两种表现形式，一种叫"格罗索拉利亚"（glossolalia），意指说人类所不知晓的语言，用于人与神的沟通；第二种叫"埃克瑟挪拉利亚"（xenolalia），意指用非传统所学方式将已知语言用特异方式说出来，[90]可用于人与人的沟通。二十世纪以来"说方言"经常被五旬节派视为"圣灵充满"的凭据，也是一种难得的圣灵恩赐。

在整部《圣经》中"方言"出现的次数不下 34 次，其中《新约·使徒行传》中至少出现了三次[91]，《新约·哥林多前书》12-14 章论及属灵恩赐的表现

---

88 Andrew Naselli, *Let Go and Let God? A Survey and Analysis of Keswick Theology*, Bellingham, WA: Lexham Press, 2013, p. 45.

89 Frank D. Macchia, "The Struggle for Global Witness: Shifting Paradigms in Pentecostal Theology," Murray W. Dempster, Byron D. Klaus, and Douglas Peterson eds., *The Globalization of Pentecostalism: A Religion Made to Travel*, Oxford: Regnum, 1999, p. 16.

90 刘澎：《当代美国宗教》，北京：社会科学文献出版社，2001 年，第 176 页。

91 《新约·使徒行传》2：4，10：46，19：6，中国基督教三自爱国运动委员会、中国基督教协会：《圣经·中英对照》中文和合本，英文新国际版，第 208、228、245 页。

时，也多次提及"说方言"[92]。在二十世纪之前，罗马天主教和东正教中基督徒因接受圣灵的洗礼而感动说出"方言"的记载十分少见；基督新教中"说方言"的现象于十七世纪开始零星出现，到十八、十九世纪有所增多，比如美国"震颤派"（Shakers）、救世军和循道会中都有"说方言"的报告。[93]进入二十世纪之后，有关"说方言"的宗教现象开始大量出现并广为流传，特别受到追求神秘主义宗教体验的五旬节派的热烈欢迎。

在十九世纪末的圣洁运动中，运动的领导者们对于追求"圣灵的洗"和"第二次祝福/恩典"的目标基本没有异议，但对于其证据和外在表征却众说纷纭、莫衷一是。1901年，一个名叫查尔斯·帕汉姆（Charles Fox Parham）的美国牧师坚定地认为"说方言"是最准确的证据，他说："所有基督徒都相信自己受灵浸，但各人的解释都不同，有人宣称这是指大叫、跳舞、踊跃、昏迷，还有人强调震感、膏油和启示。可是，现在我们发现，最合理莫过于圣经自己的解释，那就是五旬节时门徒以世界的语言来证明得着了圣灵。"[94]帕罕姆的这一观点很快得到很多人的认可，影响力不断扩大。1906年黑人牧师西摩尔（William Joseph Seymour，1870-1922）继承并发展了这一观点，提出"全备福音"（full gospel）或"五重福音"（five-fold gospels）说，后来该观点成为北美"古典五旬节运动"的主流神学思想[95]。西摩尔在其创办的报刊《使徒信心会报》（The Apostolic Faith）[96]中详细阐释了他对"说方言"的看法。在1906年的报告中，西摩尔认为"全备福音"至少包括五个方面：（1）悔改；（2）成圣；（3）奇迹医治；（4）圣灵的洗；（5）耶稣快来[97]；并且认为

---

92 《新约·哥林多前书》12-14，中国基督教三自爱国运动委员会、中国基督教协会：《圣经·中英对照》中文和合本，英文新国际版，第305-310页。

93 王㤘：《灵恩运动之独特性述析》，第10页。

94 吴主光：《灵恩运动全面研究》，香港：角声出版社有限公司，1991年，第58页。

95 陈明丽：《〈五旬节真理报〉对五旬节神学之解读》，陶飞亚、杨卫华编：《宗教与历史：汉语文献与中国基督教研究》（下册），上海：上海大学出版社，2016年，第105页。

96 该报纸名字最早见于堪萨斯州托培卡复兴的主要领袖查尔斯·帕汉姆（Charles Fox Parham）于1899年开始发行的宣教刊物，后停刊。《使徒信心报》（洛杉矶）从1906年9月发行第一期到1908年8月停刊一共发行了15期，最高发行量达5万份，是早期五旬节运动的最重要宣传媒介。

97 William J. Seymour, "The Precious Atonement," *The Apostolic Faith*, vol.1, no. 1 (September 1906), p. 2.

"说方言"是灵洗的凭据[98]。1908 年 5 月的《使徒信心报》仍然将"说方言"作为灵洗的唯一证据[99]。但到 1915 年，西摩尔明确提出"说方言"并不是灵洗的唯一证据，也不是得救的关键，它和圣经中记载的其它恩赐一样都是灵洗的表现，这些恩赐还包括赶鬼及医治等[100]。可见，北美使徒信心会始终认为被"圣灵充满"是具有外在表现方式的，但是"说方言"的恩赐从最主要的证据变为证据之一。[101]

与欧美世界不同，中国五旬节派教会和基督徒对"说方言"重要性的看法是反方向的，以早期五旬节讯息中转站、香港牧师莫礼智创办的中文报纸《五旬节真理报》为例，1909 年，莫礼智根据自己对《圣经》的解读，提出"说方言"只是圣神施洗的证据之一，不要专求此恩赐，他说："圣神之施洗，不第以能言方言为据。然言方言，亦其据之一也。"[102]1910 年依然认为"若得成圣，则更可得圣神施洗，且上帝将必使诸兆随之，如言各国方言，托主名逐鬼，操蛇饮毒无伤，按手病人得愈"[103]，即并没有提出"说方言"是"圣灵允满"的唯一证据。但到了 1910 年 2 月，针对有些人提出的"得圣神施洗的人未必'说方言'"一说，莫礼智表示如果不"说方言"怎能表示此人已经得到灵洗呢？[104]由此可见，他对"说方言"的看法由凭据"之一"变为了"唯一"凭据，此后一直坚持这一立场。他的这一转变对于中国本土五旬节派的影响极大，不管是真耶稣教会还是耶稣家庭都认为"说方言"是"圣灵充满"的唯一凭据，也是一种极为宝贵的圣灵恩赐。从"方言"的分类和含义来讲，中国五旬节派基本是在"格罗索拉利亚"（glossolalia）的意义上理解和使用"说方言"一词的，即"方言"不是某种地方语言，不是讲给人听的，而是讲给神听的，所以也可以称之为"说灵言"或"说灵语"。

98　William J. Seymour, "Tongues As A Sign," *The Apostolic Faith*, vol. 1, no. 1 (September 1906), p. 2.

99　"Speaking In Tongues," *The Apostolic Faith,* vol. II, no. 13 (May 1908), p. 4.

100　Cecil M. Robeck Jr., *The Azusa Street Mission And Revival: The Birth Of The Global Pentecostal Movement*, Nashville, Tennessee: Thomas Nelson, 2006, p. 178.

101　William J. Seymour, *The Doctrines And Discipline Of The Azusa Street: Apostolic Faith Mission Of Los Angeles*, California Joplin: Christian Life Books, 2000, p. 81.

102　《尔曾否受圣神之问题》，《五旬节真理报》，1909 年 6 月，第 2 页。

103　《耶稣之救世》，《五旬节真理报》，1909 年 3 月，第 3 页。

104　《震动之原因》，《五旬节真理报》，1919 年 2 月，第 3 页。

四、资料来源与研究方法

（一）资料来源

本论文的主要资料来源有四部分，分别是档案馆文献、中外布道人传记、中英文报刊和口述史访谈。虽然英文资料晦涩难懂，颇费时间，但是为本文的写作提供了丰富的史料和深刻的洞见。此外，在历史文本资料之外，还采用了口述史调查法，对十几名调查对象进行了访谈，录音时长超过 300 个小时。资料的收集和整理主要围绕美南浸信会、真耶稣教会、耶稣家庭等几个"山东复兴"运动的最重要参与者展开。

1. 档案文献

档案馆资料对于任何一项历史学研究的重要性不言而喻。为了尽可能多地搜集跟论文有关的档案文献，笔者先后拜访山东省档案馆、济南市档案馆、泰安市档案馆、泰山区档案馆、潍坊市档案馆、临沂市档案馆、临沂费县档案馆、青岛市档案馆、德州市档案馆、济宁市档案馆、国家图书馆、山东省图书馆、北京大学图书馆、香港中文大学图书馆、香港浸会大学图书馆等十多家档案馆和图书馆，虽然大多数情况下，馆藏内容跟"山东复兴"运动直接有关的卷宗比较稀少，但依然可以捕获一些零星资料，为后期拼出"山东复兴"运动全景提供了有益的帮助。

美南浸信会复兴的相关资料大部分位于美国田纳西州纳什维尔的美南浸信会历史图书馆和档案馆（The Southern Baptist Historical Library and Archives），以及位于弗吉尼亚州里士满的国际宣道会档案馆。美南浸信会特别重视历史文档的电子化工作，并建立专门的网站向全球研究者提供分享与帮助[105]。内容包括 1845 至今的差会年度报告，其中 1927-1938 年间的报告大量涉及"山东复兴"（Shantung Revival）运动；知名美南浸信会传教士的自传，比如柯理培、郭维弼、明俊德等；美南浸信会的机关刊物，其中《美南浸信会母会与海外事工》（Our Home Field and Home Field，1906-1916；The Home and Foreign Fields，1916-1937)、《美南浸信会海外传道部杂志》（Foreign Mission Journal，1874-1916）等含有大量与美南浸信会华北差会相关的报道；报纸，如《浸信教友与反思者》（Baptist and Reflector，1835-1935）也为论文写作提供了一定的参考；最后一个版块是照片集。这些历史

---

105 美南浸信会历史图书馆和档案馆的网址是：http://www.sbhla.org/info.htm。

档案资料都极为珍贵，不仅详细记录了美南浸信会参与"山东复兴"运动的经过，而且提供了美南浸信会华北差会山东教区历史发展过程的原始文献，是不可缺少的重要资料来源。

与真耶稣教会有关的原始资料主要收藏在真耶稣教会台湾总会图书馆，最主要的收藏包括：真耶稣教会创始人魏恩波的两本日记《圣灵真见证书》（上下册）；真耶稣教会出版的报刊，包括《万国更正教报》《真耶稣教会圣灵报》《真耶稣教会角声报》《晚雨报》等；其他五旬节派的报刊，包括美国传教士贲德新创办的中文报刊《通传福音真理报》，香港牧师莫礼智创办的《五旬节真理报》等；真耶稣教会创会纪念刊物，包括《真耶稣教会总部十周年纪念专刊》《真耶稣教会卅年纪念专刊》《真耶稣教会台湾传教三十周年纪念刊》《真耶稣教会台湾传教七十周年纪念刊》等；潍县真耶稣教会早期教会负责人张灵生答复上海总部调查的亲笔函、张巴拿巴的《传道记》，张巴拿巴之子张石头的《真耶稣教会历史》；以及其他一些信函、自传或他传、单独发行的小册子等。此外，山东省档案馆收藏了建国初期的宗教状况摸底资料，涉及真耶稣教会；国家图书馆收藏了若干期《真耶稣教会角声报》《真耶稣教会圣灵报》和《真耶稣教会江苏支会会闻》；北京大学图书馆收藏了1926-1937 年间的《真耶稣教会圣灵报》，这些档案资料为真耶稣教会的相关研究提供了有益的补充。

跟耶稣家庭有关的原始档案集中分布在山东省档案馆、山东省泰安市档案馆和山东省泰安市泰山区档案馆。馆藏内容主要包括建国初期对耶稣家庭进行改造前后进行的摸底调查和工作总结报告、耶稣家庭书信集、耶稣家庭乡村布道诗歌集、耶稣家庭灵修院的相关资料、介绍耶稣家庭"小家"的部分文献、耶稣家庭创办人敬奠瀛的自传、前耶稣家庭成员撰写的各种报告等。山东省图书馆藏有《耶稣家庭诗歌》一册，里面收录了当时传唱最多的多首耶稣家庭经典赞美诗。特别值得一提的是，美以美会泰山差会的部分原始档案[106]对耶稣家庭也有涉及，使笔者得以管窥耶稣家庭与西方差会特别是美以美会之间的关系。上述所有档案资料对于本文探究耶稣家庭在"山东复兴"运动中的地位与作用，提供了不可或缺的史料依托和支撑。

---

106 *Missionary Files: Methodist Church, 1912-1949 (China Section)*, Roll No. 57.

2. 中外布道人传记

关于 "山东复兴" 运动的起源、经过、影响等历史因素，一些亲身见证甚至参与的西方传教士和中国传道人在当时及后来写下了大量文字，记录了他们当时的想法、感受和行为，为我们认识 "山东复兴" 运动提供了非常宝贵的第一手资料。

从美南浸信会来看，在所有传教士的当时记录或回忆录中，首先值得一提的是美南浸信会传教士高福德（Mary K. Crawford）在综合自己和其他传教士报告的基础上于 1933 年写成的《山东复兴》英文书，[107]次年在对第二章略作改动之后又出版了中文版。[108]书中对重生、"圣灵充满""说方言"、神圣医治、见异象、做异梦等个体经历进行了详细描述，使我们对 "山东大复兴" 的表现有一个非常直观的认识。"山东复兴" 运动结束多年之后随着传教士的陆续退休，更多的回忆录体文献涌现出来，为我们今天的研究提供了更多的一手和二手资料。高德福的《山东复兴》经过重新编辑和扩展之后于 1971 年再版。挪威路德会的孟慕贞出版了《中国大复兴》一书，[109]中文版由柯美玲翻译，大光书房出版社出版，[110]详尽回忆了孟慕贞在 "山东复兴" 运动中所扮演的重要角色，再现了二十世纪二三十年代那段历史。美南浸信会的另外一位领军人物柯理培（Charles Culpepper）牧师也于 1971 年出版了《山东大复兴》，[111]为此次复兴的缘起、经过提供了非常详尽的资料。2000 年柯理培的子女出版了柯理培的另外一部传记式作品，[112]其中也包含大量与山东大复兴相关的叙述。德高望重的郭维弼在 "山东复兴" 运动中以富有智慧的 "骑上马陪牛群一起跑" 的方式，容忍了某些中国基督徒过分追求灵恩的行为，避免了教会分裂，其女儿曾为其作传《高地：郭维弼传》[113]，介绍了美南浸信会华北差会的复兴运动。

---

107 Mary K. Crawford, *The Shantung Revival*, Shanghai: The China Baptist Publication Society, 1933.

108 高福德：《山东复兴》，王长泰译，上海：美华浸会书局，1934 年。

109 Marie Monsen, *The Awakening: Revival in China a Work of the Holy Spirit,* London: China Inland Mission, 1961.

110 玛丽·孟森：《中国大复兴》，柯美玲，台北：大光书房出版社，1990 年。

111 Charles L. Culpepper, *The Shantung Revival*, Dallas: Crescendo Publications, 1971.

112 C. L. Culpepper, *Spiritual Awakening: The Shantung Revival An Account of God's Powerful Movement in the Shantung Province of China*, n.p.:n.p., 2000.

113 Eloise Glass Cauthen, *Higher Ground: Biography of Wiley B. Glass Missionary to China*, Nashville, Tenn.: Broadman Press, 1978.

除此以外，其他美南浸信会的自传或他传也陆续出版，包括明俊德（Bertha Smith）[114]，栾马丁（Charles Leonard）[115]，拿约翰夫妇（John and Jewell Abernathy）[116]，范莲德（Martha Franks）[117]等，他们都或多或少地提及"山东复兴"运动，为我们全面了解这一事件的来龙去脉提供了更丰富的材料。与美南浸信会有关的中文传记类资料主要有：中华基督教冈山浸信会会友王勉斋医师《中国大复兴》（1960年）、《山东大复兴补志》（1969年）[118]，于力工《夜尽天明：于力工看中国福音震撼》（1998年）[119]等。

从目前已有的文献来看，参与"山东复兴"运动的西方差会除挪威路德会、美南浸信会之外，还有美国北长老会、神召会、信义会等众多或传统或新兴的宗派，涉及单覃恩（Thornton Stearns）、安临来、安美丽夫妇（Leslie and Ava Anglin）、贲德新（Bernt Berntsen）、陆慕德（Emma Bell Rednour Lawler）、祈理平（George Maryland Kelley）等众多其他传教士。这些来自美南浸信会系统之外的传记体或描述性资料对于该研究也具有十分重要的意义。

中国传道人也是基督教复兴中必不可少的重要组成部分，他们不仅积极参与了整个复兴过程，还通过各种方式留下了不可多得的一手资料。包括李叔青[120]、余慈度[121]、丁立美、蔡苏娟[122]等在内的早期基督教奋兴家，以及王载、计志文[123]、宋尚节[124]、王明道[125]、诚静怡、魏恩波、敬奠瀛等"山东复兴"运动的积极推动者，都是当时极有号召力和影响力的本土教会领袖。

---

114 Bertha Smith, *Go Home and Tell*, Nashville: Broadman, 1965; Bertha Smith, *How the Spirit Filled My Life*, Nashville: Broadman, 1973.

115 Charles A. Leonard, Sr., *Repaid a Hundredfold,* Grand Rapids: Eerdmans, 1969.

116 Jesse C. Fletcher, *Living Sacrifices: A Missionary Odyssey-Conflict, Tension, Suffering, Victory! The Amazing Story of Missionaries John and Jewell Abernathy*, Nashville: Broadman, 1974.

117 J. Donald McManus, *Martha Franks: One Link in God's Chain*, Wake Forest, N.C.: Stevens Book Press, 1990.

118 王勉斋：《山东大复兴补志》，台湾：台湾浸信会编印，1969年，香港浸会大学图书馆特藏部。

119 于力工：《夜尽天明：于力工看中国福音震撼》，台北：台北作家出版社，1998年。

120 吴秀良：《李叔青医生》，北京：九州出版社，2012年。

121 吴秀良：《余慈度传》，北京：九州出版社，2012年。

122 蔡苏娟：《暗室之后》，台中：晨星出版社，1996年。

123 黄灯煌：《孤儿之父——计志文牧师传》，台北：基督教中国布道会，1996年。

124 宋天真编：《失而复得的日记》，北京：团结出版社，2011年。

125 王明道：《五十年来》，香港：晨星书屋，1971年。

与他们有关的自传和他传也从微观角度丰富了我们对中国基督教复兴的认识。

早在 1936 年湖北信义神学院的院长康尔伯博士就在《复兴中的中国》一书中对几位中国本土的杰出复兴领袖的言行进行了详细记录，并从基督教本土化角度分析了"山东复兴"运动的结果和影响。[126]美国克莱蒙神学院的余清杰（Chin Cheak Yu）博士对"山东复兴"运动中杰出的中国代表宋尚节进行了传记式研究，并将他与十八世纪带领循道派复兴的英国人约翰·卫斯理（John Wesley）进行了对比性的跨文化研究，[127]寻找掀起觉醒运动的火种。《宋尚节传》《我的见证》《宋尚节言行录》以及由宋尚节女儿宋天真整理的《失而复得的日记》等详细真实地记录了宋尚节博士勤勉布道的一生，也为我们对"山东复兴"的研究提供了大量鲜活生动的素材。王明道的自传体回忆录《五十年来》[128]和《圣经光亮中的灵恩运动》[129]等为我们了解中国基督教复兴特别是灵恩运动开了一扇窗户。陶飞亚教授在对耶稣家庭进行全面系统考察的同时，也对敬奠瀛的生平进行了详细梳理。[130]廖慧清在对真耶稣教会的历史研究中也特别关注了其创始人魏恩波的成长和经历。[131]

当然，在利用这些文献资料进行学术研究时，我们必须要时刻牢记它们的局限性。作为教内人士的传教士和布道人由于写作的对象和目的不同于学者，从而使其往往不能完全做到客观中立，正如艾兰·尼利（Alan Neely）观察到的那样，"圣徒传式的写作倾向于把传教士的经历神圣化、理想化，描写刻画的美德、牺牲、成功、苦难、胜利往往多于诱惑、自我、罪恶、反对和死亡，轻描淡写甚至完全忽略了他们的软弱、失误和并不鲜见的坏事。"[132]

---

126 Gustav Carlberg, *China in Revival*, Rock Island, Illinois: Augustana Book Concern, 1936.

127 Chin Cheak Yu, "Uncovering Seeds for Awakening and Living in the Spirit: A Cross Cultural Study of John Sung and John Wesley," Ph.D. diss.,Claremont School of Theology, 2001.

128 王明道：《五十年来》，香港：晨星书屋，1971 年。

129 王明道：《圣经光亮中的灵恩运动》，香港：香港角声出版社，1991 年。

130 陶飞亚：《中国的基督教乌托邦研究——以民国时期耶稣家庭为例》，北京：人民出版社，2012 年。

131 Melissa Wei-Tsing Inouye, "Miraculous Mundane: The True Jesus Church and Chinese Christianity in the Twentieth Century," Ph. D. diss., Harvard University, 2010.

132 Alan Neely, "Saints Who Sometimes Were: Utilizing Missionary Hagiography," *Missioloy: An International Review*, vol. 27, no. 4 (October 1999), p. 442.

当然，这不代表传教士的记录一定是没有参考价值的或者是虚构伪造的，而是他们的文字可能是有选择性的、偏颇的。即使这些记录是忠实可靠的，也会像柯文在《历史三调：作为事件、经历和神话的义和团》一书中引用保罗·维恩的话所指出的那样，事件本身和事件的参与者和目击者的观察不会完全一致，历史学家需要在参考作为"经历"的运动参与者文献基础之上研究作为"事件"的山东大复兴，以得到更接近于"真正的过去"的结论。[133]

3. 中英文报刊

报纸、期刊也是历史记录的重要载体，是学者研究必不可少的重要参考。"山东复兴"运动的中外见证者们踊跃向各种期刊报纸投稿描述当时的复兴盛况，教外的其他观察者也在中外期刊上积极发文评论"山东复兴"运动及其影响。这些期刊较为集中地分布于香港多所图书馆，包括香港中文大学图书馆、香港大学图书馆、香港浸会大学图书馆、建道神学院图书馆、圣神修院图书馆、中神图书馆、香港浸信会神学院图书馆、香港信义宗神学院图书馆等，馆内收藏的民国期间报刊资料为本义的写作提供了不可或缺的资料来源。

从国内英文报刊来看，外国传教上和中国布道者在国内英文期刊上大量投稿。笔者以"山东复兴""五旬节"为关键词进行检索，累计在《教务杂志》（*The Chinese Recorder*）、《北华捷报》（*The North-China Herald*）、《大陆报》（*The China Press*）、《中国评论周报》（*The China Critic*）、《密勒士评论报》（*Millard's Review/The China Weekly Review*）、《中国丛报》（*The Chinese Repository*）、《北京日报》（*Peking Daily News*）、《北京导报》（*Peking Leader*）、《京报》（*Peking Gazette*）、《上海泰晤士报》（*The Shanghai Times*）、《上海新报》（*The Shanghai Gazette*）、《广州时报》（*The Canton Times*）等当时较有影响力的媒体上查到相关报道 50 多篇，山东如何自二十世纪初受到五旬节运动的影响，以及如何在二三十年代兴起五旬节运动高潮的脉络十分清晰。

从国内中文报刊来看，涉及山东省、"山东复兴"运动、真耶稣教会、耶稣家庭等主题的相关报道也很丰富。比如《申报》《晨报》《汉口民国日报》《东方杂志》等国内主流报刊对于二十世纪上半叶山东的政治、经济、文化等社会条件多有报道，有助于我们获取"山东复兴"运动时空背景的相关信

---

133 Paul A. Cohen, *History in Three Keys: The Boxers as Event, Experience, and Myth*, New York: Columbia University Press, 1998.

息。基督教报刊《真光杂志》《基督徒报》《基督教丛刊》《通问报》《信义报》《乡村教会》《天风》等都有不少跟真耶稣教会或耶稣家庭有关的记载或报道。在中国出版的五旬节派报刊如《五旬节真理报》《通传福音真理报》《真耶稣教会圣灵报》《神召会月刊》等更为关注五旬节议题，为获得五旬节运动在中国各地的发展全貌提供了宝贵的线索。

从国外的英文报刊来看，除了档案馆文献部分提及的美南浸信会自办刊物之外，特别需要提及的是"五旬节之花资料中心"网站提供的自十九世纪末以来的大量五旬节派期刊，为我们提供了宝贵的信息渠道和一手资料。当时的五旬节派传教士为了获得美国或英国国内民众的经济援助，经常会在这些期刊上发表文章，介绍其在中国传教的路线、遇到的困难等，大量涉及中国的报刊有：《使徒信心报》（ *Apostolic Faith* ，1906-1908 ），《信心报》（ *Confidence* ，1908-1926 ），《后雨福音报》（ *Latter Rain Evangel* ，1908-1939 ），《五旬节报》（ *The Pentecost* ，1908-1910 ），《五旬节福音报》（ *Pentecostal Evangel* ，1913-1969 ），《话语与见证》（ *Word and Witness* ，1912-1915 ），《总部会议记录与报告》（ *General Council Minutes and Reports* ，1914-1999 ），《五旬节传教士联合会》（ *Pentecostal Missionary Union* ，1909-1928 ），《话语与事工》（ Word and Work ，1899-1940 ），《新郎信使报》（ *The Bridegroom's Messenger* ，1907-1942)等。

以上提及的中英文报刊是本文极为重视和依赖的一手资料来源，这与本文所关注的五旬节派与社会边缘群体的高度重合性有关。早期五旬节派传教士没有很强的组织背景，往往没有完善的差会档案和记录可供查询；与此同时，他们的社会知名度和影响力远不及主流大差会的一般传教士，所以很难捕捉他们早期来华传教的足迹。作为中国五旬节派教会的耶稣家庭和灵恩会也没有建立自己的文字宣传机构和平台，亦没有留下多少由直接参与者创作的一手文献，因此针对他们的研究十分困难。而同时期的中英文报刊为我们打开了一扇窗户，让我们得以追踪那些在历史上没有留下过多痕迹的普通人的生活。

4. 口述史访谈

历史文献法与实地调查法相结合、书面文件与声音资料相结合是近年来历史学界兴起的一种交叉性、综合性研究方法，该方法对于调查识字不多、遗留文字资料较少的群体特别适用，对于历史参与者及其后代进行抢救性资料保存也极具价值性和针对性。

本论文的研究对象涉及面非常广泛，需要搜集整理的资料来源非常多元。但是部分研究对象由于种种原因，并未留下足够翔实的档案文件以供研究，特别是作为本土五旬节派教会的耶稣家庭和灵恩会。即便是文本档案相对丰富的真耶稣教会，也因为时代变迁需要对其历史进行重新认识。因此，笔者在访问查询各地档案馆、下载翻译在线档案之余，也发挥本科社会学、硕士人类学的专业特长，进行了口述史访谈和实地调查，访问并录制了数百小时的声音资料，并完成了文本转化。

笔者曾先后到福建省福州市福清市、山西省侯马县、山东省神学院、济南市基督教"两会"、山东省泰安市、山东省潍坊市等地进行田野调查，与美南浸信会、真耶稣教会、耶稣家庭、灵恩会等教会内部人士或其后代进行访谈，其中包括敬奠瀛的侄子敬复兴（97岁）、孙子敬文光，李瑞君老人（94岁），耶稣家庭原临朐"小家"家长赵炳昌长老及其家人、侄子赵培让长老，福清真耶稣教会的王钦如长老、郑家政传道、王灵执事，原济南灵恩会灵修院工作人员裴玉芳老人（93岁），济南盛福基督教堂的于庆利长老和杨凤英长老，前美南浸信会教友王庆春长老（90岁），山东省神学院的高明牧师和任现民牧师，济南市基督教"两会"会长李赋真牧师等，并实地考察了福清市真耶稣教会教堂、潍县真耶稣教会旧址、泰安马庄耶稣家庭"老家"旧址、临朐耶稣家庭"小家"旧址、灵恩会灵修院旧址等，在讲述者娓娓道来的叙述和默默矗立的建筑中寻找历史的"现场感"。

（二）研究方法

本论文拟在世界五旬节运动的宏观国际背景、民国时期基督教本土化的中观社会形势和基督教徒寻求个体属灵经验的微观互动中对"山东复兴"运动进行历史学专题研究，全面把握该运动的历史全貌和内在动因。通过梳理出中外基督教会和传道人参与"山东复兴"运动的具体史实，勾勒该运动的起源、特点、动态演进及传播路径，考察中西方文化与权力的竞争、冲突、合作与整合，分析该运动对基督教本土化的社会影响。具体的研究方法可以归纳为四种：

1. 以历史文献为基础的实证研究法

历史文献是任何一项历史学研究最基础、最核心的资料来源，也是任何一名历史学研究者的基本功。本文重视中英文原始档案和一手文献的搜集整理，注重对基本事件和关键人物的研究，力求使每个结论都有坚实的史料基础，做到"论从史出"。借助各地档案馆、图书馆、数据库对中英文历史文献进行全面系统地收集汇总并进行实证研究，既发挥中国历史长于叙事的优点，又汲取西方现代史学重于逻辑分析的特长，使最终成果在内容和分析上史实清晰、论点合理。

2. 口述史与田野调查法

对那些缺乏官方档案和可靠历史文献记载的中方参与者包括本土宗教典型代表和普通基督徒及其后代进行抢救性口述史研究，以积累和丰富中文史料，从受众和已本土化的在地传教人的角度来抗辩西方传教士的话语霸权。通过田野调查，回到历史事件发生的地方，收集"山东复兴"运动亲历者后代或知情者的口述资料，以补充文字记载。

3. 历史社会学的跨学科视角

在宗教与社会的互动关系中考察复兴运动，寻找共时性静态社会模型与历时性动态历史考察的结合。在各方力量的博弈和形塑中认识中国基督教的独特性与多面性，在尊重客观规律性的同时也充分尊重微观情境下的特殊性和偶发性。重点关注社会互动关系，如山东大复兴与全球基督教复兴，西方差会与本土教会，西方传教士与中方传教士，男性传教士与女性传教士，传教士与基督徒，基督徒与非基督徒等彼此之间的互动关系。在各种力量的相互影响和形塑过程中认识中国基督教的独特性与复杂性。

五、研究思路与论文结构

本论文以轰动国内外基督教界的民国时期"山东复兴"运动（1927-1937年）作为研究对象，力图全面客观地还原这场宗教复兴运动的历史原貌，以历史学的研究方法为主，从多种学科视角出发探析该运动的内在动力和机制，全方位考察这一历史事件的社会影响，并在与已有学者、已有理论范式进行对话的过程中探索新的解释框架和理论模式。

之所以选择 1927-1937 这一时间段进行研究，是因为"山东复兴"运动的发生时间主要就是这十年。本文认为"山东复兴"运动本质上是一场五旬节主义复兴运动，其源头是二十世纪初兴起于欧美世界的"古典五旬节运动"。最早一批五旬节派传教士将五旬节主义传入中国后，在中国多个省市发生了"昙花一现"式的零星复兴运动，如"东北复兴""兴化复兴""上海复兴"等。到了二十世纪二三十时代，随着五旬节教义在中国的更广泛传播，山东出现了多个本土五旬节派教会，如真耶稣教会、耶稣家庭、灵恩会等，它们与美南浸信会共同构成"山东复兴"运动的参与主体。

美南浸信会"山东复兴"运动的主要时间段是 1927-1937 年。从美南浸信会华北差会年度报告中"复兴"一词的出现频率可以看出，"山东复兴"运动第一次关于"复兴"的记载是在 1928 年，当年的年度报告中提到"1927 年秋，烟台卫灵女校（Williams Memorial School）爆发了真正的复兴"[134]；1929-1930 年的报告中"复兴"出现了 3 次；[135]1931 年是"复兴"出现频率的转折点，那一年就 13 次；[136]1932-1933 年共出现了 44 次，标志着复兴运动的高潮；[137]1934-1935 年"复兴"出现了 26 次，更多的传教士使用"山东复兴"一词描述他们的集体经历；[138]1936-1937 年"复兴"一词使用了 15 次。[139]1938 年以后使用频率逐渐降低，与"山东复兴"运动逐渐衰落走向一致。

对于"山东复兴"运动的另外两个参与者真耶稣教会和耶稣家庭来说，其创办和发展壮大既是"山东复兴"运动的产物和表现，也是"山东复兴"运动的积极推动者。从这两个本土教会的发展简史可以看出，1927-1937 年也正是它们以五旬节运动为表征，以混融主义为动力，获得快速发展的十年。

本论文一共包含六个部分：

第一部分即导论，介绍基督教全球地域化背景下"山东复兴"问题的提出、学术回顾、资料来源及研究方法说明。"复兴"是基督教事业的寻常特征之一，现代天主教和新教本身就是西方世界宗教复兴的产物。虽然"Shandong Revival"或"Shantung Revival"这一术语在英语世界特别是中国基督教史研究领域流传甚广，但到底何为"山东复兴"，其内涵和外延应当如何界定，依然需要进行严谨的学术考察。通过系统归纳学术界已有的相

---

134 I. V. Larson, *Annual of the Southern Baptist Convention, 1928*, Chattanooga, Tennessee, May 16-20, 1928, p. 197.

135 Mrs. J. M. Gaston, *Annual of the Southern Baptist Convention, 1930*, New Orleans, Louisiana, May 14-18, 1930, pp. 204-212.

136 John W. Lowe, *Annual of the Southern Baptist Convention, 1931*, Birmingham, Alabama, May 13-17, 1931, pp. 217-228.

137 Mary Crawford, *Annual of the Southern Baptist Convention, 1933*, Washington, D. C., May 19-22, 1933, pp. 192-200.

138 Mrs. A. W. Yocum, *Annual of the Southern Baptist Convention, 1935*, Memphis, Tennessee, May 15-18, 1935, pp. 191-204.

139 Anna Hartwell, *Annual of the Southern Baptist Convention, 1937*, New Orleans, Louisiana, May 13-16, 1937, pp. 210-217.

关研究，梳理基督教全球地域化背景下"山东复兴"运动的研究脉络和成果，论述进行该研究的理论价值和现实意义。

第二部分，"山东复兴"运动的时空背景。"山东复兴"不是内发原生的，也不是孤立发展的，其发端深受全球"古典五旬节运动"的影响并扩散至周边国家。该部分一方面从全球化视角出发考察基督教复兴运动史、五旬节运动史以及欧美"古典五旬节运动"传入中国的具体过程；另一方面从地域化、本土化视角下考察中国方面特别是山东基督教界的反应，充分考察山东在政治、经济、文化、历史、社会环境等方面的特殊性，追溯五旬节运动在近代山东的起源与发展。将"山东复兴"运动置于更宏观、更广泛的范围之内，在全球化与本土化的张力和融合中考察中西文化、中外参与者、内外因素的互动互塑过程。

第三部分，美南浸信会与"山东复兴"运动。"山东复兴"运动由暂居于山东烟台的挪威传教士孟慕贞发起，得到了美南浸信会华北差会传教士和中国教徒们的热烈响应，复兴运动由此兴起并迅速扩散至美南浸信会华北差会各中心传教站和外围布道站。该部分重点探讨美南浸信会华北差会的发展历程及本土化努力，"山东复兴"运动的复兴路线与传播方式，"山东复兴"运动的影响与结果等。作为最早追求"圣灵充满"的西方主流差会之一，美南浸信会对五旬节运动的基本态度与评价，也是本章的关切之一。

第四部分，真耶稣教会与"山东复兴"运动。"山东复兴"运动中涌现出一大批本土教会与布道人员，他们一方面改变了中西方传教力量对比和宗教地位，另一方面由于他们所坚持的宗教教义与实践不同于传统的西方差会组织，从而引发了一系列争议。该部分将在"一致性"理论脉络下分析中国本土基督教组织与"披着基督教外衣的中国民间宗教"和"民间宗教色彩浓重的基督教"之间的联系与区别，探讨"山东复兴"运动对真耶稣教会的历史影响。"山东复兴"的参与各方普遍都接受五旬节运动的主张，其宗教教义和实践既体现了西方基督教特别是五旬节主义的某些主张，同时也融合了中国民间宗教的部分元素。需要通过细致的研究厘清二者的区隔与交叠，准确把握中国本土基督教会之特色。

第五部分，耶稣家庭与"山东复兴"运动。耶稣家庭是真正发源于山东并且走出山东、走向全国的本土五旬节派教会。该部分重点讨论耶稣家庭的发展简史、组织特色、对五旬节主义和中国民间宗教与传统文化的双重借鉴与创新等议题。该部分延续第四部分的基本思路，继续分析"山东复兴"运动的触发因素、联动网络，进而透析其动力机制；回答该复兴运动何以在儒家文化发源地和传统文化重镇的山东省兴起并迅速扩散至全国，且在时间轴上能够延续十年之久，进而积聚成一场声势浩大的社会运动。

第六部分，即本文的结语部分，对整篇论文的研究思路、结构框架、内容提要、主要观点等进行归纳和总结。通过对基督教复兴运动和本土化运动的客观描述和原因分析，建构有关宗教现象与发展规律的解释模式，丰富宗教与社会之间关系的理性认识，由此寻找中国特色的本土宗教治理之道，实现基督教健康发展和良性发展，引导基督教与社会主义社会相适应。

第一章 "山东复兴"运动的时空背景

  民国时期基督教"山东复兴"运动的兴起离不开相应的环境条件,是天时、地利、人和三方面因素共同作用的产物。从时间来看,二十世纪二三十年代的"山东复兴"运动是二十世纪初全球"古典五旬节运动"的延续和发展,也是中华民国时期昙花一现的多种宗教复兴运动的一股清流;从地点来看,这场复兴运动之所以始自于山东,主要是由山东省特殊的地理、经济、历史、文化与民众心理特点所决定的,是保守基要派基督徒对当时社会危机日益加重作出的一种回应;从人的因素来看,该运动的参与者既有来自美南浸信会、美北长老会、路德会、神召会等西方差会的外国传教士,更有在中国历史舞台上冉冉升起的本土教会领袖和广大普通信徒,复兴运动的重要结果之一就是涌现出若干游离于西方差会之外的本土教会组织。从参与者的中外力量对比来看,虽然复兴之火的点火者是西方差会和外国传教士,但是真正使复兴运动愈演愈烈的是中国本土教会和中国基督徒。富有学习能力和创新精神的中国教会创办人将基督教界特立独行的五旬节教义与普通民众耳熟能详的民间宗教和传统文化有机结合起来,在对上述两种信仰传统既批判又继承的过程中,探索形成了既"洋"又"土"同时又不"洋"不"土"的教义和实践,使得基督教这一外来信仰真正扎根民间,正式进入中下层民众的信仰体系。

  "山东复兴"运动的动力机制是世界"古典五旬节运动"与中国民间宗教与信仰的混融结合。在民族意识觉醒和爱国主义情绪高涨的时代背景下,部分出身民间知识分子阶层的爱国基督徒为实现消除基督教"洋教"丑名之目的，从基督教五旬节主义与中国民间信仰的内在契合性中找到了努力的出发点，很快从西方差会中分离出来，自立门户、自建教会，成立了中国近现代史上时间较早、规模较大、发展较快的若干本土教会，如真耶稣教会、耶稣家庭、灵恩会等。"山东复兴"运动不仅使中国本土教会正式登上历史舞台，为教会注入新元素，同时也造成了基督教会的分裂，给传统主流教会带来冲击。在五旬节教义普遍被视为"异端邪说"的第一波复兴运动中，以正统信仰自居的主流教会开始出现分化，特别是在基要派内部，部分来自美南浸信会、美北长老会、内地会、宣道会的外国传教士在五旬节主义的影响下，也开始追求以灵洗方言为标志的宗教体验，投身于日益高涨的"古典五旬节运动"中。在接受五旬节主义的西方差会和中国本土教会的共同推动下，中国于二十世纪上半叶掀起多次复兴运动，比如 1908 年的"东北复兴"、1909年的福建"兴化复兴"、1911 年的"河南复兴"、1925 年的"上海复兴"等[1]，从华北至华南的很多省份都出现了以"圣灵充满"和认罪悔改为特征的五旬节运动热潮。随着五旬节教义得到更为广泛的传播，五旬节运动最终在二三十年代达到最高潮，因其 1927 年起源于山东烟台后扩展至全国多省，甚至日本、朝鲜等周边国家，故被称为"山东复兴"运动，或称"中国复兴"运动。从神学教义和敬拜仪式上可以看出，"山东复兴"运动的实质是五旬节主义复兴，是世界五旬节运动在中国舞台上演奏的最华美乐章。

为追溯"山东复兴"运动宗教特征的历史根源，需要对世界"古典五旬节运动"的起源和在中国的传播路线进行点面结合的考察，这场基督教复兴运动不是内生先发的，而是对发源于美国的世界"古典五旬节运动"的承继。为搞清"山东复兴"运动在中国基督教发展史上的地位与影响，需要对二十世纪上半叶基督教内部的现代主义与基要主义之争进行分析，这场复兴运动所强调的教义与信仰，基本可以看作是基要派对传统主义神学的捍卫和对现代主义神学的反击，他们有意避开社会改革和国家建设的主题，主张将有限的资源集中于个人皈依和灵魂拯救方面，在丰富的精神信仰中不断激发复兴的动力。而"山东复兴"运动的起源具有很强的时间节点性和地缘性，民国时期山东政治动荡、经济衰败、灾害频发、文化保守，五旬节讯息的传入给绝境之中的中下层民众带来了得救的希望，点燃了他们对弥赛亚的向往和对神迹奇事的渴求，进而掀起了长达十年之久的基督教复兴运动。

1　欧伊文：《东亚教会大复兴》，司徒焯正等译，第 47-55 页。

第一节 世界"古典五句节运动"及其在中国的传播

　　五句节运动是二十世纪全球基督教复兴与扩张的最主要动力，它以福音广传为鹄的，以新的教义阐释和宗教体验为手段，以"圣灵充满"和重生得救为追求，在全球范围内获得持续而迅猛的发展，[2]目前已成为"世界复魅"[3]、"非世俗化"[4]和"上帝南下"[5]等世界宗教格局变迁的重要推动力，被戴维·马丁称为"基督教最激动人心的发展"[6]、"继清教徒和卫斯理宗后的第三波文化革命"[7]，甚至被文森·锡南称为"世界基督教的未来"[8]。大部分学者认为全球五句节运动掀起过三波复兴高潮，[9]第一波是二十世纪初的"古典五句节运动"或"旧灵恩运动"，兴起于美国堪萨斯州托培卡、加州洛杉矶等地，代表人物有帕罕姆、西摩尔等，特点是追求灵洗、"说方言"和赶鬼医病等圣灵恩赐，因其教义的排外性引发了教会分裂，五句节派正式独立为宗派林立的基督教大家庭的新成员；第二波是六十年代的"新灵恩运动"或"圣灵更新运动"，代表人物有班纳德、皮利斯等，在他们的推动下五句节教义深入到基督教主流宗派和天主教会中，包括卫理公会、长老会、信义会、圣公会等在内的几乎所有主流教会都吸收了部分五句节元素，积极寻求教会更新；第三波是始于七十年代中期的"葡萄园运动"或"新五句节运动"，注重神迹奇事、权能布道、健康和财富，主要领袖有温约翰、加力信、魏格纳等。在数波五句节运动复兴高潮的强力

2　赵建玲、[德]狄德满：《中国五句节运动的起源与组织源流探究》，《世界宗教文化》2017 年第 6 期，第 96 页。

3　Max Weber, "Science as a Vocation," H. H. Gerth & C. Wright Mills eds. *From Max Weber: Essays in Sociology*, New York: Oxford University Press, 1946, p. 148.

4　Peter Berger, *The Desecularization of the World: Resurgent Religion and World Politics*, Grand Rapids: Eerdmans, 1999.

5　Philip Jenkins, T*he Next Christendom, The Coming of Global Christianity*, New York: Oxford University Press, 2002.

6　David Martin, *Pentecostalism: The World Their Parish*, p. 1.

7　David Martin, *Tongues of Fire: The Expansion of Protestantism in Latin America*, Oxford: Blackwell, 1990, p. 5.

8　Vinson Synan, *Spirit-Empowered Christianity in the 21ˢᵗ Century*, Lake Mary, Florida: Chrisma House, 2011.

9　Allan Anderson, *An Introduction to Pentecostalism: Global Charismatic Christianity*, Cambridge, Mass.: Cambridge University Press, 2004; C. Peter Wagner, *The Book of Acts: A Commentary*, Delight: Gospel Light Publishers, 2008; 徐弢：《当代基督教"灵恩运动"及其对中国的影响》，《中国宗教》2008 年第 5 期，第 63 页；吴主光：《灵恩运动全面研究》，香港：角声出版社，1991 年等。

推动下，五旬节派目前已成为全球基督教势力增长人数最多、增长速度最快的新兴宗派。

作为拥有世界四分之一人口的"异教"大国，中国历来是最具吸引力的宣教工场之一。经过上百年的拓荒和耕耘，特别是义和团运动结束以后，在华基督教事业已经取得不错的进展，初步建立了覆盖全国的传教网络体系，总结积累了行之有效的传教模式，逐渐获得了中国信徒与非信徒的认可和接受。这些前期结果为早期五旬节主义来华提供了良好的环境和条件。于是这些"布道热情高涨的传教士（虽然很多情况下准备不足、单纯幼稚）摆脱了主流差会的限制，将工作重心放在自身和中国基督徒的精神更新方面"[10]，掀开了中国"古典五旬节运动"的序幕。来华五旬节派传教士带着"圣灵充满"、追求灵恩、"耶稣快来"的新福音前赴后继地来到中国，除了在沿海大城市建立传教中心之外，更是极力深入交通不便、贫困落后的偏远农村地区，发展了一批五旬节派信徒，其中既有中国基督徒，也有部分其他宗派的外国传教士。

与传统主流差会丰富完备的档案资料相比，中国五旬节派的相关资料乏善可陈，加上早期来华传教士缺乏明确的五旬节派身份认同和稳定的组织支持，重构这一历史事件极富挑战。笔者试图借助有限但可及的中外五旬节派报刊资料的相关报道，追溯早期来华五旬节派传教士的历史轨迹，还原中国"古典五旬节运动"的起源与发展，浅析其对"山东复兴"运动的影响。

一、世界"古典五旬节运动"的起源

二十世纪初"古典五旬节运动"的起源可以追溯到十九世纪下半叶激进福音派的兴起。伴随近代科学革命和工业主义的兴起，西方社会的智识理性和社会结构发生深刻变革，基督教面临前所未有的信仰合法性危机和世俗化挑战。作为回应，部分持保守主义立场的福音派强调属灵生命更新和内在的宗教经验，提出了一些新的神学教义和主张，包括更高生命的基要主义和时代论式的前千禧年主义[11]、虔信主义、守安息日、二次恩典、因信称义、全备福音等思潮，宣告了新福音派对西方国家"世俗"和"主流"教派的抗议。

---

10 Daniel H. Bays, *A New History of Christianity in China*, p. 105.
11 基督教末世论之一，认为基督将于千禧年之前复临世界，千年太平盛世即因他的复临而建立。

[12]属灵领袖们认为世界末日即将到来，基督耶稣很快就会复临，然后在地上建立千禧年王国，所以他们的主要使命就是在大审判前的"最后的日子里"，以时不我待的紧迫感加快向异教徒宣教的步伐，[13]属于广义福音派的五旬节派应运而生。他们强调，"真正的灵魂宗教是通过圣灵的根本转化之明白无误的迹象来证明的，尤其是通过信心医病和'说方言'的圣灵降临迹象来证明的"[14]，凭借独特的神学理念和神秘的宗教体验最终在教派林立的基督教信仰中取得一席之地，并在短时间内迅速形成迅猛发展的势头，将五旬节信仰传播至世界各地。

虽然五旬节运动的源头还存有争议，[15]但大多数学者都认为，最重要的发源地是位于美国加利福尼亚州洛杉矶阿苏萨街（Azusa Street）312 号的一间破败礼拜堂。1906 年 4 月黑人牧师西摩尔带领黑人和白人信徒一起点燃了五旬节复兴的火花，并创办发行《使徒信心报》广泛传播五旬节福音。来自北美、欧洲和第三世界的基督徒纷纷来到阿苏萨街参观学习，并把火种带回世界各地。[16]大量五旬节派教会组织和传教士团体如雨后春笋般涌现出来，如使徒信心会、神召会、五旬会和圣洁会等。与传统主流宗派相比，它们大部分规模很小，宗派观念严重。许多传教士来自社会边缘人群，没有受过多少教育，观点狭窄，性格古怪但非常虔诚[17]；信徒通常较为贫穷，社会地位比较低。特别值得一提的是，"信心传教士"（faith missionary）发挥了不可忽略的重要作用。他们通常不属于任何正式差会组织，没有稳定的收入来源，信仰坚

12 Melvin Easterday Dieter, *The Holiness Revival of the Nineteenth Century*, Lanham, Md.: Scarecrow Press, 1996.

13 R. G. Tiedemann, "Protestant Revivals in China with Particular Reference to Shandong Province," pp. 213-236.

14 乔治·马斯登：《认识美国基要派与福音派》，宋继杰译，北京：中央编译出版社，2004 年，第 33 页。

15 很多学者都指出，五旬节运动的发源地具有多中心性，好几个相距甚远的地方如北欧、英国、印度、南非等几乎在同一时间爆发了具有相似五旬节特征的教会复兴，如 Allan Anderson, *An Introduction to Pentecostalism: Global Charismatic Christianity*, Cambridge, Mass.: Cambridge University Press, 2004; *Studying Global Pentecostalism: Theories and Methods,* Berkley: University of California Press, 2010.

16 布鲁斯·L.雪莱：《基督教会史》（第三版），刘平译，上海：上海人民出版社，2012 年，第 445 页。

17 赖德烈：《基督教在华传教史》，雷立柏、瞿旭彤等译，香港：道风书社，2009 年，第 505 页。

定并且富有冒险精神。出于对主流差会和教义的同样疏离，信心传教士们往往对五旬节主义具有更强的亲和力和更高的接受度，其独立传教的坚韧精神和灵活性使得五旬节讯息能够到达更多地处偏远的 "未得之民" [18]。

二、"古典五旬节运动" 来到中国

在资本主义发展和基督教扩张的时代背景下，大量五旬节派团体和独立传教士纷纷来到中国。这些新兴基督教传教力量在神学主张、敬拜方式、传播手段等方面与主流教派有很大的不同，形成了一支不太显眼但依旧重要的独立传教力量，同时使得基督教在近代中国的存在方式更加复杂化和多元化。此外，给欧洲和北美的传统主流基督教带来了一定挑战。在五旬节派传教士、亲五旬节派差会及传教士、中国助手及信徒的共同努力下，五旬节信仰传入澳门和香港，随后传播到广州、上海、山东、河北、甘肃、云南、西藏等地区 [19]，在主流差会的反感排挤和中国民众的复杂回应中顽强生长，对中国民间基督教的兴起产生了极为深远的影响。追踪五旬节运动进入中国的落脚点和传播路径，至少可以发现五个区域性中心，包括华南港澳粤地区、华北京冀地区、华东沪浙地区、华西南滇藏地区和华北山东部分地区等，五旬节主义福音正是以这五个地区为核心扩散至中国其他地区。

（一）华南港澳粤地区

五旬节主义到达中国的第一站是澳门和香港。在许多传教士眼中，香港是进入中国的桥头堡。换言之，香港并不是传教士致力要开拓工作的地方，而仅是来华的第一站，或因其殖民地背景，成为华南地区传教工作的活动基地。[20]许多观察家都认为最早来华的五旬节先驱是麦坚道（Thomas James McIntosh, 1879-1955）夫妇和嘉活力（Alfred Gallatin Garr, 1874-1944）夫妇。麦坚道出生于南卡罗来纳州林奇堡的一个普通家庭，父亲是一名临时工。麦坚道夫妇1907年在洛杉矶阿苏萨街获得了 "说方言" 的经历，后在北卡罗莱

---

18 基督教将未接受基督教教义的人，包括信仰其他宗教者和无神论者，均称为 "未得之民"，注重吸引这类人皈信基督。涂怡超：《当地基督教传教运动及其对国际关系的影响》，徐以骅译，徐以骅、章远等编：《宗教与美国社会——当代传教运动》第6辑，北京：时事出版社，2009年，第24页。

19 Allan Anderson, *Spreading Fires: The Missionary Nature of Early Pentecostalism*, pp. 109-136.

20 邢福增：《香港基督教史研究导论》，香港：建道神学院，2004年，第14页。

纳州五旬节圣洁会的资助下于 1907 年 8 月 7 日抵达澳门，成为"首位来华五旬节派传教士"。[21]紧随其后的是嘉活力一家，他们受到在香港传教的数位单身女传教士的邀请，于 1907 年 10 月 9 日从印度抵达香港。[22]虽然嘉活力算得上是"最有影响力的五旬节先驱领袖之一，但相关的自传或他传资料非常不完整和不统一"。[23]他于 1875 年 7 月 27 日出生于肯塔基州博伊尔县，1898 年在阿斯伯里学院短暂进修期间结识了莉莲·安德森（Lillian Anderson）并与之结婚。[24]1906 年嘉活力夫妇在阿苏萨街得到"灵洗"经验，并说出孟加拉语方言。[25]次年初他们来到印度加尔各答，在当地一家浸信会教会担任传教士，10 月初来到香港。嘉活力夫妇抵港三天后，罗梅（May Law）和必姑娘（Rosa Pittman）也来到香港。她们属于来安之（Martin Lawrence Ryan，1869-1963）领导的使徒信心会，该组织于 1907 年 9 月初从美国西雅图来到日本布道，罗姑娘和必姑娘后于 10 月 12 日从东京来到香港。1908 年 1 月来安之团体的另外两名单身女传教士科拉·弗里奇（Cora Fritsch）和美圣心（Bertha Effie Milligan）也从日本来到香港传播五旬节教义。[26]与此同时，澳门的麦坚道传教力量也得到了加强，安妮·麦坚道的姑姑安妮·柯比（Annie E. Kirby）夫人和来自佛罗里达州拉哥地区的 17 岁女孩马贝尔·埃文斯（Mabel Evans）也加入麦坚道五旬节团队。[27]柯比夫人曾在麦坚道于美国南卡罗来纳州伯克利县带领的奋兴会有过灵洗经历。柯比和埃文斯取道洛杉矶、旧金山和檀香

---

21 Daniel Woods, "Failure and Success in the Ministry of T.J. McIntosh, the First Pentecostal Missionary to China," *Cyberjournal for Pentecostal-Charismatic Research,* no. 12 (February 2003), http://www.pctii.org/cyberj/cyberj12/woods.html, 2016 年 8 月 16 日。

22 Cecil M. Robeck, *The Azusa Street Mission and Revival: The Birth of the Global Pentecostal Movement,* p. 256.

23 Grant Wacker, *Heaven Below: Early Pentecostals and American Culture,* p. 289; G. B. McGee, "Alfred Goodrich Garr, Sr.", Burgess and McGee eds., *Dictionary of Pentecostal and Charismatic Movements,* pp. 328-329.

24 William Kostlevy, *Holy Jumpers: Evangelicals and Radicals in Progressive Era America,* New York: Oxford University Press, 2010.

25 "Good News From Danville, VA," *The Apostolic Faith* (Los Angeles), vol. 1, no. 9 (September 1906), p. 4.

26 Daniel H. Bays, "The Protestant Missionary Establishment and the Pentecostal Movement," Edith L. Blumhofer, Russell P. Spittler eds., *Pentecostal Currents in American Protestantism*, Urbana and Chicago: University of Illinois Press, 1999, p. 53.

27 Roberts Liardon, *The Azusa Street Revival: When the Fire Fell*, Shippensburg, PA.: Destiny Image Publishers, 2006, p. 143.

山，于 1908 年 1 月 9 日抵达澳门。与麦坚道共事几个星期之后[28]，二人于 2 月底在会说中文的房丽雯（Fannie Winn）的陪同下来到广州[29]。1910 年麦坚道一家最后一次来华，在广东省西江地区建立西南布道站。1910 年 12 月 7 日，来自美国北卡罗来纳州的祈理平（George Maryland Kelley）夫妇加入该布道站，在接下来的 20 年中接手并发展壮大了西南布道站，创办中文五旬节派期刊《神召会月刊》，成为五旬节主义向中国大陆地区辐射的重要据点。也正是这个祈理平，在二三十年代经常到山东省巡回布道并带领奋兴会，成为美南浸信会华北差会山东教区复兴运动的重要推手（详见第二章第三节）。

嘉活力和麦坚道积极布道的最重要成果就是中国第一个五旬节派自立教会"香港华人五旬节会"的成立，其发起人是中国香港人莫礼智。莫礼智原为香港公理会执事和一所英文学校"乐群书塾"的校长。1907 年 10 月嘉活力夫妇到达香港之后，由于"说方言"的灵恩无法帮助其使用粤语向当地中国人布道，所以聘请莫礼智担任翻译。莫礼智在嘉活力的教导下于 1907 年 11 月获得灵洗经验和方言恩赐，不久就带着一批中国基督徒退出公理会，与宋鼎文等[30]在香港建立了自己的五旬节组织"本港耶稣教华人自立传道会"。1908 年 1 月起与麦坚道合作出版免费双语报纸《五旬节真理报》，并在中国和日本发行[31]，至 1917 年 4 月停刊前后共出版 39 期。1914 年香港五旬节会搬到必列者士街 2 号，并开设了圣经研究班。[32]截至 1917 年已发展成为包括主日学、聚会、祈祷、宣教及圣经研习等活动在内的成熟完善的教会系统。[33]山东省真耶稣教会的早期重要领袖张巴拿巴首次获得灵洗方言的经验即由另外一位领袖张灵生记录并发表在《五旬节真理报》上。[34]可见该报的影响力早在 1912 年就深入齐鲁腹地潍县地区。正如裴士丹所说，"这一团体和报纸对

---

28 Kirby and Evans to Cashwell, Canton, 3 March 1908, *The Bridegroom's Messenger,* vol. 1, no. 13 (1 May 1908), p. 1.

29 Fannie Winn, "How God Has Blessed the Work of Our Missionaries in China," *The Bridegroom's Messenger,* vol. 1, no. 15 (1 June 1908), p. 2.

30 甘思永：《莫礼智先生行述》，《神召会月刊》1927 年第 2 卷第 1 期，第 3 页。

31 "Fires Are Being Kindled," *The Apostolic Faith* (Los Angeles), vol. II, no. 13 (May 1908), p. 1.

32 《五旬节真理报》1914 年 1 月，第 1 页。

33 陈明丽：《〈五旬节真理报〉对五旬节神学之解读》，陶飞亚：《宗教与历史——汉语文献与中国基督教研究》（上册），第 105-114 页。

34 张彬：《为圣灵施洗作证》，《香港五旬节真理报》第 35 期，1912 年 10 月，第 3 页。

于五旬节主义在中国大陆的传播至关重要，直接影响了华北地区最大最早的五旬节派本土组织真耶稣教会的创建"。[35]

虽然澳门和香港布道开局不错，但总体来说，麦坚道和嘉活力在华南事工收效甚微，令人失望。起初澳门形势颇有起色，麦坚道在 1907 年 8 月初到澳门时曾受到支持者的热烈欢迎，其中包括正在澳门度假的几位传教士。[36]来自广西梧州宣道会的两名女传教士夏芝龄（Frank Porter Hamill）和杨清华（Miss Rosa Alice Edwards）表示出了对五旬节信息的极大兴趣，并在回到梧州后在当地和周边地区的宣道会内掀起复兴运动，出现了神圣医治、"说方言"和其他一些五旬节宗教特征[37]，但是最终没有一位宣道会传教士选择改宗皈依五旬节派。香港的情形大致相同，嘉活力曾在 1908 年初抱怨道："全香港没有一个西方传教士站在我们这边。在中国内地还有部分西人接受五旬节福音，但是在香港，信众全部都是中国人，一个西方人都找不到。"[38]

由此可见，虽然早期五旬节教义吸引了部分主流差会传教士的注意力，并发展出一批忠实的中国信徒，但因其宣扬的部分教义和仪式对主流基督教形成了挑战，所以引发了主流差会和传教士的排斥和讨伐。基督教主流宗派最重要的期刊之一《教务杂志》1908 年 1 月的一篇文章曾提到："香港宗教界因为五旬会的出现而备受困扰。该教会是在美国加利福尼亚州刚成立的一个小教派，鼓吹'说方言'的恩赐，攻击其他宗派的传教方法。他们在香港的一间中国教堂举行集会，经常出现狂喜疯癫的奇异场面。其目的貌似是让中国基督徒更加堕落，而非对他们施以拯救。"[39]前美国长老会牧师、后自创澳门圣经传道会（Bible Mission Society）的传教士杜心余（Samuel Charlton Todd）也发起了针对五旬节派的激烈反击。他于 1908 年 1 月 23 日在美国一

---

35 Daniel H. Bays, "Indigenous Protestant Churches in China, 1900-1937: A Pentecostal Case Study," Steven Kaplan ed. *Indigenous Responses to Western Christianity*, New York & London: New York University Press, 1995, p. 129.

36 Daniel Woods, "Failure and Success in the Ministry of T. J. McIntosh, the First Pentecostal Missionary to China," *Cyberjournal for Pentecostal-Charismatic Research,* no. 12 (February 2003), http://www.pctii.org/cyberj/cyberj12/woods.html, 2016 年 8 月 16 日。

37 Ethel F. Landis, "A Letter from CMA missionary Ethel F. Landis," *The Bridegroom's Messenger,* vol. 1, no. 9 (1 March 1908), p. 2.

38 Garr to Cashwell, Hongkong, 19 January 1908, *The Bridegroom's Messenger* vol. 1, no. 9 (1 March 1908), p. 4.

39 "Missionary News," *The Chinese Recorder and Missionary Journal,* vol. XXXIX, no. 1 (January 1908), p. 59.

份报纸上发表评论文章《"说方言"在传教领域"大获全败"》，文中指出，他对多起声称"方言传教"[40]的案例进行了调查，发现所有传教士无一不是大败而归。[41]在另一篇很可能也是出自杜心余的评论中，他批评麦坚道的无知程度"无出其右，会读写简单英语就不错了"[42]；而嘉活力"经常对持异议者破口大骂，修养全无"[43]。最初愿意为嘉活力提供宣教场所的香港公理会很快与嘉活力划清界限，并禁止教会信徒参加五旬节布道会。由此可见，基督教主流宗派与五旬节派之间的分歧日益明显，隔阂逐渐加深。这一现象与五旬节派在母国美国被斥为离经叛道、异端邪说的遭遇遥相呼应。事实上，早期五旬节运动最重要的宣传报刊《使徒信心报》（洛杉矶）1908年8月停刊，"阿苏萨街复兴"昙花一现后很快归于平静，不得不在其他宗派不断排挤和打压的夹缝中艰难求存。

（二）华北京津冀地区

早期五旬节运动的第二个重镇是以直隶（1928年后改称河北省）南部为中心的京津冀地区。五旬节派此前与主流差会和传教士团体建立的良好关系成为重要的前期基础，使徒信心会传教士贲德新（Bernt Berntsen，1863-1933）[44]在华北地区的五旬节运动中发挥了重要作用。贲德新出生于挪威拉维克附近的一个平信徒家庭，1893年移民美国，与同样生于挪威的麦格纳·伯格（Magna Berg，1867-1935）结婚，育有两个男孩。1904年10月，贲德新全家与很多传教士一起从洛杉矶来到中国，在无宗派教会南直隶福音会从事传教工作。[45]期间贲德新偶然在英文《使徒信心报》上读到一篇与阿苏萨街五旬节运动有关的报道，由此萌发了亲自一探究竟的念头，随后于1907年坐船返回洛杉矶。在那里他"大大受到圣灵的浇灌"并说出方言，后召集

---

40 早期五旬节派对"方言"的一种看法，他们认为"方言"就是"别国的话"，一旦获得"说方言"的"圣灵恩赐"之后，就可以直接用别国语言传教，而不必再大费周章地学习其他国家的语言。

41 Wacker, Heaven Below: *Early Pentecostals and American Culture*, p. 288.

42 Cecil M. Robeck, Jr., *The Azusa Street Mission and Revival: The Birth of the Global Pentecostal Movement*, p. 246.

43 R. G. Tiedemann, "The Origins and Organizational Development of the Pentecostal Missionary Enterprise in China," pp. 120-121.

44 Cecil M. Robeck, *The Azusa Street Mission and Revival: The Birth of the Global Pentecostal Movement,* pp. 260-262.

45 R. G. Tiedemann, "The Origins and Organizational Development of the Pentecostal Missionary Enterprise in China," pp. 108-146.

了十一位成年五旬节传教士来华传教, 其中包括两对已婚夫妇及其子女、两位单身男传教士以及五位单身女传教士, 开启了"完全凭信心传教"的中国之旅。该布道团仿效洛杉矶使徒信心会, 也取名"使徒信心会"(简称"信心会"), 于 1908 年 1 月 1 日抵达正定, 该地后来成为五旬节派在直隶南部的重要活动中心。贲德新这样描述他所开辟的新阵地, "那是位于北京南部铁路沿线的一大片区域, 所有被圣灵与火充满的独立同工都可以来我们这里驻足, 直到他们得到上帝的指示另往他处", 他还补充道, "我们祈祷能为中国孤儿建立一处栖身安家之所"[46], 随后创办了一所孤儿院, 收容乞丐近百名。1909 年, 贲德新及其团体在保定建立了第二个传教站,[47]1914 年在天津建立了第三个传教站, 同年开始发行一份中文五旬节期刊《通传福音真理报》(Popular Gospel Truth),[48]对于传播五旬节讯息起到了举足轻重的作用。1914 年神召会成立之后, 包括贲德新在内的很多信心会成员开始与其联系, 这在很大程度上意味着使徒信心会逐渐归入了神召会。[49]1916 年贲德新团队建立北京传教站, 正是在这里, 北京伦敦会信徒魏恩波首次接触到五旬节主义, 并在一年后发起创办了真耶稣教会(详见第三章第一节), 后来发展为建国以前中国信徒人数最多的华人自立教会。真耶稣教会的另外一位早期领袖、来自山东潍县的张灵生, 也曾与贲德新多有来往, 交情颇深(详见第三章第一节)。

贲德新布道团的成员构成一直保持着高度的流动性, 不断有旧成员离开和新成员加入, 其构成以斯堪的纳维亚迁居美国的移民为主。[50]贲德新夫妇虽以美国传教士的身份来华传教, 但他们均出生于挪威的平信徒家庭。贲德新团队中的亨生(George Hansen)夫妇也来自挪威; 林仁义(Gustav Simeon Lundgren)及其未婚妻(Ottilia Karlsson)来自瑞典; 周翰逊(Adolf Johnson)及其未婚妻(Ellen Matilda Eriksson)来自讲瑞典语的芬兰奥兰群岛; 包明辉(Maria Sofia Björkman)1902 年从芬兰移民到美国; 16 岁的韩

---

46 *The Apostolic Faith* (Los Angeles), vol. 1, no. 11 (October 1907-January 1908), p. 1.

47 *The Bridegroom's Messenger,* vol. 1, no. 26 (15 November 1908), p. 4.

48 Allan Anderson, *Spreading Fires: The Missionary Nature of Early Pentecostalism*, p.133.

49 陈建明:《中国地方基督教的建构——近代五旬节信仰实践模式研究》, 博士学位论文, 上海大学, 2013 年, 第 86 页。

50 Bernt Berntsen, "Letter from China," *The Bridegroom's Messenger,* vol. 1, no. 14 (15 May 1908), p. 2.

姑娘（Emma Birgithe Hansen）1906 年随家人从挪威移民美国，一年后脱离家庭加入贲德新团队[51]；只有海斯（Roy Jerome Hess）夫妇是土生土长的美国人。

贲德新除了从北美召集斯堪的纳维亚籍传教士之外，还与斯堪的纳维亚地区的五旬节运动领袖保持密切联系。国外学者的新近研究成果显示，贲德新曾分别在挪威的托马斯·巴雷特（Thomas Ball Barratt）和艾瑞克·诺德却勒（Erik Andersen Nordquelle）创办的五旬节刊物上发表过大量信件和报告。[52]1910 年 4 月，贲德新应邀到丹麦、挪威、瑞典等北欧国家巡回布道，募集捐款并招募来华传教士，获得积极响应。[53]更多斯堪的纳维亚传教士加入贲德新团队，比如挪威传教士金安辛（Einar Johannes Christiansen）夫妇、瑞典女教士葛姑娘（Hilma Lavinia Gustafson）、丹麦女教士白姑娘（Dagny Pedersen）等，其中白姑娘 1923 年成为首任使徒信心会驻华代表。1912 年，丹麦传教士冉彼得（Nils Peter Rasmussen）一家、瑞典女教士利安新（Anna Larson）和吴尼梨（Nelly Olsen）等也来到直隶正定，增强传教力量。[54]使徒信心会教士海道尔（Abraham Lovalien Heidal）夫妇依靠北欧五旬节教会的支持在直隶高邑别立神召会（The Assembly of God, Good News Mission, AGM）[55]。1924 年 9 月当第五届华北地区传教士年会在直隶石家庄召开时，"会议前五天使用的是斯堪的纳维亚语，后五天使用的是英语"。[56]斯堪的纳维亚传教势力对华北地区五旬节运动的影响力可见一斑。

（三）华东沪浙地区

二十世纪初，作为国际化大都市的上海是众多基督教主流宗派和福音派教会的大本营，因此亦成为五旬节主义在华早期的落脚点之一。最早来到上

---

51 Emma Hansen, "A Sixteen-Year-Old Missionary," *The Pentecost,* Kansas City, Mo., vol. 1, no. 7 (June 1909), p. 4.

52 David Bundy, *Visions of Apostolic Mission: Scandinavian Pentecostal Mission to 1935*, Uppsala: Uppsala Universitet, 2009, pp. 228-229, 241-242.

53 Jan-Endy Johannesson, Dokumentation av svensk pingstmission i Kina, *Research Reports in Missiology, Mission History and Missionary Anthropology*, Report No. 3, Stockholm: PMU Mission Institute, 1988.

54 Asbjørn Froholt, *De Frie Evangeliske Forsamlingers Misjon*, Moss: Elias Forlag, 1982, pp. 103-112.

55 黄光域编：《基督教传行中国纪年（1807-1949）》，桂林：广西师范大学出版社，2017 年，第 451 页。

56 W. W. Simpson, *Pentecostal Evangel,* no. 572 (15 November 1924), p. 10.

海的五旬节派传教士是从贲德新布道团脱离出来的亨生夫妇（George and Sofia Hansen）和海斯夫妇（Roy J. and Lydia M. Hess）[57]。随后，以来安之为首的数名使徒信心会成员也陆续来到上海，如陆牧师（Homer Levi Lawler, 1869-1944）、妻子陆慕德（Emma Bell Rednour Lawler）、女儿陆以平（Estelle Beatrice Lawler）和儿子陆惠丰（Fay Harland Lawler）一家四口先后加入上海使徒信心会。1912 年，来安之自己也放弃了日本事工，转而定居上海，继续出版自创期刊《使徒之光》（Apostolic Light）。1915 年《使徒之光》的发行量达到 5,000 份，报纸版面也由之前的 8 个版面增加到 12 个版面，成为使徒信心会的重要宣传媒介。[58]灵恩会的"催生员"、南京信德孤贫工艺学校校长马兆瑞就是在陆慕德的影响下皈依五旬节派的。[59]

　　极少有主流宗派传教士改宗加入五旬节派，因此慕淑德（Antoinette Moomau, Nettie Moomau,1873-1937）的例外格外引人关注。慕淑德出生于美国内布拉斯加州，1899 年以美北长老会传教士的身份来到中国。1906 年 10 月回国休假时接受差会派遣去洛杉矶调查使徒信心运动，因为"他们声称获得了圣灵的恩赐"[60]。慕淑德宣称自己在阿苏萨使徒信心会访问期间被"圣灵充满"，1908 年以五旬节派传教士的身份与助手利奥拉·菲利普斯（Leola Phillips, 1878-1910）返回上海，[61]在专门救助风尘女子的济良所（Door of Hope）带领了系列奋兴会。[62]利奥拉两年后死于天花，但慕淑德选择了留在中国，在上海和苏州做了很多年的使徒信心会传教士。

　　然而，宗教改宗的过程也可能是相反的，正如美国传教士开丝（Lillian Holmes Keyes，1889-1965）和耿义德（Edith Emily Gumbrell，1875-1922）的例子。1908 年 8 月 1 日二人皆以五旬节派传教士的身份来到直隶保定，并在贲德新的使徒信心会学习汉语，但在 1911 年改宗加入美北长老会，服务于保

57 A letter dated 1 October 1908 from Roy Hess, The Bridegroom's Messenger, vol. 2, no. 26 (15 November 1908), p. 1.

58 M. L. Ryan, "The Pentecostal Movement," The Chinese Recorder, vol. XLVI, no. 5 (May 1915), p. 323.

59 马革顺：《生命如圣火般燃烧——合唱指挥家马革顺的人生传奇》，薛彦莉整理，香港：建道神学院，2006 年，第 3 页。

60 Antoinette Moomau, Eustice, Nebraska, The Apostolic Faith (Los Angeles), vol. 1, no. 11 (October 1907-January 1908), p. 3.

61 Allan Anderson, "The Azusa Street Revival and the Emergence of Pentecostal Missions in the Early Twentieth Century," Transformation, vol. 23, no. 2 (April 2006), p. 114.

62 Word & Work, vol. 31, no. 12 (December 1909), p. 302.

定差会。1916 年开丝与另一位长老会传教士甄乃思（Richard E. Jenness, 1890-1941）结婚，并在保定和顺德（今邢台）地区传教直到 1950 年。[63]

1910 年以后，来自加拿大的五旬节势力逐渐超过美国，成为主导上海五旬节主义的关键力量。位于多伦多的五旬节派赫布登差会（Hebden Mission）对海外布道最为积极活跃，早在 1909 年就派出亚瑟·艾特（Arthur Manley Atter）夫妇来上海传教，次年派施文华（George Christian Slager）夫妇来华，扩大在上海的影响力。[64]1909 年恩德乐（Thomas Hindle）夫妇也奔赴上海，后来北上进入内蒙古，成为到达时间最早、传教时间最长的五旬节派传教士。同年，加拿大圣洁会女教士贝尔格（E. A. Burke）也来华传教，驻上海。还应提到的是生于爱尔兰的加拿大籍传教士罗伯特·森普尔（Robert James Semple），即后来在上海创办四方福音会的麦艾美（Aimee Semple Mcpherson）的丈夫，他于 1910 年从加拿大前往香港，途中不幸感染了疟疾，抵达几周后病逝。1910 年总部设于加拿大温哥华的太平洋布道会（Pacific Coast Missionary Society，PCMS，1942 年并入加拿大神召会）似乎与美国使徒信心会关系密切，PCMS 是在俄勒冈州波特兰使徒信心会影响下，由加拿大不列颠哥伦比亚省的若干个教会发起的五旬节组织，成立不久即派传教士赫华德（Thomas Harwood and Mary Ethel）夫妇来上海布道，[65]后在杭州、西兴、义桥等江浙地区建立多个总堂。路易斯·布朗（Louise E. Brown）自 1912 年来华至 1936 年间一直担任上海使徒信心会的代表。

（四）华西南、华西北边境地区

五旬节主义的真正发展是在中国西南边境的云南、甘肃、西藏等偏远落后地区。在基督教对云南少数民族进行大规模传教的活动中，从缅甸进入云南，比从中国内地进入西部少数民族地区更为直接和方便。1898 年英国吞并缅甸后，缅甸更成为基督教各传教差会向西部云南少数民族渗透的基地和大本营。这些有利条件，使得由滇西南到滇西北中缅边境地区，成为又一片基

---

63 Cecil M. Robeck, *The Azusa Street Mission and Revival: The Birth of the Global Pentecostal Movement,* pp. 248-249.

64 Thomas William Miller, "The Cáiiádian Jerusalem: The Story of Jaines and Ellen Hebden and Their Toronto Mission," *Assemblies of God Heritage,* vol. 11, no. 3 (Fall 1991), p. 6.

65 R. G. Tiedemann, *Reference Guide to Christian Missionary Societies in China from the Sixteenth to the Twentieth Century,* pp. 121-122, 196-197.

督教传播最活跃、影响最大的地区。[66]而对这一地区施加影响最大的是以英国为主的保守派和福音派，特别是五旬节派。

虽然早期港澳五旬节传教士对当地主流宗派传教士的宣教以失败告终，但他们却引起了西藏边境部分内地会和宣道会传教士的注意，其中最有名的改宗者当属宝耀庭（Cecil Polhill Turner，又名杜明理，1860-1938）了。与大多数五旬节派传教士卑微的出身背景不同，宝耀庭出生于英格兰赫赫有名的特纳家族，1885年作为"剑桥七杰"[67]之一被内地会派往西藏边境传教，1908年初在回英国途经美国洛杉矶时短暂停留，在阿苏萨街被"圣灵充满"。一年后他创办了英国及爱尔兰五旬会（PMU，简称英五旬会），[68]并将云南作为英五旬会的大本营。首批英五旬会传教士包括五名成年男性和两名女性，[69]于1910年抵达云南丽江。像宝耀庭一样由内地会改宗五旬节派的传教士不在少数。1903年，另一位"剑桥七杰"之一司米德（Stanley Peregrine Smith，又名司安仁，1861-1931）在山西创办了泽州会（Tsechow Mission），具有明显的五旬节派宗教特征。1901年，加拿大籍内地会传教士马锡龄（Hector McLean）和内地会系瑞华会传教士西格瑞德·本特松（Sigrid Bengtsson，1869-1935）来华，并在各自教区传教。二人于1905年结婚，1909年参观阿苏萨街时受到五旬节的洗礼，于1910年1月1日返回中国传播五旬节讯息，先后在上海、山东和云南传教，1927年以独立五旬节传教士身份退休。[70]澳大利亚籍内地会传教士富力敦（John Daniel Fullerton）自1912年开始在云南传教，1914年得到灵浸经验后从内地会辞职，1915年与英五旬会派往中国的丹麦籍传教士阮馥兰（Martha Renager，Monica Rønager）结婚，随后夫妇二人共同创办滇南教会（后并入神召会），经费来源主要是丹麦的五旬节派信徒。[71]1912年

---

66 钱宁：《基督教在云南少数民族社会中的传播和影响》，《世界宗教研究》2000年第3期，第20页。

67 "剑桥七杰"是清末民初中国内地会的代表人物，他们大多家境优渥，出身剑桥大学（除杜明理外），为了传教事业放弃了在英国优越的条件，来到中国艰苦地区创办站点，传播福音；同时开办新式学堂和医院。

68 Peter Hocken, "Cecil H. Polhill: Pentecostal Layman," *Pneuma*, vol.10, no.1-2 (January 1988), pp. 116-140.

69 John M. Usher, "Cecil Henry Polhill: The Patron of the Pentecostals," *Pneuma*, vol. 34, no. 1 (January 2012), pp. 37-56.

70 Allan Anderson, *Spreading Fires: The Missionary Nature of Early Pentecostalism*, p. 128.

71 R. G. Tiedemann, "The Origins and Organizational Development of the Pentecostal

荷兰籍英五旬会女教士斯淑添（Cornelia Elize Scharten）来华布道，驻云南昆明，转嗣丽江；1926 年离会自养，1931 年加入当年来华开教的"德国五旬会"。[72]1930 年以后，滇藏基督会牧师莫尔斯和神召会牧师马导民，由丽江维西进入怒江，在贡山、福贡两县建立教会，培养了大批信徒，至此基督教传遍了怒江峡谷，怒江地区成为少数民族中信仰基督教人口比重最大的地区。[73]

　　五旬节主义的影响并非仅限于华西南、华西北地区的内地会，当地不少宣道会传教士也受到影响。前文提到的两位女传教士夏芝龄和杨清华早在1907 年 8 月在澳门避暑时就聆听了麦坚道带来的五旬节讯息[74]，但是她们都没有加入五旬节派。夏芝龄在宣道会担任传教士一直到 1916 年退休，杨清华后与另一位宣道会传教士施天恩（Weldon Grant Smith）结婚，1921 年双双离开，在广西省贵县成立了一个小型独立教会信爱会（Faith and Love Mission），开办有熙心瞽目院和熙心学校，杨清华任校长。施天恩夫妇与自立福音会一直保持密切联系。[75]由宣道会改宗五旬节派的最具代表性的是席儒珍（William Wallace Simpson，1869-1961，1918 年改名新普送）。[76]席儒珍出生于美国田纳西州怀特县一个平信徒农民家庭，1892 年被宣道会派往中国甘南地区传教。1912 年 5 月席儒珍在由甘肃洮州（今临潭）宣道会传教士"安排的恭候圣灵之浸"的一系列"特别奋兴会"中说出方言，其妻子和儿女也都"受到了圣灵与火的浸"。[77]1914 年 5 月 10 日，因坚持五旬节派立场，最终辞去宣道会的传教工作，以独立传教士的身份在上海、江苏（南京及其周边）、河北（石家庄、正定等）、山西（太原、大同等）、北京、山东（如泰安）等地继续传播其五旬节经验，收效显著。1915 年回到美国后，改宗加入神召会，并于 1918

Missionary Enterprise in China," p. 132.

72　黄光域编：《基督教传行中国纪年（1807-1949）》，第 392 页。

73　钱宁：《基督教在云南少数民族社会中的传播和影响》，第 21 页。

74　"Letter from CMA Missionary Ethel Floy Landis (1874-1944)," *The Bridegroom's Messenger,* vol. 1, no. 9 (1 March 1908), p. 2.

75　Weldon Grant Smith, *Born to be A Missionary: Autobiography of Weldon Grant Smith*, Norfolk, VA: Grace Baptist Church, 1966.

76　Gary B. McGee, "William Wallace Simpson," Stanley M. Burgess and Gary B. McGee eds., *Dictionary of Pentecostal and Charismatic Movements,* Grand Rapids, Mich.: Zondervan, 1988, p. 787.

77　Michael D. Wilson, "Contending for Tongues: W. W. Simpson's Pentecostal Experience in Northwest China," *Pneuma*, vol. 29, no. 2 (2007), pp. 281-298.

年 6 月 24 日以神召会传教士身份再次来华传教, 与此同时将中文名字由 "席儒珍" 改为 "新普送", 取 "重新普降福音" 之意。[78]新普送在卓尼阳坝附近建立了 "自立神召会", 也称 "福音园", 成为甘南地区五旬节主义的发展重镇。其他宣道会传教士, 如柏立美（Victor Guy Plymire, 1881-1956）、叶淑贞（Grace Caroline Agar, 1877-1966）和郜馥蒙（Ivan Souder Kauffman, 1885-1934）等, 都是这场五旬节传播运动的 "积极分子", 他们都在 "被圣灵充满" 之后退出宣道会, 并以极大的热情在华西南、华西北地区宣传五旬节主义福音。加拿大籍传教士汤普森夫妇（York and Frances Jean Thompson）于 1917 年底被神召会总会委派到洮州, 1920 至 1923 年美国休假结束后, 代表加拿大五旬会来到青岛继续传教。[79]需要指出的是, 郜馥蒙和汤普森后来都成为神召会驻青岛的重要代表, 山东平度浸信会的几位中国籍教会领袖关寿松、侯公瑞等都是在青岛神召会组织的奋兴会上第一次接触五旬节教义, 并在自己所在的浸信会系统带领复兴运动的（详见第二章第三节）。

在中国西南和西北部偏远地区传教的五旬节派传教士比东部地区传教士面临更大的困难和挑战。一方面, 传教对象除了汉族外, 还有很多少数民族, 语言文化和民俗传统更加复杂多元。另一方面, 这些地区山高路远水长, 没有任何现代化的交通工具可供使用。郜馥蒙夫妇 1917 年的经历很好地说明了他们在不同布道站巡回辗转的艰难: "经过夜以继日、长达数周、难以言表的历险和考验, 我们的兄弟姊妹郜馥蒙夫妇终于抵达位于中国西北的甘肃洮州（老城）目的地。他们经历了没有暖气的寒冬, 爬过高山和悬崖, 在吱嘎起伏的牛车上颠簸了好几个星期, 整个人都差点散架, 最后改乘驴车穿过匪寇横行的危险地带。"[80]首次来华的郜馥蒙夫人 "因长途跋涉的严酷考验差点一命呜呼"。[81]事实上, 如果没有那些曾在内地会和宣道会工作的经验丰富的传教士们的关照, 五旬节派先驱的日子会更加难过。传教士们的坚持和努力, 为五旬节主义在华西南、华西北边疆地区的传播奠定了坚实的基础。

---

78 陈声柏:《新普送的五旬节经验及其在中国的影响》,《暨南学报》(哲学社会科学版) 2013 年第 4 期, 第 111-121 页。

79 Donald H. Kauffinan, *The Cross and the Dragon,* Young America, Minn.; Toronto: Little Ones Books, 1994.

80 "Crying Need for Workers," *The Latter Rain Evangel,* vol. 10, no. 6 (April 1918), p. 14.

81 *The Weekly Evangel,* no. 233 (30 March 1918), p. 16.

（五）华北山东地区

山东是东部沿海要区，气候宜人，交通便利，人口众多，历史悠久，基督教事业起步较早，基础较好，因此吸引了众多五旬节派差会和传教士的注意力。最早来到山东传教的五旬节派传教士是钟参马（Thomas Jönck）夫妇。钟参马 1861 年出生于丹麦石勒苏益格公国，该地 1864 年划归德国。1888 年钟参马移民美国，1902 年与德裔妻子海伦（Helene）获得美国国籍。1906 年夏，钟参马夫妇访问阿苏萨街后接受五旬节主义，并在加利福尼亚、俄勒冈和华盛顿等地巡回布道。1907 年 3 月 10 日，钟参马夫妇来到檀香山，巧遇正搭船前往中国澳门支援麦坚道的五旬节派传教士安妮·柯比和马贝尔·埃文斯[82]，在她们的影响下决定来华传教。钟参马的护照信息显示，他们于 1908 年 3 月 23 日离开美国，[83]4 月 10 日抵达上海，7 月来到山东，1911 年前后离开。[84]至于他为何要选择山东内陆小城曹县作为自己的传教目的地不得而知，但可以肯定的是，原属南直隶福音会的包志理（Henry Bartel）彼时将刚刚成立的孟那福音会总部也设在了曹县。钟参马夫妇在两个美国五旬节派差会的资助下来到曹县，将全部的热情投入这片传教工场。[85]钟参马每周三次向监狱的犯人传教，创办济贫所收容乞丐，在周边 52 个乡镇和村庄巡回布道，以神圣医治和赶鬼为手段发展信徒。[86]

来自德国的五旬节福音也来到了齐鲁大地。1908 年德国五旬节教会（Christliche Gemeinschaft Velbert）派遣传教士魏理克（Adolf Wieneke, 1879-1955）夫妇来华传教。他们在山东泰安福音浸信传道会度过短暂的文化适应期后，在山东济宁创办德国莱茵河布道会，1915 年在济宁北关玄帝庙街建立教堂及附属设施。1935 年，魏理克之子魏约翰（Johannes Wieneke, 1910-1967）也加入德国莱茵河布道会。1940 年，魏约翰与孟那福音会传教士包志理之女包春玲（Agnes Bartel, 1908-1984）结婚，后另立新教派，名为"全福音会"。

---

82 Kirby and Evans, on board the *Korea,* 27 December 1907, *The Bridegroom's Messenger* vol.1, no.9 (1 March 1908), p. 12.

83 National Archives and Records Administration (NARA), Washington D.C.; Passport Applications, January 2, 1906 - March 31, 1925; ARC Identifier 583830 / MLR Number AI 534; NARA Series: M1490; Roll #92.

84 C. M. Robeck, Jr., "Junk, Thomas," Stanley M. Burgess and Gary B. McGee eds., *Dictionary of Pentecostal and Charismatic Movements,* Grand Rapids, Mich.: Zondervan Publishing House, 1988, p. 514.

85 钟参马夫人海伦来华不到六个月就因病去世了。

86 *The Bridegroom's Messenger,* vol. 59, no. 1 (April 1910), p. 2.

这个偏安济宁一隅、只有两名传教士的微型五旬节差会一直坚持到新中国成立以后。[87]

位于泰安元宝街的浸信会还是另外两对五旬节派夫妇初来乍到时的落脚点。安临来（Leslie M. Anglin，1882-1942）及妻子安美丽（Ava Patton Anglin，1884-1952）受浸信会传教士白泰理（T. L. Blalock）的邀请[88]，于1910年12月14日到达泰安浸信会教堂。1914年12月底，辛慈爱（Jennie Brinson Rushin）一家四口经由上海来到山东，刚到泰安时也在浸信会短暂停留。起初浸信会"对于新传教士的到来非常高兴，但是很快发现他们并非真正的浸信会信徒，因为他们教人寻求'圣灵的浸'和'说方言'，由此引发分歧和争议。最后那些接受五旬节教义的人被迫离开浸信会，前往泰安其他地方另起炉灶"。[89]1912年下半年，安临来夫妇自租场所，设立"泰安东关基督教会"。1916年3月建立"阿尼色弗孤贫院"（Home of Onesiphorus）[90]（1935年7月改名为"山东泰安县东关泰山教养院"），收容弃儿和孤儿，1928年6月加入神召会。辛慈爱夫妇从1916年开始在泰安独立传播五旬节福音，1918年在山东省府济南建立了自己的传教基地。[91]

特别值得一提的是，1927年发源于山东泰安的中国本土五旬节派教会耶稣家庭创始人敬奠瀛受安临来影响很大，敬奠瀛第一次"圣灵充满"的宗教经验正是在安临来带领的一次奋兴会上获得的。创办耶稣家庭之前，敬奠瀛还曾在安临来的"阿尼色弗孤贫院"工作过将近一年，担任会计。耶稣家庭与"阿尼色弗孤贫院"在宗教信仰、敬拜方式、组织形式等多个方面都有高度相似度，很显然安临来及其"阿尼色弗孤贫院"为敬奠瀛及其耶稣家庭提供了可资借鉴的榜样（详见第四章第三节）。安临来与山东省真耶稣教会早期领袖张灵生、张巴拿巴也互有往来，对于潍县五旬节派自立教会"耶稣真教会"的成立和信仰也具有重要影响（详见第三章第五节）。

---

87 Joost Reinke, *Deutsche Pfingstmissionen: Geschichte, Theologie, Praxis,* Bonn: Verlag für Kultur und Wissenschaft, 1997.

88 郑新道：《安临来传》，北京：中国社会出版社，2011年，第11页。

89 Rebekah E. Adams, *Called to China: Attie Bosiick's Life and Missionary Letters From China: 1900-1943,* Huntsville, Alabama: Halldale Publishing Company, 2006, pp. 44-45.

90 Harry J. Albus, *Twentieth - Century Onesiphorus: The Story of Leslie M. Anglin and the Home of Onesiphorus,* Grand Rapids, Mich.: Eerdmans, 1951.

91 David Bundy, "Jennie Brinson-Rushin: Pioneer China Missionary," *Church of God History and Heritage,* (summer/fall 1999), pp. 5-7.

除了菏泽、济宁、泰安等山东西部地区之外，五旬节派先驱还在东部沿海城市青岛留下了足迹。1911 年前后，马锡龄夫妇从云南昆明来到山东青岛，在一个叫做 Tapatao 的地方租房暂居。[92]随后，荷兰五旬节派传教士葛嘉夫妇（Arie E. and Kok，也称郭嘉，轲佳）在直隶正定、天津短暂停留之后来到山东青岛，他们没有受到任何建制教会的资助，完全"凭信心"传教，宣讲"耶稣能救赎，会治病，可洁净罪恶，很快复临"的五旬节教义。[93]因为不适应青岛的气候、饮食习惯和生活条件，葛嘉夫妇二人经常处于亚健康状况，因此没过多久就考虑离开。马锡龄夫妇因为传教效果不佳也想回到云南，他们之前在云南布道六年，熟悉当地语言、文化和生活环境。于是马锡龄夫妇和葛嘉夫妇接受英五旬会的邀请，于 1912 年 5 月 9 日一起离开青岛前往香港，与英五旬会另外三位传教士汇合之后一起奔赴云南。[94]此番青岛传教虽然是"到此一游"式初步尝试，但是它揭开了五旬节福音传入山东半岛的序幕，撒下了鲁东地区五旬节运动的种子，为后来青岛神召会的出现奠定了基础，为平度浸信会复兴运动提供了契机和借鉴。

三、"古典五旬节运动"对中国本土教会的催化效应

与基督教其他宗派相比，早期五旬节派的组织性和制度性是相当弱的，五旬节派传教士也往往缺乏宗派意识和集权能力。正因为如此，当"古典五旬节运动"传到中国之后，更容易被中国基督徒所接受，并以此为基础进行创新和改造，从而建立具有中国特色的五旬节派教会。可见，"古典五旬节运动"对于中国本土教会具有不可忽略的催化作用。正如裴士丹（Daniel H. Bays）所观察到的那样，中国宗教团体特别欢迎五旬节主义，因为所有人都可以接受灵恩，这种平等主义的教义主张不再需要传教士或按立的牧师。[95]这也意味着，西方传教士和西方差会对基督教合法性与正统性的垄断地位被打破，中国本土领袖和自立教会的合法地位获得了神学依据。此外，五旬节运动对超自然力量的强烈崇拜，比如"说方言"、神圣医治、见异象和神迹奇事等，对中国人来说并非完全陌生。这些信仰和实践与广为流传的中国民间

---

92 A. E. Kok "A Further Message from Bro. A. Kok," *Confidence* (London), vol. V, no. 7 (July 1912), pp. 162-166.

93 A. E. Kok "China-Bro. Kok on the Missionary Life," *Confidence* (London), vol. V, no. 4 (April 1912), pp. 91-93.

94 A. E. Kok "A Further Message from Bro. A. Kok," pp. 162-166.

95 Daniel H. Bays, *A New History of Christianity in China*, p. 106.

宗教在很大程度上产生了共鸣。裴士丹通过对 1900-1937 年间中国基督教发展的考察,认为在基督教复兴运动中崛起的中国本土教会,如真耶稣教会、耶稣家庭等,本质上是西方五旬节主义和中国民间宗教的复合体,既有"圣灵充满""说方言"等西方元素,也有降神附体、末世论等中国元素,其中包含了大量从白莲教到神拳的文化传统。[96]马丁也观察到,"从一开始受圣灵权能的信心所支配的本地宗教创业者就分离出去,以任何看来是对他们最好的方式来经营他们的组织,从这个意义上来说,作为具有本土化特殊能力的去中心的混合体,五旬节派标志着传教时代的终结"[97],但同时也是本土五旬节运动的开始。

"古典五旬节运动"初期对华传教事业相当不稳定。早期来华传教士都是空有一腔热血、激进冒险的"信心"传教士,但是美好的愿景很快就在残酷的现实面前化为泡影。由于准备不足、语言不通、衣食不周,传教工作举步维艰。不期而至的疾病和死亡更是时时威胁着传教士的健康和生命。在此情况下,不少五旬节派传教士来华不久即打道回府,或不停往返于母国、中国和其他国家之间,被称为"观光旅游型传教士"[98]。以麦坚道和嘉活力为例,他们都是非常典型的"不知疲倦的奔波者"。丹尼尔·伍兹(Daniel Woods)曾评价麦坚道"做事总是有始无终,在哪儿都待不了几个月"[99]。1908年 5 月麦坚道一家去了巴勒斯坦,没几个月就返回了美国。1909 年 12 月来到香港,恰逢嘉活力一家去孟买,于是麦坚道就留在香港管理人数虽少但却在不断增加的传教士和差会组织。也就是在这个时候,他开始向广东省拓展阵地,并在西江建立了西南传教站,但是没过多久这个阵地就再次被麦坚道放弃了。他们全家在耶路撒冷短暂停留之后很快重新返回南卡罗来纳州。行踪不定的嘉活力一家也毫不示弱,他们 1908 年 6 月 24 日离开日本横滨,于

---

96 Daniel H. Bays, "Christian Revival in China, 1900-1937," Edith L. Blumhofer and Randall Balmer eds., *Modern Christian Revivals,* pp. 161-179.

97 戴维·马丁:《另一类文化革命?——作为基督宗教第三支重要力量的五旬节派》,徐以骅译,徐以骅、章远等主编:《宗教与美国社会——当代传教运动》第6 辑,北京:时事出版社,2009 年,第 146 页。

98 E. N. Bell, "A Word to Foreign Missionaries," *Word and Witness*, vol. 8, no. 8 (20 October 1912), p. 3.

99 Daniel Woods, "Failure and Success in the Ministry of T.J. McIntosh, the First Pentecostal Missionary to China," *Cyberjournal for Pentecostal-Charismatic Research,* no. 12 (February 2003), http://www.pctii.org/cyberj/cyberj12/woods.html, 2016 年 8 月16 日。

1908 年 7 月 8 日抵达美国西雅图，1909 年 9 月 3 日再次离开家乡来到香港，到 1912 年 1 月底又返回美国。两位主要传教士的频繁"闪退"显然对于对华传教事业产生较大的负面效应。一些较有远见的在华传教士和欧美国家的五旬节派领袖逐渐认识到这种不稳定性对五旬节主义传播的不利影响，开始有意识地推动五旬节运动由自发性向有组织性转变。于是，一盘散沙、各自为战的五旬节派个体和团队被逐渐整合起来，形成了一些规模较大、资源较多的五旬节派教会组织，比如神召会、火洗圣洁会、上帝教会、神召会福音堂等，当然也有部分传教士是在众多小团体、合作机构和松散团契的资助下来华传教的。虽然这些大小组织内部差异很大，但它们逐渐建立了定期聚会交换意见的制度平台，以方便不同背景的五旬节派共同商讨重要议题。比如出生于挪威的上帝教会传教士匡玛丁（Bernt Martin Kvamme）曾报告称他在 1940 年参加了分别由上帝教会、华北五旬节会、本土基督教委员会举办的三场年会。[100]在此过程中，五旬节主义者逐渐形成了自己的身份认同感和组织归属感。

与欧美国家陆续建立五旬节派教会组织遥相呼应，随着五旬节主义在中国的传播和中国五旬节派教徒数量的增加，土生土长的中国五旬节派教会开始登上历史舞台，比较有代表性的有香港华人五旬节会、真耶稣教会、耶稣家庭、灵恩会等，它们一方面吸收借鉴西方基督教五旬节主义的教义主张和宗教仪式，坚持独一神论、圣经无误论、严守安息日，追求"圣灵充满""说方言"、赶鬼医病等超自然的宗教体验；另一方面又传承和沿袭了中国传统文化和民间宗教的若干元素，利用中国的末世论、降神附体等信仰实践对基督教进行改造，将中西宗教文化有机糅合在一起，以获取中下层民众的亲切感和认同感，探索出基督教中国化的民间路线。杜克大学连曦（Lian Xi）教授将之归为"中国民间基督教"的范畴[101]，并认为五旬节运动极大推动了基督教本土化的发展，催生了中国本土教会，刻画了中国基督新教的特征与气质，并最终把基督教这一外来信仰真正变为富有活力的中国民间宗教。尽管五旬节派的神学教义和组织结构复杂多样，在部分教义阐释和宗教实践方面意见相左甚至完全对立，但是五旬节各宗派共享某些核心观念和话语体系，

---

100 Martin Kvamme, "Indigenous Church," *The Pentecostal Evangel,* no. 1387 (7 December 1940), p. 7.

101 Lian Xi, *Redeemed by Fire: The Rise of Popular Christianity in Modern China*, New Haven & London: Yale University Press, 2010.

对"自我"与"他人"有着比较一致的边界标准和身份认同。五旬节运动积极顺应国际与国内形势的变迁，在全球化和地域化的拉扯、无神论和有神论的论辩、世俗化与复魅化的对抗中，采取"本土化"和"处境化"策略对其神学思想、宗教实践和组织形式进行了改造和调适，最终发展形成了极具中国特色的五旬节宗和灵恩派。

作为中国"古典五旬节运动"最高潮的"山东复兴"运动并不是内发原生的，也不是孤立发展的，其发端深受全球五旬节运动全面而深刻的影响并将该影响扩散至周边国家。二十世纪初美国"阿苏萨街复兴"（the Asuza Street Revival）之后，五旬节派传教士怀揣着将福音传遍每一寸异土他乡的宗教热情和使命感，前仆后继地来到中国。对于这些先驱者来说，开疆拓土的最初几年往往困难重重并且前途未卜，知难而退者有之，以身殉道者有之，无畏坚守者亦有之。随着传教人员和组织力量的逐步稳定和扩大，五旬节主义福音最终传入中国，并在多个地区扎根发芽。虽然其神学教义和敬拜方式的极端性与排外性遭到主流宗派教会人士的反对和否定，教会也因此产生了分裂，但五旬节运动依然获得了部分西方传教士和中国信徒的皈依和忠诚，在接下来的几十年间掀起了多次五旬节运动/灵恩运动复兴高潮，并在 1927-1937 年间的"山东复兴"运动中达到最顶峰，对中国当代基督教的存在面貌产生了不可估量的深远影响。

第二节 中国基督教内部的复兴动力及其表现

二十世纪上半叶，中国基督教复兴运动风起云涌，此起彼伏，动力十足，这是外部环境与内部因素共同作用的结果。从国内环境来看，政府陆续颁布多部准许宗教信仰自由的相关法律，中国基督徒从"二毛子"和"教民"变为受保护的"国民"，且在各行各业身居要职，社会地位明显提高。[102]从西方国家的宣教策略来看，派遣来华的传教士数量更多，素质更高，且因时因地制宜不断调整传教策略，使得基督教更容易被认可和接受。[103]这些变化为中国基督教发展提供了难得的宽松环境和发展机遇，使

---

102 Rev. John W. Lowe, "New China in the New World," *Home and Foreign Fields,* vol. X, no. 12 (December 1926), p. 377.

103 查时杰：《民国基督教会史（一）（1911-1917）》，《台大历史学报》1981 年第 8 期，第 109-146 页。

得基督教复兴成为可能。基督教内部的复兴动力有多种构成来源和表现方式，其中基要主义对现代主义神学观的批判为复兴运动提供了基础教义，中外职业奋兴布道家全国巡游、带领奋兴会为复兴运动营造了浓厚的氛围，全国各地零星的复兴运动为更大规模的复兴运动确定了"范式"。代表复兴最高潮的"山东复兴"运动正是在不断壮大的多种复兴动力的综合作用下发生的。

一、现代主义与基要主义之争

二十世纪二三十年代"山东复兴"运动的另外一个重要背景就是基督教内部的现代主义（modernism）/自由主义（liberalism）与基要主义（fundamentalism）/保守主义（conservatism）之争。这场同样发源于美国、长达数十年的神学思潮争论，不仅造成了欧美基督教界的对立与分裂，而且将战场延伸到万里之外的中国，同样引发了中国基督教界的大讨论和大分野。现代主义与基要主义之争助推了全球范围内的基督教复兴运动，特别是从基要派普遍带有的宗教奋兴倾向来看，基要主义运动与基督教复兴运动具有高度的重合性。从一定意义上来说，"山东复兴"运动的兴起正是这段时期基要主义对现代主义冲击的一种反应，也是中国基要主义运动的有机组成部分。面对现代主义神学观的日益得势，持保守立场的基要派重申自己的基本要义，以不断"复兴"的方式将人们的关注点吸引到灵魂拯救和个人皈依的精神信仰层面，强调《圣经》无误和神迹奇事的真实性，这与"山东复兴"运动中提出的"我们需要的是信仰更虔诚而非数量更多的基督徒"[104]口号不谋而合。

（一）欧美国家的现代主义与基要主义之争

现代主义神学可以追溯至 17-18 世纪的启蒙运动，其基本立场是推崇人类理性和科学，认为理性是无所不能的，并且凌驾于传统或宗教信仰之上；自然界没有超自然的掌握与干预；人类经过教育、理性与科学的熏陶，势必会进步。[105]以此为基础，基督教内部的自由主义和现代主义势力开始抬头。新教神学家施莱尔马赫（Friedrich Shleiermacher，1768-1834）提出，宗教的

---

104 Gustav Carlberg, *China in Revival*, p. 65.

105 罗杰·奥尔森：《基督教神学思想史》，吴瑞诚、徐成德译，上海：上海人民出版社，2014 年，第 564 页。

精髓不在于神存在的理性证据，或是超自然启示的教条，或是教堂的繁文缛节，而在于一种依赖于神、依赖于耶稣成为神人连结的感受和体验。[106]施莱尔马赫的看法对后世影响极大，被称为"自由派神学之父"。阿根廷神学家利奇尔（Albrecht Ritschl, 1822-1889）认为神国的理念与超自然的行踪、天上或地上的神迹、天堂、地狱、审判等毫无关系，神的国无非是人类历史的相融相爱之体现。[107]十九世纪圣经批评学兴起，高等批评（Higher Criticism）学家通过对《圣经》进行历史的、科学的考察，一致认定历史上真实存在的耶稣不同于福音书所刻画的耶稣，并且神迹奇事不可能存在，[108]从而否定了《圣经》的真实性和权威性。自由派神学家想要在维持基督徒身份的同时，对现代主义的新发现、新理论保持开放心态，主张按照现代知识改造传统的神学观念，重新诠释传统教义，让信仰的"真实精髓"与现代主义相符合。

就在现代主义神学观队伍日渐庞大时，致力于坚守传统信仰的基督徒挺身出战，逐渐形成了另一股力量，称为基要主义或者保守主义。"基要主义"亦称"原教旨主义"，主要产生于二十世纪之初的美国，其思想渊源与传统的福音主义和十九世纪三四十年代流行北美的千禧年运动有关，它对于基督教传统教义、尤其是对于基督将二次降临的说教深信不疑，基本论调是维系传统、反对变革。[109]历史学家萨迪恩（Ernest R. Sandeen）认为，基要主义是"维护正统基督教不受自由主义和世俗化侵袭的含有保守加尔文因素的历史千禧年运动"[110]；教会史学家罗杰·奥尔森（Roger Olson）认为，基要主义是为了与自由派和现代主义神学抗衡而兴起的一种"极度保守主义"神学观，它热心维护圣经的字句默认与绝对无误，以及其他受现代主义攻击的正统神学教义。[111]乔治·都勒（George Dollar）认为"基要主义是从字面阐释圣经的一切看法与立场，并且毫不留情地揭露一切不符圣经的看法与立

---

106 Terrence N. Tice, *Introduction to Friedrich Shleiermacher, On Religion: Addresses in Response to Its Cultured Critics*, trans. Terrence N. Tice, Richmond, Va.: John Knox Press, 1969, p. 12.

107 Albrecht Ritschl, *The Christian Doctrine of Justification and Reconciliation: The Positive Development of the Doctrine*, Whitefish, Montana: Kessinger Publishing LLC, 2008, pp. 33-45.

108 布鲁斯·雪莱：《基督教会史》（第三版），第 407-408 页。

109 于可编：《当代基督新教》，北京：东方出版社，1994 年，第 39-40 页。

110 Ernest R. Sandeen, *The Roots of Fundamentalism: British and American Millenariansim, 1800-1930*, Chicago: University of Chicago Press, 1970, p. 106.

111 罗杰·奥尔森：《基督教神学思想史》，第 579 页。

场。"[112]阿利斯特·麦格拉斯（Alister McGrath）评价说"基要主义是现代世界最具影响、同时又是最令人厌恶的运动之一"[113]。乔治·马斯登（George M. Marsden）干脆把基要派界定为"对某些事情怒气冲冲的福音派信徒"，是"愿意坚守和战斗的保守主义者"。[114]但从基要主义与宗教复兴的关系来看，基要主义无疑是"全球宗教复兴中最突出的现象"[115]。

因为神学立场的不同，基要主义与现代主义的对立与分裂在所难免。1895年，在美国尼亚加拉城举行的圣经研讨会把基要主义的核心主张概括为五个要点：（1）《圣经》是信仰的唯一权威，字字句句无误；（2）基督是童贞女马利亚所生；（3）基督为人类的罪代赎而死，并使人类与神重新和好；（4）基督肉身复活，人类终将身体复活并且基督将以肉身再次降临人世；（5）基督在世上传道期间施行的神迹是真实的。[116]这五点很快就超出了长老会的范围而在整个保守派基督徒中都产生了广泛影响，成为基要主义的信仰核心，同时也是团结和维系基要派神学的精神纽带。1910-1915年间，来自洛杉矶的保守派代表弥尔顿·司徒（Milton Stewart，1838-1923）[117]出资2.5万美元出版了一套包含12本小册子的宣传丛书，总称为《基本要道》，并免费分发给全美无数的牧师、布道家、神学教授等，发行量达3,000万份之多。[118]很多基要派人士将《基本要道》系列小册的发行看做基要主义运动的正式开始。[119]1920年，保守浸信会杂志《守望稽刊》（Watchman Examiner）的主编卡特斯·李·罗斯（Cutris Lee Laws）发起成立了"基要主义团契"（Fundamentalist

---

112 George W. Dollar, *A History of Fundamentalism in American*, Greenville, S. C.: Bob Jones University Press, 1973, p. 3.

113 阿利斯特·麦格拉斯：《福音派与基督教的未来》，董江阳译，北京：中央编译出版社，2004年，第14页。

114 乔治·马斯登：《认识美国基要派与福音派》，第1页。

115 李向平：《当代美国宗教社会学理论研究》，上海：中西书局，2015年，第365页。

116 刘平：《梅钦与基要派/现代派之争——〈基督教与自由主义〉导读》，《基督教思想评论》2016年第21辑，第59页。

117 弥尔顿·司徒是美国加利福尼亚州的石油大亨莱曼·司徒（Lyman Steward）的兄弟，1917年出资创办了司徒布道基金会（Milton Steward Evangelistic Fund），后来成为支持中国基要主义运动的重要基金会之一。

118 彼得·伯格、安东·泽德瓦尔德：《疑之颂：如何信而不狂》，曹义昆译，北京：商务印书馆，2012年，第70-71页。

119 凯伦·阿姆斯壮：《为神而战——基本教义派的起源与发展》，王国璋译，台北：究竟出版社，2003年，第258页。

Fellowship），首次将"基要主义"这一术语用在自己身上，该基要派团契人数众多，很快成为与现代派论战的重要阵地。经过长达数十年的论战，虽然基要主义试图接管美国主要宗派、传教机构和其他新教组织的努力归于失败，并在"二战"后陷入衰落和混乱，但它对美南浸信会、圣洁派、五旬节派等团体的影响还是显著和持久的。很多基要派信徒仍然保持着对现代主义和自由主义的反对立场，逐渐演化为"新福音派"。[120]

回顾二十世纪上半叶的这场现代主义与基要主义之争，参与主体之广泛、论辩过程之精彩、影响范围之深远均在基督教近代发展史上堪称罕见。双方神学观之争锋互有胜负、各领风骚。在十九世纪与二十世纪之交，保守派和基要派仍然处于主流地位，坐拥大多数基督徒的支持和尊重。但是第一次世界大战爆发后，自由派与保守派的力量对比开始出现重大转变，主流社会逐渐由支持保守派转而支持自由派。特别是 1925 年田纳西州"斯科普斯审判案"之后，表面风光大胜、实则一败涂地的基要派选择了从主流社会和教会全面撤离，另起炉灶自建"保护区"，在好战的、保守的、蒙昧的旧传统之外又增加了分裂的、封闭的、隔绝的新传统。随着时代的发展，基要派内部出现了分化，部分年轻的、受过高等教育的、代表"白领"阶层的开明基要派倡导包容、妥协和合作，逐渐形成了"新福音派"，以哈罗德·奥肯加（Harold John Ockenga, 1905-1985）和葛培理（William Franklin Graham 或 Billy Graham，1918-2018）为代表，逐渐重返美国宗教和政治舞台的中心；部分极端保守的、代表"蓝领"阶层的分裂基要派坚持"不宽容、不合作、不妥协"的立场，作为一种下层民众的宗教属灵运动，仍有顽强的生命力和吸引力。

（二）现代主义与基要主义之争蔓延至中国

发源于欧美世界的现代主义与基要主义论争风暴不仅对欧美教会产生冲击，而且跨越重洋来到中国，深刻影响了基督教在华的传播和中国教会的发展。正如美国教会史学家乔尔·卡彭特（Joel A. Carpenter）观察到的："基要主义与现代主义之争，虽然一般被视为一场围绕美国国内问题的争论，然而实际上，最有爆炸性的问题之一关系到基督教的海外传教政策。"[121]中国

---

120 詹姆斯·C. 利文斯顿、弗兰西斯·费奥伦查：《现代基督教思想》（第二版，下卷），何光沪、高师宁译，南京：译林出版社，2014 年，第 706 页。

121 Joel A. Carpenter, *Modernism and Foreign Missions, Two Fundamentalist Protests*, New York: Garland Publishing, 1988, p. 2.

作为当时欧美国家最为重视的宣教目的国之一，自然成为基要主义和现代主义双方势力竞相争取的重点对象。

　　事实上，早在十九世纪下半期，在华基督教传教士们的工作侧重点和传教策略就已经开始分化。传教士来到中国之后发现，他们面对的是一个内忧外患的国度：外族入侵、官员腐败、盗匪猖獗、政治动荡、灾害频发、物质匮乏，这个拥有几千年光辉历史的文明古国正陷入一场极其严重的危机之中。如何回应这一处境，让很多传教士面临两难选择：如果他们决意只宣讲基督教的福音，就不得不忽略民众一些物质层面的需要；如果他们打算参与社会改良与社会服务（教育、医疗、救灾等），势必会消耗很多精力和资源，还会背负"不信派"和"西方中心主义"的骂名。[122]虽然左右为难，传教士们还是进行了一定取舍并"站队"。美国学者柯文（Paul Cohen）将传教士们的选择归纳为两种基本路线，即个人得救路线和社会关怀路线，分别以戴德生（James Hudson Taylor, 1832-1905）和李提摩太（Timothy Richard, 1845-1919）为代表。[123]虽然两种路线的侧重点各有不同，但是姚西伊认为，直至1907年召开的在华传教士百年大会（China Centenary Missionary Conference），这两种传教路线的不同并没有造成传教士阵营的全面分裂，大部分差会和传教士在传教内容和传教手段方面依然保持着基本相同的看法，维持着"新教传教的共识"。[124]会议确认了《圣经》的绝对权威，确认了三位一体的上帝及救赎论，反映了在华传教士普遍的保守主义立场。[125]

　　虽然与欧美本土相比，在华传教士在神学观点上普遍更为传统[126]，但是伴随着西方各种思潮源源不断地被介绍到中国，以及受到欧美国家自由派神学和社会福音观影响的新生代传教士陆续来到中国，在华传教士群体内部逐

122 李晋马丽：《梅赛之争：在华宣教史与美国福音派史交叉的戏剧性一幕》，《恩福》2018年7月，http://www.gospeltimes.cn/index.php/article/index/id/46091，2019年2月13日。

123 Paul A. Cohen, *Missionary Approaches: Hudson Taylor and Timothy Richard*, Harvard University: Papers on China, vol. II, 1957.

124 姚西伊：《本世纪二、三十年代基要派——自由派之争与新教在华传教事业》，《道风》1999年第10期，第186页。

125 姚西伊：《为真道争辩——在华基督新教传教士基要主义运动（1920-1937）》，香港：宣道出版社，2008年，第34-35页。

126 Ernest R. Sandeen, *The Roots of Fundamentalism, British and American Millenarianism 1800-1930,* Chicago: The University of Chicago Press, 1970, p. 249.

渐形成一股新的势力，他们支持现代主义，主张重新思考对华传教的内容和方式。1908 年一位驻地湖北宜昌的苏格兰传教士丁慰宁（William. M. Deans）在《教务杂志》上发文，呼吁在现代主义、理性主义、科学主义、世俗主义等各种思潮纷纷涌入中国的新形势下，传教士应该要顺应时代潮流，改变传教策略，重视吸收来自城市的、受过教育的中上层群体，[127]体现了现代主义和自由派神学观倾向。随着自由主义和现代主义神学在欧美世界逐渐占据主流地位，其在中国也同样大受欢迎，在教会大学、医院、报社、出版社等机构获得了优势地位，在教育、医疗、慈善救济、乡村建设[128]等多个领域发挥重要作用。到 1921 年，在华的七千传教士中，大约有三千人属于"现代派"。[129]到 1920 年代中期，中华全国基督教协进会等全国性基督教组织、绝大多数的基督教大学、基督教男女青年会、《教务杂志》和《中华基督教年鉴》等在全国范围内影响甚广的基督教机构都支持自由主义神学；与此同时，自由主义神学在城市地区的传教士和中国信徒群体中被普遍接受；农村地区虽然仍以保守势力为主，但现代主义也开始占据一席之地。[130]1930 年，部分平信徒对中国、日本、印度、缅甸等国家的传教事业进行了系统调研，并于 1932 年发表了以《百年传教事业的反思：平信徒对海外传教的调查》为题的调查报道[131]，主张以社会服务以及与其他宗教合作的方式代替传统的福音布道工作，这是现代主义与基要主义之争的一个重要转折点，这标志着现代主义正式取代基要主义成为"美国基督教新的对外政策"[132]。此后，医院、大学等昂贵的"重型传教装备"逐渐成为规模较大的西方在华差会的标配。

---

127 W. M. Deans, "The Prolem of Modernism in Our Mission Work," *The Chinese Recorder and Missionary Journal,* vol. XXXIX, no. 5 (May 1908), pp. 259-266.

128 刘家峰：《中国基督教乡村建设运动研究（1901-1950）》，天津：天津人民出版社，2008 年，第 17-22 页。

129 "Editorial," *The Chinese Recorder*, vol. LII, no. 12 (December 1921), p. 806.

130 Lian Xi, *The Conversion of Missionaries: Liberalism in American Protestant Missions in China, 1907-1932*, University Park: Pennsylvania State University Press, 1997, pp. 147, 196-199.

131 该报告的中文本由徐宝谦、缪秋笙、范定九翻译并以《宣教事业平议》为名出版。美国平信徒调查团编：《宣教事业平议》，徐宝谦、缪秋笙等译，上海：商务印书馆，1934 年。

132 William R. Hutchison, "Modernism and Missions: The Liberal Search for an Exportable Christianity, 1875-1935," John K. Fairbank, ed. *The Missionary Enterprise in China and America*, Cambridge, Mass.: Harvard University, 1974, pp. 126-127.

　　为了对抗现代主义和自由主义的步步紧逼，中国基督教界内部也逐渐形成了基要派和基要主义运动。1920-1922 年间，北美地区陆续有知名基要派人士访华布道，为在华基要主义势力站台助威。在华传教士中的保守派还自发组织起来，成立了大小不一的基要派团体，比如 1910 年的中国主日学协会（China Sunday School Union）、1920 年的中华圣经联会（Bible Union of China）、1927 年的中华基督徒基要派联盟（Christian Fundamental League for China）和 1929 年的中华基督教会联合会（League for Christian Churches）[133]等都是凝聚基要派力量的平台机构。其中规模最大的就是中华圣经联会，截至 1923 年年中，中华圣经联会拥有传教士会员 2200 名，一度占到在华传教士总数的 30%[134]，但在二十年代末期开始衰落并在 1937 年"七七事变"爆发后归于沉寂[135]。但是基要主义并没有完全退出历史舞台，在中国农村、内陆等相对不发达地区的中下层群众中依然具有广泛的影响力，直至今日[136]。

表 1-1 现代主义与基要主义对比表

	现代主义	基要主义
神学背景	启蒙运动，社会福音运动，进化论，理性主义，浪漫主义，自由主义，《圣经》批判学	福音主义，清教主义，宗教奋兴运动，敬虔主义，灵命更新运动
常见表述	自由派，现代派，社会福音派，激进派，"不信派"	基要派，保守派，福音派，传统派，救灵派，"顽固"派
欧美代表人物	施莱尔马赫，利奇尔，饶申布什	赖利，梅钦，布莱恩

---

133 "League of Christian Churches," *The Chinese Recorder*, vol. LXI, no. 3 (March 1930), pp. 192-193.

134 Nelson Bell, "The Bible Union of China: Why, When, What," BBUC no. 13 (June-July 1923), p. 4. 转引自姚西伊：《为真道争辩——在华基督新教传教士基要主义运动（1920-1937）》，第 62 页。

135 Lian Xi, *The Conversion of Missionaries: Liberalism in American Protestant Missions in China, 1907-1932*, p. 199.

136 有学者认为，当下中国基督教"三自"教会和家庭教会并存的局面即是现代主义与基要主义之争的结果与表现。王政民：《三十年代中国基督教基要派与自由派之冲突的起源与回响》，《福音与当代中国》，2018 年 8 月 20 日，http://www.gospeltimes.cn/index.php/portal/article/index/id/45611，2019 年 2 月 14 日。

在华传教士代表人物	司徒雷登，赛珍珠，林乐知，慕德	戴德生，赫士，毛克礼，道雅伯
中国代表人物	诚静怡，赵紫宸，吴耀宗，吴雷川，丁光训	王明道，宋尚节，陈崇桂，贾玉铭
在华差会代表	大多数主流来华差会，包括公理会，美以美会，伦敦会，圣公会等，特别是青年会	内地会、宣道会，美南浸信会，部分长老会，路德会，门诺会，绝大多数五旬节派教会
在华协会代表	中华全国基督教协进会，中华全国基督教教育会，中华全国基督教宗教教育促进会	中华圣经联会，中国主日学协会，中华基督徒基要派联盟，中华基督教会联合会
对《圣经》的看法	《圣经》无误论，是神的启示，必须按照字面意思进行理解和接受	《圣经》有限无误论，应超越文本去接受传达的原则和道德观念
对基督耶稣的看法	人神二性的完美统一	人性多于神性
传教策略	间接传教，"自上而下"，重视教育、医疗、慈善、出版、乡村建设等社会改造和社会服务，实现"中华归主"	直接传教，"自下而上"，依靠街头布道、巡回布道、散发宗教宣传品等方式"拯救个人灵魂"
对中国文化和民间宗教的态度	尊重，欣赏，对话，合作，多元共存	对立，批判，征服，不妥协，不合作
重点活动区域	城市，沿海地区，政治、经济、文化中心地带	乡村，内地，偏远地区
重点宣教对象	社会上层，官绅，知识分子，精英阶层	草根阶层，农民，城市边缘群体，少数民族

（三）现代主义与基要主义之争对"山东复兴"运动的影响

"山东复兴"运动是二十世纪二三十年代发源于山东、影响至全国多个省份的属灵奋兴和宗教复兴运动，从这场运动的神学倾向、领导者、参与者、发生地区等多个因素判断，基本可以把它归类于基要主义运动的范畴。基要主义往往有着强烈的奋兴倾向。裴士丹总结到，"截至20世纪20年代，在中国大部分地区，强调复兴必要性的都是基要主义者，而现代主义者则认为复兴可有可无，至少在传统形式上如此。"[137]换句话说，是基要主义而非现代主义为"山东复兴"运动提供了氛围、动力和支持，这点至少可以从以下几个例证中得到验证。

首先，位于山东黄县（今龙口）的华北浸会神学院是美南浸信会系统"山东复兴"运动的领导中心。正如卫斯理·汉迪（Wesley L. Handy）博士所观察到的那样，"美南浸信会传教士深受基要主义影响"[138]。以美南浸信会复兴运动的领导核心柯理培（Charles Culpepper）为例，他 1895 年出生于美国南方第一大州得克萨斯州，当时正值美国现代主义神学的黄金时代，充斥着各种科学术语、达尔文主义、文本批评学等，但是柯理培的家庭背景和地域背景都决定了他不容易受到自由主义神学的影响，而更容易接受基要主义的立场。[139]柯理培以美南浸信会传教士的身份被派往山东传教，由他担任院长的华北浸会神学院是浸信会系统复兴运动的重要基地，[140]不仅带动了黄县地区的基督教复兴，而且培养了大量基要派教牧人员，为中国教会的发展提供动力。烟台浸信会传教士祁先生（Truman Ferguson McCrea，1897-1977）也曾撰文分析现代主义神学在中国的失败，认为基要主义路线更适合中国。[141]从神学院学生的神学背景来看，来自浸信会系统的约占一半，其他人员来自灵恩会、神召会、信义宗、耶稣家庭等有基要主义和五旬节主义倾向的教会。[142]由此可以看出，美南浸信会对于"山东复兴"运动的重要性。

其次，在山东省境内活动的、具有西方差会背景的五旬节派教会都支持基要主义的主张，比如由美国独立传教士安临来带领的泰安"阿尼色弗孤贫院"、富茂禄负责的龙山神召会、德国魏理克父子在济宁的自立教会、邰馥蒙所在的青岛神召会、辛慈爱带领的济南自立会等，他们虽然没有也无意参与对现代主义神学观的批判与论战，但毫无疑问的是，他们在教义的很多方

137 Daniel H. Bays, "Christian Revival in China, 1900-1937," Edith L. Blumhofer and Randall Balmer eds., *Modern Christian Revivals*, p. 167.

138 Wesley L. Handy, "An Historical Analysis of the North China Mission (SBC) and Keswick Sanctification in the Shandong Revival, 1927-1937," p. 9.

139 John C. Plumley II, "An Analysis of Charles Culpepper Sr.'s Pneumatology and Its Relevance for Missions Today," p. 42.

140 玛丽·孟森：《中国大复兴》，第 79 页。

141 Rev. T. F. McCrea, "The Tide in China Swinging Back to New Testament Methods," *Home and Foreign Fields*, vol. 13, no. 11 (November 1929), pp. 11-12.

142 刘信纯、张铁砚：《华北浸会神学院见闻》，中国人民政治协商会议烟台市委员会文史资料研究委员会编印：《烟台文史资料》第四辑（内部资料），1985 年，第 126 页。

面都可以跟基要主义达成共识，比如肯定《圣经》的绝对权威；不仅相信神迹奇事，而且将神迹奇事提到更加重要的地位；追求属灵和虔诚的生活，反对世俗主义和物质主义；重视个人灵魂的得救，而非社会服务和社会改造；都更倾向于前千禧年主义的末世观，即耶稣会以肉身可见的形体重临，且在地上掌权一千年，然后进行最后的复活与审判。[143]

最后，在中国教会自立运动和本土化运动中兴起的真耶稣教会、耶稣家庭、基督徒聚会处（"小群"）、灵恩会、基督徒会堂等本土教会，以及二十世纪初登上历史舞台的奋兴布道家们，他们也都毫无疑问的更多受到基要主义神学观的影响，并且对自由主义和现代主义大加斥责。基要主义并非没有爱国主义，但是他们没有把国家建设和社会改革放在与灵魂拯救和福音传播同等优先的位置。[144]以王明道为例，他对基督信仰的普世有效性和《圣经》的权威性深信不疑，拥护前千禧年主义的世界观和历史观，主张信徒应当把注意力集中于个人的属灵生活而不是社会改革。[145]他不仅在国内广泛宣传自己的基要主义主张，还对现代主义神学观和自由派基督徒进行了激烈的批判，他指责自由派否定童贞女生子和死后复活等做法会使基督徒失去信仰的支柱；并把自由派和现代派称为"不信派"[146]和"假信徒"[147]，号召基督徒不要与他们联合。中国最大的本土教会之一真耶稣教会在创教之初就明确宣誓本教"所传之教规，以耶稣基督为标准、为榜样，以新旧二约圣经为模范"[148]，并在传教过程中特别重视神迹奇事，具有浓厚的基要主义色彩。有的教会和基督徒可以理性认识基要主义的基本主张，但也有的信徒因为缺乏系统的神学训练而误入歧途。比如对《圣经》无误论的非理性理解经常出现在一些神学训练不足的下层基督徒身上。一个极端的例子就是，有一位来自山东临沂灵恩会的女性，在参加了灵恩会的聚会之后，突然感觉自己必须要执行

---

143 需要指出的是，"前千禧年主义"是五旬节派的主张，但并非全部的基要派都愿意接受，但的确有部分立场较为激进的基要派是认可此末世观的。罗杰·奥尔森：《基督教神学思想史》，第 584 页。

144 Daniel H. Bays, *A New History of Christianity in China*, pp. 128-129.

145 姚西伊：《本世纪二、三十年代基要派——自由派之争与新教在华传教事业》，第 207-208 页。

146 王明道：《五十年来》，第 26 页。

147 王明道：《五十年来》，第 32 页。

148 魏保罗：《圣灵真见证书》（上册），1917 年，第 64 页，真耶稣教会台湾总会图书馆藏。

来自《圣经·马太福音》5章30节的指令："若是右手叫你跌倒，就砍下来丢掉，宁可失去百体中的一体，不叫全身下入地狱。"[149]于是她真的这样做了，结果被紧急送往差会医院接受治疗。[150]可见，"山东复兴"运动与基要主义密切相关，正是后者为复兴运动确定了保守主义的基调和神秘主义的底色。

二、全国多地出现零星复兴运动

基督教复兴运动在中国出现的时间较晚，大致而言是进入二十世纪以后才出现的新现象，正如美国当代研究中国教会复兴史的裴士丹教授所观察到的："直到1900年左右，在中国还没有发生过像乔纳森·爱德华兹、乔治·怀特菲尔德、查理·芬尼和怀特·穆迪等人带领的那种复兴运动；但是1900年后的数年间，在气质和规模上类似于芬尼和穆迪时代的复兴运动开始在中国出现了，并且不断发生。"[151]事实上，在二十世纪的前二三十年间，中国基督教复兴运动时有发生，较有影响力和知名度的有1907-1908年"东北复兴"、1909年福建"兴化复兴"、1909-1914年第一次"山东复兴"、1921-1923年"福州复兴"、1925年"上海复兴"等，其共同点都是以圣灵为中心，注重认罪悔改和重生得救，为1927年兴起的持续十余年的"山东复兴"运动积蓄了力量，奠定了基础。

义和团运动之后，中国的现代化和全球化进程加快、程度加深，结果之一就是世界其他国家和地区的基督教复兴运动对中国的影响更广更深更快。因此深入理解中国基督教复兴运动的源起与特征需要将其置于世界基督教复兴的滚滚洪流中，并结合中国独具特色的本土环境进行综合考量。吴秀良认为，二十世纪头十年世界基督教复兴洪流首先决堤于英国威尔士，随后被导向西方的美国，接着又导向东方的印度，然后从印度流向朝鲜，再从朝鲜流到中国东北，再继续扩散至华北、华中以至华南。[152]从这一复兴路径中可以看出，"东北复兴"是中国基督教复兴运动的重要起点，但其兴起是在外在

---

149 《新约·马太福音》5：30，中国基督教三自爱国运动委员会、中国基督教协会：《圣经·中英对照》中文和合本，英文新国际版，第8页。

150 "The New Spiritual Movement in Shantung," *The Chinese Recorder*, vol. LXIII, no. 10 (October 1932), p. 653.

151 Daniel H. Bays, "Christian Revival in China, 1900-1937," Edith L. Blumhofer and Randall Balmer eds., *Modern Christian Revivals,* pp. 161-179.

152 吴秀良：《余慈度传》，第83-84页。

因素与内在因素的共同作用下发生的，是对 1904-1905 年"威尔士复兴"、1904 年底-1905 年"印度复兴"和 1905-1907 年"朝鲜复兴"的延续和发展。

事实上，英国威尔士复兴运动的影响力很快就以外国传教士个体为媒介扩散至中国。发表于 1906 年 1 月份《教务杂志》上的一篇文章提及，苏州等地在过去的 1905 年出现了复兴，其典型特征跟威尔士复兴惊人的相似，包括"意志坚决和真诚恳切的祷告、认罪悔改、与人和好、摈弃罪、以往对世俗生活的关注更多转向了圣洁"等。[153]伦敦会传教士文显理（G. H. Bondfield）报告称，"朝鲜复兴"的消息使得在华传教士备受鼓舞，并企盼圣灵能降临到中国教会。1906-1907 年间，福建、直隶、山东等省份的很多教会都积极参与复兴，个体基督徒感受到了前所未有的宗教体验。[154]基督教复兴运动在全国多地小规模发生，最终汇聚成了 1907-1908 年的"东北复兴"运动——"中国五旬节复兴运动的发端"[155]，也奏响了"山东复兴"运动的序曲。

"东北复兴"运动发端于沈阳，以巡回布道家的奋兴布道会为载体，迅速从一个教会扩展到另一个教会，再现着"威尔士复兴"和"朝鲜复兴"的盛况。来自加拿大长老会的古约翰（Jonathan Goforth, 1859-1936）是"东北复兴"之火的点火人，当时驻地河南的古约翰于 1907 年 2 月份受邀来到沈阳教会领会，大受欢迎，随后在东北多省的农村教会和城市教会带领奋兴会，掀起了中国基督教复兴运动史上的首次高潮。爱尔兰长老会传教士文安德（Andrew Weir）将古约翰带领奋兴会的模式总结为：首先邀请若干人为朝鲜以及其他地方正在进行的大复兴作见证，见证人都是那些亲眼见到或亲身感受到复兴盛况的人。通常在奋兴会的第三天会爆发声势浩大的认罪，会众深感自己罪恶深重，个个恸哭流涕，纷纷通过公开认罪的方式让良心得到慰藉。最后，那些令人心碎的悔改祷告通常会引发全体会众进行自发地、大声地集体祷告，中间时不时穿插集体吟唱的赞美诗来为不断高涨的敬拜热情降温。[156]1908 年 2 月 17 日至 4 月 30 日，苏格兰长老会传教士魏雅各（James Benjamin

---

153 "Revival," *The Chinese Recorder and Missionary Journal*, vol. XXXVII, no. 1 (January 1906), p. 55.

154 Rev. G. H. Bondfield, "The Revival in Manchuria," *The Chinese Recorder and Missionary Journal*, vol. XXXIX, no. 6 (June 1908), pp. 330-331.

155 William N. Brewster, "Chapter XVI: Revivals," D. MacGillivary ed., *The China Mission Year Book, Being "The Christian Movement in China" 1910*, Shanghai: Christian Literature Society for China, 1910, p. 314.

156 A. Weir, "Effects of the 1908 Revival in Manchuria," *The Chinese Recorder*, vol. XLVI, no. 2 (February 1915), pp. 100-101.

Webster, 1854-1923）[157]在写给母国的系列信件中详细汇报了东北各省如火如荼的复兴运动，并将这些信件汇集整理成小册子[158]广为发行，以期在更大范围内推动教会复兴。

作为一场被热切期盼的、自发自主的、极具感染力的基督教复兴运动，"东北复兴"很快演化为一场社会学意义上的"集体行动"或称"集体行为"（Collective Behavior），成为一种新的社会"时尚"。经过三年左右的复兴运动，产生了积极正面的影响，包括信教人数激增，奉献热情高涨等，特别是 1908-1910 年间，新增受洗人数和捐献金额都明显高于往年。1908 年信徒增长率为 21%，1909 年为 14%，1910 年为 13.6%，总受洗人数比 1905 年翻了一番，达到 2,923 人。[159]参加奋兴会的人数更是呈现井喷式增长，动辄数百上千，教堂内外拥挤不堪，热闹非凡。普通信徒主动传播基督教的集体热情被首度点燃，开始热衷于将自己的亲朋好友发展为基督徒，全家信教的比例显著增加，慕道友的登记人数也创下历史新高。[160]然而，"东北复兴"运动所取得的最好和最持久的结果并不是聚会人数或捐献财务的增加，也不是基督徒生活方式的变化，而是出现了新的圣洁观和敬拜方式，呈现出强调属灵生活、重视圣灵作用的新倾向。正如文安德所观察到的那样，"从'东北复兴'运动中受益最大的是那些原本福音根基就相当牢固的基督徒，包括教会学校的学生、传道人和其他同工。他们在 1908 年以后，虔诚度更高，主动性更强，信仰更坚定，责任感更强"[161]。也正是这些人，将"东北复兴"的讯息传播到全国各地，助推了基督教复兴运动的发展。

作为"集体行动"的"复兴"往往既会产生积极影响，也会制造消极方面。这一点在教会发展史上的多次复兴运动中都清晰可见，其他类似的政治运动也是如此。文安德评价说："'东北复兴'与其他复兴运动一样存在过火和粗糙的成分，但是如果拿它与 1904 年英国'威尔士复兴'、1859 年爱尔兰'阿尔斯特复兴'（Ulster Revival）、或者十八世纪由卫斯理或爱德华兹带领的复兴运动相比，我们就会发现'东北复兴'还是有着相当程度的理性

157 魏雅各 1882 年来华，驻关东营口。

158 James Webster, *"Times of Blessing" in Manchuria: Letters from Moukden to the Church at Home, February 17-April 30, 1908*, Shanghai: Methodist Publishing House, 1908.

159 A. Weir, "Effects of the 1908 Revival in Manchuria," *The Chinese Recorder*, p. 102.

160 A. Weir, "Effects of the 1908 Revival in Manchuria," *The Chinese Recorder*, pp. 102-103.

161 A. Weir, "Effects of the 1908 Revival in Manchuria," *The Chinese Recorder*, p. 103.

和克制的。"[162]即便如此，"东北复兴"中还是出现了一些容易引发争议的集体行为和宗教特征，有些举动不仅对中国基督徒来说是崭新的宗教体验，而且对于外国传教士来说也是难得一见甚至难以理解的，最突出的特征就是极端情绪主义的表达方式。中国基督徒成群结队地来到教堂认罪悔改，在聚会过程中集体跪地顿足捶胸，公开认罪，热切祷告，声传三里。一篇文章提到，"有些人趴倒在地，尖叫，呻吟，哭泣，个人的哭声完全淹没在集体哭泣的滔天声浪中；有些人狂喜，歇斯底里或者看到了异象"[163]。与古约翰同工的魏雅各曾这样描述当时经常出现的一幅画面：

> 奋兴会的第三天晚上，全体会众都开始大声哭喊，祈求上帝的怜悯。村子的村长族长们甚至都跑过来查看是否有人突然过世了。他们无法理解基督徒们为何哭得这么伤心。人们自愿主动供述他们犯过的罪行，而这些罪行哪怕严刑逼供都不一定能问出来。[164]

公开认罪的内容五花八门，从谋财害命到欠债不还，程度不一。但是这些不甚光彩的秘密过往抑或真假难辨的丑恶罪行，即便遭到严刑酷罚都未必能拷问出来，基督徒们竟然选择主动招认，并且还是在大庭广众之下公开认罪，这在当时是颇为流行的一种出人意料的新现象。对此，当地的非基督徒街邻诧异不解甚至恐惧不安；大公差会的传教士文安德也称"这与我们以往见识过的大不相同，是一种与我们完全不同的宗教体验，以致于令我们手足无措"[165]。不少主流差会的传教士都主张，不受控制和不受引导的情绪爆发很容易误入歧途，复兴运动的内容和形式应该得到限制和引导。而一些中国宗教领袖则对情绪主义的表达方式表示赞同，并认为"（不接受情绪主义的）外国传教士信教信得不够忠诚，要不然早就复兴了。由于传教士们没有被认罪行动所打动，有人怀疑他们能否像中国灵胞一样从复兴中获得祝福。"[166]也有外国传教士对中国基督徒的宗教表达方式表达了同情式理解，并对自身不足做出了反思。《教务杂志》曾刊发一篇无记名文章，评论中国基督徒极具个人情绪色彩的敬拜方式。作者说：

---

162 A. Weir, "Effects of the 1908 Revival in Manchuria," *The Chinese Recorder*, p. 101.

163 Daniel H. Bays, "Christian Revival in China, 1900-1937," Edith L. Blumhofer and Randall Balmer eds., *Modern Christian Revivals,* p. 164.

164 Rev. G. H. Bondfield, "The Revival in Manchuria," *The Chinese Recorder and Missionary Journal*, p. 335.

165 A. Weir, "Effects of the 1908 Revival in Manchuria," *The Chinese Recorder*, pp. 106-107.

166 A. Weir, "Effects of the 1908 Revival in Manchuria," *The Chinese Recorder*, p. 107.

当我看到传道人的妻子试图去劝阻一位啜泣呜咽的老年妇女时，我不禁想起了中国葬礼上我们去劝阻人们机械式嚎啕大哭的场景。毫无疑问，这种嚎啕大哭的经验是中国人表达他们宗教情感的简易而又自然的方式。我们的信徒们会不会觉得，因为对死人嚎啕大哭太过虚假不被我们允许，因此被剥夺了一种宣泄情绪的方式？我们甚至还可以说，因为我们对基督徒"骂街"和"暴怒"都持反对态度，导致情绪宣泄的另外一个出口也被封堵住，由此造成了信徒们的"情感累积"。我们应该好好问问自己，有没有尽力为信徒们的这种原始情绪表达方式提供替代品，或者提高信徒们表达情绪的层次和水平。因此，从一定程度上来说是否是我们造成了他们的"情感累积"呢？[167]

虽然基督教界对"东北复兴"运动的评价不一，但不可否认的是，"东北复兴"运动很快就突破了东三省的地域限制，迅速蔓延至华北、华中和华南地区。到 1909 年前后全国很多地区都出现了"东北复兴模式"的奋兴会，裴士丹总结出该模式的三个特点：① 参加奋兴会的信徒和慕道友非常踊跃，教堂人满为患；② 在圣灵的作用下，人们认罪悔改，彼此和好；③ 奋兴会一般为 10 天左右，有时可以长达数周。[168]比如美国长老会北京差会传教士柯凝翰（A. M. Cuuningham）给苏格兰长老会驻关东营口的魏雅各写信，分享了古约翰在北京带领奋兴会的收获，声称："虽然我们这里的情景与东北不完全一样，但是上帝依然给我们教会一个大大的提升。城市和农村的信仰活动都获得了新动力。人们纷纷清除障碍，认罪悔改，信仰热情都被点燃了。"[169]通州的韦德（G. D. Wider）也曾在信中写到："古约翰牧师来通州领会一个星期，每天领会两次……最后一天领会时，教会连续举行了三场奋兴会，累计时间达 7 个小时。参加聚会者有 400 余众，所有人都跟第一天一样热情高涨。"[170]古约翰还曾受邀参加了 1909-1914 年第一次

167 "The Present Situation," *The Chinese Recorder*, vol. LXVIII, no. 8 (August 1937), p. 526.

168 Daniel H. Bays, "Indigenous Protestant Churches in China, 1900-1937: A Pentecostal Case Study," Stephen Kaplan ed., *Indigenous Responses to Western Christianity,* New York: New York University Press, 1995, p. 164.

169 "Revival News：Writing from Moukden, Rev James Webster Says,"*The Chinese Recorder and Missionary Journal*, vol. XXXIX, no. 6 (June 1908), p. 352.

170 "Revival News：Writing from Moukden, Rev James Webster Says,"*The Chinese Recorder and Missionary Journal*, p. 352.

"山东复兴"运动，分别于 1910 年底在山东烟台、1912 年在登州、1913 年在山东西部的周村等地区带领奋兴会，用这种富有情绪感染力的方法不断掀起复兴热潮。[171]山东某地的基督徒清晨破晓之前就聚集祷告，有时候祷告时间长达 6 小时，与会者主动撤回诉讼，彼此认罪和好。潍县美北长老会所办"广文大学"的 200 名学生中因为参加奋兴会而悔改信主的有 196 人。[172]上海各差会开始举行联合奋兴布道会，苏州、扬州、宁波、南京等地也不断出现复兴的相关报导。

1909 年的福建"兴化复兴"（今莆田）也可以视为"东北复兴"运动的延伸。兴化是中国著名传道人宋尚节的家乡，"兴化复兴"是华东南基督教复兴的中心，将复兴之火传递到厦门、福州、甚至海外。兴化奋兴会的主领人是当地美以美会的中国籍牧师林鸿万，他听说"朝鲜复兴"和"东北复兴"的消息后，迫切希望"兴化复兴"的到来，并为此禁食祷告并四处讲道，其核心主题亦是"圣灵充满"、谦卑认罪和集体祷告。兴化卫理公会史记录了其中一次奋兴会的场景，后来成为宋尚节生命中"最愿意追忆"[173]、"最回味得甜蜜"[174]的一场奋兴会：

> 一九〇九年四月九日午前十一点，举行纪念基督受难礼拜。林鸿万牧师讲毕，闻者泪下沾襟。下午六点，男女信徒同心禁食祷告者三十余人。晚上七点，林牧师讲经完毕，神学生薛某起立，泪如雨下将贪污二元献出。全堂见此情况，凛然如芒在背，灵火中烧，各言己罪。次日晨祷会，堂钟未响，而座已满。有时几个人同时认罪，如火燎原，如鼎沸腾，不可遏止。祷告时，众口一声；唱诗时，一唱百和。男男女女且悔且认。有设私刑酷打人者，交出铁链一条。某药房公司，有二股东认私售吗啡、害人太甚的罪，并交出十五瓶于台前，值一百八十金。还有交出烟盘、烟杆四副，不义之财二百元。[175]

---

171 R. G. Tiedemann, "Protestant Revivals in China with Particular Reference to Shandong Province," p. 233.

172 吴秀良：《余慈度传》，第 93 页。

173 宋天真编：《失而复得的日记》，第 5 页。

174 宋尚节：《我的见证》，香港：弘道出版社，1973 年，第 10 页。

175 宋尚节：《灵历集光》1994 年 5 月 28 日，http://www.chuanfuyin.com/pdnovel.php? mod=read&novelid=2&chapterid=64，2019 年 8 月 7 日。

1909 年 5 月，"兴化复兴"迎来小高潮。兴化各教会和教会学校都成立了很多祷告小组，通过集体禁食祷告的方式追求"圣灵充满"。[176]参加奋兴会的人数越来越多，教堂无法容纳，因此信徒们日夜赶工临时制作了一顶可容三四千人的福音帐篷。礼拜日聚会的人数更是多达六七千人，必须分组至四地才能同时举行聚会。兴化奋兴会闭幕之后，复兴之火又继续燃烧了数年之久。直到 1913 年，宋尚节父亲宋学连牧师所负责的教堂依然在礼拜日分三次聚会，每次平均五六百人。[177]"兴化复兴"不仅给童年时期的宋尚节留下了难以磨灭的深刻印象，种下了"五旬节圣灵""悔罪更新""教会复兴"的种子，同时也将以奋兴会为动力的复兴之火和追求"圣灵充满"的新教义传播至福建其他地区和周边省市。

很快，自东北到华南的很多地区均出现类似复兴运动，1910 年一项由 45 名分布于全国各地的传教士做出反馈的问卷调查显示，27 个地区的中国教会中出现了显著的复兴运动，约占 60%。[178]除了东北三省、福建之外，广东汕头、江苏南京、贵州多地都有复兴报道。但总体而言，复兴运动的力度和广度都不够，持续时间也不长，一般几个月之后就复归平静了。

进入二十世纪二十年代之后，中国基督教发展面临前所未有的复杂形势。一方面，西方国家的不断入侵和压迫使得中国民族主义和爱国主义情绪迅速高涨，作为西方文化组成部分的基督教被自然而然地视为西方列强实施文化侵略的有力工具，于是出现了排外反教的"非基督教运动"。另一方面，支持和接受基督教的力量也在同样增长，各地基督教复兴运动此起彼伏，推动了五旬节主义、基要主义、凯锡克主义等强调圣灵力量的相关教义和宗教实践的进一步传播。在此复兴过程中，中国教会和中国基督徒也开始反思和自省，出现了注重建立本土教会和注重福音奋兴工作两股复兴主流[179]，其中影响力最大的是 1923 年的"福州复兴"和 1925 年的"上海复兴"。

1923 年"福州复兴"之火是由南京《灵光报》主编李渊如[180]传递而来，

---

176 "A Modern Pentecost in South China," *The Chinese Recorder*, vol. XL, no. 9 (September 1909), p. 529.

177 宋天真编：《失而复得的日记》，第 6 页。

178 William N. Brewster, "Chapter XVI: Revivals," D. MacGillivary ed., *The China Mission Year Book, Being "The Christian Movement in China" 1910*, pp. 314-315.

179 吴秀良：《余慈度传》，第 165 页。

180 李渊如（1894-1969 年），又名"如愚"，女，湖北沔阳人。1918 年皈依基督教，擅长奋兴布道和文字工作。1920 年 3 月起担任贾玉铭所创办的著名属灵刊物《灵

第一站是福州圣公会的三一书院。当时尚在三一书院读书的倪柝声和自由传道人王载都是"福州复兴"的参与者和推动者。李渊如 1923 年 1 月受王载之邀到达福州，主领了为期两周的奋兴布道会，使得三一学院的学生们备受鼓舞，掀起了信教热、聚会热、祷告热、查经热和布道热。王载的弟弟王峙曾回忆到："当时这帮青年信徒心情非常热烈，学校中午停课吃午餐，至下午再上课，中间约有半点钟的时间，必会集中在学校大礼堂祈祷。"[181]这些渴慕圣灵的青少年不仅自己的属灵生命得到更新，而且特别热衷于外出布道，经常以小组为单位，向福州城内和周边农村地区的居民宣讲福音。为了吸引非基督徒的注意力，他们还尝试了灵活多样的布道方式。倪柝声曾这样见证：

> 弟兄们每人在胸前背后挂上白布，前面写的是"你要死"，后面写的是"信耶稣得救"，还有其他类似的单句。手里拿着旗子，口里唱着诗，这样游行各处，看见的真稀奇。就是这样把许多人带到聚会的地方来了。天天都是这样游行，天天都有人来听福音……这样天天背着旗子游行的有六十几人。福州不过有十几万的人。我们天天这样背旗游行，天天有几十人出去分单张，整个福州城都震动了。[182]

到了"福州复兴"运动的后期，以倪柝声为代表的建立地方教会派和以王载为代表的奋兴布道派分野初现，前者主张在全国各地建立组织化的教会，效法圣经中初期教会的榜样，恢复使徒时期的教会生活，反对基督教宗派林立，倡建合一的地方教会；后者则极为推崇奋兴布道会和传福音工作，通过感情炽热、形式活泼、氛围浓烈的大规模聚会充分调动参与者的宗教热情，制造轰动一时的复兴盛况，并将复兴之火不断从一个地方传递到另外一个地方。当倪柝声等人逐渐从奋兴会的激情中抽身转而致力于地方教会建设时，王载等奋兴布道家继续穿梭活跃于华北、华南各地，并助推了 1925 年的"上海复兴"运动。

光报》主编。1923 年因受邀至福州带领奋兴会因而结识倪柝声，1926 年起成为倪柝声在文字出版方面的重要同工和得力助手，长期担任上海福音书房编辑。陈福中编著：《李渊如传——倪柝声的得力助手》，香港：基督徒出版社，2005 年。

181 王峙：《王载见证录》，台北，1980 年，第 29 页。

182 倪柝声：《往事的述说：倪柝声文集》第 1 辑第 11 册，台北：福音书房，1992 年，第 86、89 页。

1925 年的上海既是"非基督教运动"的中心，也是基督教复兴运动的中心，是对基督教持严重对立态度的两派激烈较量的阵地。1924 年 8 年上海成立"非基督教同盟"，呼吁反对基督教及其一切在华事业，并于年底圣诞节期间策划了"非基督教周"活动，该活动获得长沙、广州、苏州、杭州、武汉、宁波、徐州、济南等多地青年学生的呼应，他们纷纷走向街头，游行示威，散发传单，甚至破坏教堂及教会学校设施。1925 年五卅惨案的发生更是将西方列强和基督教推上了风口浪尖，部分国人的排外反教情绪达到高潮。面对日益滋长的外部敌视心理和日渐冷淡的内部教会生活，中国基督徒和外国传教士倍感不安，渴望教会复兴。当时在上海传教的美国南长老会林安德夫妇（Dr. and Mrs. Henry M. Woods）于 1925 年 1 月在上海虹口狄思威路 715 号自己家里组织了"环球复兴代祷运动"（World-Wide Revival Prayer Movement）的第一次祷告聚会，召集中国基督徒和外国传教士共同为教会复兴进行祷告。[183]参加这次祷告会的有 20 多位在上海赫赫有名的基督徒代表，包括美北长老会传教士路崇德博士（James Walter Lowrie，中国长老议会会长）、美南浸信会传教士万应远牧师夫妇（Dr. And Mrs. Robert Bryan，万应远为上海浸会神学院院长）、何斯德（Dixon E. Horst，内地会第二任总监督）、安汝慈（Ruth Paxon，女性奋兴布道家先驱）、胡遵理（Jennie Van Name Hughes，伯特利教会发起人之一）等，他们每天聚在一起虔诚祷告的最大心愿就是"在当下时局动乱的形势下，掀起一场轰轰烈烈的属灵复兴运动，以上海为发源地，扩散到中国其他地区以及世界各地"[184]，"上海复兴"运动由此开始。

始自于上海的"环球复兴代祷运动"知晓度快速提升，影响力不断扩大。两个月之后，昆明、北戴河、鸡公山、莫干山以及中国其他地方的传教士也自发组织起来，连续数日进行禁食祷告，并召开特别奋兴会。[185]很快，印度、日本、英国和美国等国家的教会人士也听说了这一复兴祷告运动，纷纷加入进来，甚至不远万里亲自来沪布道，其中之一就有英国传教士、"日本福音布道团"发起人魏克斯（A. Paget Wilkes）。魏克斯于 1925 年 6 月在上海苏州路的新天安堂带领奋兴会，由"福州复兴"的主要推手之一王载担任翻译。奋兴会持续 50 多天，再次掀起认罪悔改、集体祷告、"圣灵充满"的复兴热

183 "World-Wide Revival Prayer Movement," *The China Press*, vol. XVI, no. 3743 (August 29, 1925), p. 5.

184 "World-Wide Revival Prayer Movement," *The China Press*, p. 5.

185 "World-Wide Revival Prayer Movement," *The China Press*, p. 5.

潮，有力消解了"非基"运动带来的冲击。特别值得一提的是，在"上海复兴"运动中兴起了"决志事主"的新时尚，很多出色的年轻人决定终生从事布道工作，不少人后来成为中国杰出的基督徒领袖和著名传道人，比如"伯特利布道团"的计志文、灵粮堂的创办人赵世光等都是在"上海复兴"中立志"为主作工"的。

1926-1928 年，国民党发动了旨在南北统一的"北伐战争"。1927 年 4 月，部分官兵受到非基督教运动思想的影响而产生强烈的排外反教情绪，行军至江苏南京时出现了摧毁教堂、袭击外国人的"南京事件"，引发在华外国人士的恐慌，华北地区的各国传教士紧急前往山东烟台避难，其中就有挪威路德会驻河南南阳的单身女传教士孟慕贞以及四十余位美南浸信会华北差会的传教士。孟慕贞具有强烈的奋兴倾向，在带领奋兴会方面经验丰富，惯常追求"圣灵充满"，重视重生得救，认罪悔改，虔诚祷告，曾发起了"南阳复兴"，在传教士圈子里颇有名气，亦很快获得同在烟台避险的美南浸信会传教士的尊重和认可。就在孟慕贞和美南浸信会传教士共同的复兴渴慕和虔诚祷告中，"山东复兴"运动的第一把火烧起来了，并持续十余年之久，成为中国二十世纪上半叶最壮观、最浩大的基督教复兴运动。

三、职业奋兴布道家登上历史舞台

伴随着全国各地奋兴会的召开和零星复兴运动的兴起，擅长带领奋兴会和巡回布道的职业奋兴布道家正式登上历史舞台。虽然学界普遍承认，奋兴布道家是教会复兴的重要推动力量，但是"复兴布道家"这一词汇本身难以进行准确定义。梁家麟认为，奋兴布道家是指"一群以主讲奋兴聚会作为主要职志的人"[186]。从神学立场来看，奋兴布道家大多是坚定的基要主义分子，关注信仰的正统性和纯洁性，强调属灵生命的重要性，特别重视"圣灵充满"和重生得救，对于五旬节主义和凯锡克主义等新兴教义接受度更高，较少参与社会改革和从教行医等世俗工作。从身份背景来看，奋兴布道家往往是自由传道人，凭信心生活，不隶属任何宗派或堂会，而是接受各地教会邀请主领奋兴会。从布道风格来看，他们往往使用大量煽情的语言、夸张的动作、丰富的道具，反复宣讲某些核心教义，使参加聚会的人产生强烈的感情共鸣，激发信仰热诚。从个体特征来看，奋兴布道家们往往具有极其鲜明的个人气

---

186 梁家麟：《华人传道与奋兴布道家》，香港：宣道出版社，1999 年，第 12 页。

质，极其坚定的信仰立场，极富感染力的宣讲能力，飘忽不定的布道行程，他们像飓风一样在所过之处掀起一阵又一阵的基督教复兴热潮。

最早登上历史舞台的奋兴布道家是外国传教士，其中"在中国带领奋兴会最为成功、最被神重用的传教士"[187]就是来自加拿大长老会的古约翰。古约翰1859年2月10日出生于加拿大安大略省西部的一个农民家庭[188]，1887年被加拿大长老会招募为来华传教士，1888年携新婚妻子罗瑟琳（Rosalind Bell-Smith Goforth，1864-1942）来华传教，派驻河南省彰德府（今安阳）。1900年义和团运动期间被大刀砍伤脖子，险些丧命。1907年陪同加拿大长老会差会秘书马凯（R. P. Mackay）到朝鲜布道三个星期，得以亲眼目睹"朝鲜复兴"，深受震撼。回到中国后积极带领了"东北复兴"，并在随后十多年间到中国很多地方带领奋兴会。1934年底因失明而退休回到加拿大，1936年10月7日去世，享年77岁。古约翰领会所遵循的模式就是集体大声祷告，公开忏悔和认罪，讲道的核心是认罪悔改，顺从圣灵和"圣灵充满"[189]，这种复兴表现既继承了二十世纪初"威尔士复兴""印度复兴""朝鲜复兴"的典型特征，后来也成为了二十世纪上半叶中国各地复兴运动的惯常情形。古约翰巡回布道的足迹不仅遍及东北三省、河南河北、北京南京等地，更是多次受邀来到山东，先后在周村、青州、烟台、黄县、平度带领奋兴会，特别是与美南浸信会多有接触，在多个浸信会教堂宣讲认罪悔改、"圣灵充满"的教义，为1927年"山东复兴"运动首先爆发于美南浸信会打下了基础。

另外一名杰出的外国传教士是来自挪威信义宗路德会（Norwegian China Mission）的孟慕贞（Marie Monsen，1878-1962）[190]，这位自称是上帝"信使"（挪威语Budbñrereno，英文the Messenger）[191]的单身女教士富有神秘和传奇色彩，曾被冠以"华北复兴运动的著名火炬手"[192]、"属灵'新生活运动'

187 T. B. Davis, "Revivals Breaking out in China," *The Latter Rain Evangel*, vol. 20 (November 1927), p. 22.

188 明灯报社编：《古约翰生平》，上海：广学会：1940年，第2页。

189 Jonathan Goforth, *"By My Spirit"*, London: Marshall, Morgan & Scott, 1929, p. 76.

190 Marie Monsen 的中文名字，除了孟慕贞以外，还常见孟慕真、孟逊、孟玛丽、玛丽·孟森、玛丽·孟逊、玛丽·蒙逊等。

191 Lisbeth Mikaelsson, "Marie Monsen: Charismatic Revivalist – Feminist Fighter," *Scandinavian Journal of History*, vol. 28, no. 2(November 2003), p. 130.

192 Mary K. Crawford, *The Shantung Revival*, pp. 7-12.

的先锋"[193]、"中国教会复兴的见证人"[194]等诸多响亮称号,在山东复兴乃至中国大复兴运动中都具有十分重要的地位。[195]孟慕贞 1878 年出生于挪威卑尔根市的一个中下层基督徒家庭,1890 年 3 月 4 日加入新成立的对华传教机构挪威信义宗路德会,1901 年秋义和团运动平息之后不久来华布道,1903 年派驻河南省南阳市,1910 年参加了爱丁堡世界宣教大会,亲耳聆听朝鲜代表分享复兴盛况,对复兴运动心生向往。1925 年左右孟慕贞放弃挪威路德会提供的工资,成为一名"信心传教士"和独立传道人。她热衷于祷告、认罪悔改、重生得救、追求"圣灵充满",并亲自经历过医病赶鬼等神迹奇事。特别值得一提的是,孟慕贞 1929 年 4 月 19 日在搭乘天津前往山东黄县的船上曾遭海盗劫持 28 天并奇迹生还,获得《泰晤士报》[196]、《教务杂志》[197]、《中国亿兆》[198]等国内外媒体的关注,使之"从一个鲜为人知的传教士、至多只是个内地乡村的区域性复兴布道家变成了一名英雄式人物",[199]使其生平蒙上一层浓重的传奇色彩。劫后余生的经历更加坚定了孟慕贞的虔信思想,作为一名职业奋兴布道家和巡游传道人,其足迹遍布河南南阳、大连、张家口、山西、烟台、青岛、济南、平度、黄县、河南、北京、北戴河、察哈尔、张家口、湖北、徐州等大半个中国。毫无疑问,孟慕贞在华北复兴运动中发挥了无可替代的重要作用,她是基督教界公认的属灵伟人,是卡里斯马型奋兴布道家,是"山东复兴"运动的发起者、推动者和见证者(详见第二章第二节)。

　　随着中国基督徒人数的急剧增加,中国本土奋兴布道家也开始崭露头角,并逐渐成长为奋兴布道历史舞台上的主角。美国波士顿学院的吴秀良认为二十世纪上半叶中国至少出现了两代本土奋兴布道家,第一代首推李叔青、丁立美和余慈度等布道先锋;第二代包括王载、王明道、宋尚节、倪柝声等男

---

193 玛丽·孟森:《中国大复兴》,第 8-9 页。

194 史伯诚:《孟逊教士传——中国教会复兴的见证人》,卡尔弗城(美国):美国见证出版社,1998 年,第 3 页。

195 赵建玲:《孟慕贞与民国基督教"山东复兴"运动》,《宗教与历史》2019 年第 11 辑,第 112-120 页。

196 "U.S. Missionaries Killed in China," *The Times* (29 April, 1929), p. 13.

197 Charles A. Leonard, "The Present Situation," *The Chinese Recorder*, pp. 796-798.

198 Marie Monsen, "In the Hands of Pirates, 'My Heavenly Father Ran the Ship," *China's Millions*, vol. LV, London: China Inland Mission, 1929, pp. 118-120.

199 连曦:《浴火得救:现代中国民间基督教的兴起》,第 74 页。

性传道人，以及李渊如、汪佩真、侯秀英等女性传道人。[200]特别是第二代奋兴布道家，他们大多出生于1900年前后[201]，有的注重广传福音，有的注重内在生命的成长，有的注重团契工作，有的则投身于地方教会的建立，在基督教复兴和发展过程中扮演着重要角色。就连在华传教士也注意到并积极肯定中国籍布道家和传道人日益发挥的重要作用，正如1910年美以美会传教士蒲鲁士（William N. Brewster，1862-1916）在福建所观察到的那样：

> 传教士普遍认为，中国人是轻感情、重物质的民族，尤其缺乏宗教情感，所以传教应该是谆谆善诱、循序渐进的，不能依靠这种来势汹汹的道德和精神震荡……但是过去三年的经验表明，让那些思想开放、具备一定基督教知识的中国本土基督徒重新定位、扮演更重要的角色是十分必要的，他们可以更灵活地应对各种层出不穷的突发状况。[202]

李叔青医生（Dr. Y. S. Li, 1875-1908）是中国教会历史中的第一个奋兴布道家，是启动二十世纪中国教会复兴的"先声"。[203]李叔青，生于1875年1月8日，字延生，名应柳，号叔青，祖籍江苏省松江府南汇县，其父亲和二哥都是美国卫理宗监理会牧师。13岁就读上海圣约翰书院（美国圣公会创办，上海圣约翰大学前身）。1893年，18岁的李叔青考入中国第一个国立医学院——北洋西医学堂，成为该校招录的第四届医学生。1898年李叔青与部分医学院同学在宣道会驻天津传教士伍约翰夫妇（John and Katherine Woodberry）的帮助下组建了中国第一个世界性布道组织"天津守真堂布道团"，布道范围不仅包括中国各地，甚至远到日本、巴西和耶路撒冷，堪称为校园团契和海外宣道的先行者。李叔青毕业后回到上海，先后在上海中西学院、苏州博习书院（东吴大学前身）任教。1905年底辞去教职，成为全职奋兴布道家，积极带领了"苏州复兴""上海复兴"和"南京复兴"，其活动范围主要集中在长江中下游地区，亦受邀至河北、山东、河南、湖南等地主持复兴大会。李叔青

---

200 吴秀良：《吴序》，梁家麟：《华人传道与奋兴布道家》，vii-viii.

201 男性传道代表中，王载出生于1898年，王明道出生于1900年，宋尚节出生于1901年，倪柝声出生于1903年；女性传道代表中，李渊如出生于1894年，汪佩真出生于1899年，侯秀英出生于1900年。

202 William N. Brewster, "Chapter XVI: Revivals," D. MacGillivary ed., *The China Mission Year Book, Being "The Christian Movement in China" 1910*, p. 313.

203 吴秀良：《李叔青医生》，第6-14页。

本人口才平常，布道低调，但是宣讲的内容却能深入人心，他不厌其烦地散播"耶稣基督即将再来""全备的救恩（救法）""圣灵的洗礼"等五旬节色彩浓重的教义，受到城市居民特别是青年学生的广泛欢迎，知名基督徒杨维翰[204]、陈崇桂[205]、成寄归[206]、诚质怡[207]都是在其影响下得救重生的。"山东复兴"运动的积极参与者"于三师娘"[208]，也是因参加李叔青在山东烟台的奋兴布道会而得救的。不幸的是，李叔青全职布道还不到 3 年就积劳成疾，于1908 年 8 月 14 日与世长辞，年仅 34 岁。此后一段时间里，更多的本土奋兴布道家登上历史舞台，到 1910 年代形成了"北有丁立美，南有余慈度"的局面。

最早打起华北地区复兴大旗的是"脾气温和的山东籍布道家"丁立美[209]（1871-1936），被北美长老会巴堪朴（Otto Braskamp）[210]誉为"中国的穆迪"[211]，被奚尔恩赞为"山东省乃至华北地区口才最好的人"[212]。丁立美本

---

204 杨维翰是知名女性奋兴布道家余慈度的姐夫，毕业于博习医学院（东吴大学医学院前身），1906 年在李叔青的奋兴大会上重生得救，除了在监理会的松江圣经学院任教之外，1913-1915 年间多次主持各公会联合主办的复兴会、妇女夏令营查经会、明年夏令进修会和圣经训练班。

205 陈崇桂（1884-1964），虽从小在武昌行道会领洗，但初时对福音毫无兴趣，直到参加了李叔青在武昌带领的奋兴会才清楚得救，日后成为中国基要派学者中的著名领袖。曾作为中国代表参加 1910 年的耶路撒冷世界传教士大会并发言。其所创办的《福音报》是中国重要教会刊物之一。

206 成寄归（1882-1940），中国教会复兴史上的知名传道人，曾在湖南圣经学院、南京金陵神学院、山东华北神学院等处担任教职，主要从事神学教育。

207 诚质怡博士（1890-1977），研究中国基督教历史和中国思想文化对话与沟通的神学家。1918 年在南京金陵神学院师从司徒雷登学希伯来文。之后，先后留学美国哈德神学院、纽约协和神学院、哥伦比亚大学，1927 年受聘于燕京大学宗教学院圣经新约教授，兼教希伯来文。

208 于三师娘原籍山东昌乐，是一位远近闻名的女传道，也是华人名牧于力工（1920-2010）的母亲。于力工曾任新加坡神学院首任院长，在北加州建立教会，创立基督工人神学院，担任院长 20 年。

209 Daniel H. Bays, *A New History of Christianity in China*, p. 104.

210 巴堪朴（Otto Braskamp），也称巴堪璞，美北长老会传教士，1911 年来华布道，初驻山东登州。

211 O. Braskamp, "The Evangelist Ding Li Mei: The Moody of China," *The Chinese Recorder*, vol. XLVII, no. 7 (July 1916), p. 497.

212 John J. Heeren, *On the Shantung Front: A History of the Shantung Mission of the Presbyterian Church in the U.S.A., 1861-1940 in Its Historical, Economic, and Political Setting*, New York: The Board of Foreign Missions of the Presbyterian Church in the United State of America, 1940, p. 269.

名立瑂，1871 年 10 月 2 日出生于山东胶州大辛疃一个基督徒家庭，父亲丁启堂是当地最早加入美北长老会的基督徒。1884 年丁立美进入登州文会馆就读，1898 年被美北长老会按立为牧师。义和团运动期间丁立美被捕入狱四十天，受杖笞二百，依然拒绝放弃基督徒身份，后在传教士的多方营救下重获自由。经过这番生死考验之后丁立美对于福音布道更为热心，逐渐成为二十世纪初华北地区的著名传道人。作为一名教会学校自己培养的本土牧师，他与教会大学和中学的年轻学生打成一片，其成为著名奋兴布道家之前的早期经验和口碑亦是从青年学生群体中逐渐积累起来的。1909 年丁立美受山东潍县广文大学教师路思义（Henry Winters Luce）的邀请在学生中间带领奋兴会并大受欢迎，随后在潍县各教堂布道两月有余，[213]在中国奋兴布道舞台上崭露头角。1910 年 6 月河北通县成立"中华学生立志献身布道团"，提出的口号是"在我们这一代福音化祖国和全世界"，丁立美被推为该组织的全国巡回布道执行秘书，随后几年内曾到中国很多地方传播福音，向基督徒学生宣讲布道工作的重要性。1916 年，曾陪同丁立美牧师在山东东部巡回布道的美北长老会传教士巴堪朴（1885-1968）观察到：

> 丁立美牧师是一个富有远见、脚踏实地、信念坚定、注重祷告的人。他对耶稣基督抱着极为坚定的信念，并用火一样的热情积极传播福音讯息。他是宗教复兴的得力推动者，具有说服别人认罪忏悔、皈依真道的非凡能力。[214]

除了在青年学生和知识分子中积极布道之外，丁立美还积极参与了昙花一现的"中华归主运动"（1918-1921），与"中华国内布道会"的诚静怡、余日章等一同在云南省进行了为期不长的布道工作。[215]从 1923 年开始，已获聘华北神学院教授的丁立美接受了五旬节运动的教义主张，开始提倡"说方言"和追求"圣灵充满"的经历。该倾向遭到了以华北神学院院长赫士（Waston McMiller Hayes）为首的保守派反对，[216]导致丁立美 1932 年从神学

213 H. W. Luce, "Missionary News: The Revival in Weihsein College," *The Chinese Recorder and Missionary Journal*, vol. XL, no. 8 (August 1909), p. 472.

214 O. Braskamp, "The Evangelist Ding Li Mei: The Moody of China," *The Chinese Recorder, p.* 500.

215 陈惠雪：《游行布道家丁立美》，《大使命》2012 年 4 月第 97 期，第 35 页。

216 姚西伊：《为真道争辩——在华基督新教传教士基要主义运动（1920-1937）》，第 174-175 页。

院辞职，前往天津圣经学院担任教授[217]，直至 1936 年 9 月 22 日去世。华北神学及弘道院的张学恭牧师曾在丁立美牧师的纪念仪式上对其生平进行回顾，总结出清洁整雅，柔和谦卑，信仰坚固，事主热切，为人代祷，苦难甘忍，以主为乐七大优点，[218]堪称华人牧师之楷模。

当丁立美在华北地区不断掀起奋兴布道热潮时，与他同时期的一位女传道人也在华南各地巡回布道，声名鹊起，她就是余慈度（Dora Yu, 1873-1931）。余慈度又名俞灵芝，1873 年出生于浙江杭州美国长老会的教会院里，父亲是长老会牧师。1888 年，15 岁的余慈度（当时名叫俞灵芝）[219]离家到苏州博习高等医学堂学医，1893 年在去英国学习深造的船上受到呼召，突然决定放弃学医，下船回国，成为一名没有固定收入的"信心传道人"。余慈度于 1897 年和 1900 年两度赴朝鲜传教，参与教育、医务及传福音等多项事工，亲眼目睹和参与了朝鲜大复兴运动。1903 年 9 月回到中国之后，立即投身于华南地区的复兴运动之中，布道范围遍及南方各省，带动了"苏州复兴""宁波复兴""上海复兴"等，成为 1910 年代中国教会复兴史上的知名女性奋兴布道家。1926 年秋，余慈度接受美南浸信会华北差会邀请，曾与黄县浸会神学院的秦牧师一道来到山东济宁带领奋兴会。[220]1927 年余慈度应邀赴英国参加最具属灵权威的凯锡克大会（Keswick Convention），并做主要发言。她创办的"查经祈祷处"和每年夏冬两季的查经培灵会，培养了许多合格的女传道人。余慈度所树立的高教育、高品格、高属灵的华人女性奋兴布道家形象，改变了很多中国信徒心目中传道人的负面形象，吸引了更多年轻人特别是女性皈依基督教并立志投身布道事业。

进入二十世纪二三十年代之后，以宋尚节、计志文、王明道、倪柝声、贾玉铭、李渊如、汪佩真、侯秀英等为代表的新一代中国籍奋兴布道家华丽登场并大放异彩，成为二十世纪上半叶中国教会复兴的重要动力。他们大多出生于世纪之交，家庭信仰背景均为基督教，父辈往往是牧师或传道人，自

---

[217] 赵日北：《历史光影中的华北神学院》，香港：中国国际文化出版社，2015 年，第 41 页。

[218] 储怀安：《滕县教会特别聚会（山东）》，《通问报：耶稣教家庭新闻》第 39 号第 1710 回，1936 年 10 月，第 8 页。

[219] 吴秀良：《余慈度传》，第 20 页。

[220] Mr. and Mrs. Frank Connely, Miss Lisa Watson, "Evangelistic Report," *Annual of the Southern Baptist Convention, 1927,* Louisville, Kentucky, May 4-7, 1927, p. 224.

幼接受过较为扎实的神学训练，与外国传教士关系密切。在神学立场上，他们普遍较为保守和基要，强调个人的重生得救和认罪悔改，注重圣洁和成圣，争取成为"基督里新造的人"。受时代背景的影响，第二代奋兴布道家在成长过程中经历了民族主义、爱国主义、反教运动、反对帝国主义等多次运动洗礼，导致他们对自身的民族认同和身份定位有着更加清醒的认识，往往具有反对传教士霸权、反对宗派、反对建制教会的自主意识。他们一方面在此起彼伏的基督教复兴运动中得到了锻炼和成长，另一方面将复兴之火传递到更广泛的地域范围，助推了全国各地复兴运动的持续发展。

宋尚节（John Sung，1901～1944）是这一时期知名度较高的奋兴布道家，也可谓"民国时代最杰出的基督教奋兴布道家"[221]。宋尚节于1901年9月27日出生于福建兴化府莆田县凤迹村，父亲宋学连初为美以美会传道，后来被按立为牧师。宋尚节自幼随父亲到乡村售卖经书或发放福音单张，有时候还代父亲登台讲道，被称为"小牧师"。[222]1909年的"兴化复兴"给年幼的宋尚节留下了深刻印象，为其后来的奋兴倾向做好了铺垫。自福建省内的教会学校毕业之后，1920-1926年间，宋尚节在来华传教士的推荐下赴美留学，先后就读于美国卫斯理大学、俄亥俄州立大学和纽约协和神学院，六年内获得三个学位，包括一个化学博士学位。1927年对宋尚节来说是个值得纪念的年份，先是经历了"圣灵充满"和属灵生命的更新，后被送入精神病院达193天，最终在友人帮助下释放出院。在回国途中，将其自美国获得的学位证书和荣誉奖章等全部抛入大海中，以表献身传道之决心。1928-1930年间，宋尚节开始以全职传道的身份巡回布道，先后到兴化、厦门、漳州、南昌、九江各地领会，大放光芒。1931年5月，宋尚节应邀加入伯特利布道团，与计志文、李道荣、林景康、聂子英一道巡游全国各地，举行奋兴布道会。在差不多三年的时间里，足迹遍及东北三省、华北、华中、华东、华西南等13个省区100多个城镇，引领十万人归主。[223]1934年宋尚节离开伯特利布道团开始独立布道，继续在全国各地布道，甚至走出国门，远至菲律宾、新加坡、马来半岛、越南、印尼诸国等东南亚多个国家和地区布道，所到之处无不掀起教会复兴热潮，对华人世界的基督教信仰产生了深远影响。特别值得一提的是，宋尚

221 查时杰：《中国基督教人物小传》，台北：中华福音神学院出版社，1983年，第289页。
222 宋天真：《失而复得的日记》，北京：团结出版社，2011年，第7页。
223 查时杰：《中国基督教人物小传》，第299页。

节与"山东复兴"运动关系密切，1931-1937 年间，除 1936 年外，宋尚节每年都到山东领会布道，足迹遍布山东各地，助长了"山东复兴"的奋兴氛围。[224]1944 年 8 月 18 日，宋尚节病逝于北平德国医院，年仅 43 岁。与他同时期、同声望的另一位布道家王明道为其主持葬礼，称赞其为"诚实正直、毫无虚伪"[225]的一代属灵伟人。

王明道（1900-1991）亦是当时享誉天下、赫赫有名的一位职业布道家，被内地会传教士赖恩融（Leslie T. Lyall）称为"中国教会三巨人"之一[226]。王明道父亲王子厚是北京美以美会教友，在教会所办的同仁医院行医。义和团围攻北京东交民巷大使馆期间，基督徒身份的王子厚携待产的妻子和长女躲入大使馆避难，不久自缢身亡。一个月后的 1900 年 7 月 25 日，王明道出生，为他接生的婆婆为其起名"铁子"，后来母亲为其起学名"永盛"，意即永远昌盛。童年时期的贫苦家境和生活磨难培养了王明道的嫉恶如仇、刚强坚毅、宁死不屈的个性。在伦敦会学校完成学业之后，王明道受聘到保定长老会所办的烈士田小学任教，后因不赞成长老会的点水礼主张浸水礼而被逐出校。[227]1920 年夏，自己改名为"王明道"，意为"愿神用我在这个黑暗邪恶的世界上，证明祂的真道"[228]。1921 年 11 月 21 日，王明道在五旬节派中国使徒信心会牧师朱鼎臣的影响下被"圣灵充满"，并"说方言"。[229]回到北京后亦经常参加使徒信心会和基督复临安息日会的聚会，追求灵恩和因信称义。面对风起云涌的反基督教和反帝国主义运动，王明道坚守基要主义立场，严厉抨击外国传教士和自由现代派。1921 年起开始游行布道生涯，1923 年在自己家中组织查经团契，1925 年开始家庭聚会（此即"基督徒会堂"（The Christian Tabernacle）的前身，1937 年在政府备案[230]），1927 年 4 月创办基督教杂志《灵食季刊》进行文字宣教。从二十世纪二十年代晚期开始，王明道

224 陶飞亚：《中国的基督教乌托邦研究——以民国时期耶稣家庭为例》，第 96 页。

225 王明道：《宋尚节先生去世了》，《灵食季刊》1944 年第 71 期，第 19-26 页。

226 赖恩融称赞杨绍唐、倪柝声、王明道为"中国教会三巨人"。赖恩融：《中国教会三巨人》，张林满镁、陈楷瑜等译，台北：橄榄基金会，1984 年。

227 王明道：《五十年来》，第 213 页。

228 王约瑟：《王明道见证》，香港：中国福音事工促进会，1991 年，第 8 页。

229 林荣洪：《王明道与中国教会》，香港：中国神学研究院，1982 年，第 48 页。

230 国务院宗教事务局资料组编：《王明道及其"基督徒会堂"活动情况资料》，1955 年 1 月，A014-01-0023-7，山东省档案馆藏。

每年大约花一半的时间外出布道，在基要派或福音派的教堂里带领奋兴布道会，走遍了大半个中国。他并没有创建新的教会，而是与原有教会合作，通过领会布道的方式唤醒基督徒低沉的属灵精神。他亲笔撰稿的《灵食季刊》颇为流行，影响甚广，对于社会福音、现代主义神学、中外合作建制、中华全国基督教协进会和中华基督教会等对象进行了措辞激烈的批评。他呼吁中国教会从这个被腐化的世界里走出来，为即将到来的末日审判做好准备。他与宋尚节是亲密战友，并在其安葬仪式上致辞。[231]他与美南浸信会华北差会关系密切，1929-1937年间，几乎年年受邀到山东境内各浸信会教堂布道，成为"山东复兴"运动的重要推手（详见第二章）。

职业奋兴布道家于二十世纪初登上中国基督教的历史舞台具有重要意义，极大促进了教会复兴运动的发展。首先，轮番登场的奋兴布道家标志着个人福音布道时代的来临，他们往往不隶属于任何差会或教会，没有稳定的收入来源，以独立自由布道为职业，接受不同宗派、各地堂会的邀请巡回布道，游走于大江南北、长城内外、甚至周边国家，加强了基督教界部分团体尤其是基要派的内部团结，培养了基督徒渴慕复兴的心理期待，营造了浓厚的奋兴氛围。其次，奋兴布道家们以带领奋兴会为主要布道形式，以鲜活多样的方式向会众反复阐释简单的核心教义，更能迎合中国基督徒尤其是中下层基督徒的信仰需求，有效改善了各地教会沉闷低迷消极的信仰现状，提高了基督徒的信仰热情和属灵气质，奋兴布道家依靠个人魅力吸引了众多优秀年轻人投身布道事业，为基督教实现本土化发展培养了后备力量。最后，本土奋兴布道家日益崛起并逐渐走上舞台中心，改变了奋兴布道工作中的中西力量对比，宣告了以传教士为复兴绝对主导的历史时代的终结，代表着基督教本土化的阶段性成果。

综上所述，进入二十世纪之后，中国基督教发展面临更加复杂的历史形势。从外部来看，民族主义意识的萌发和反帝爱国意识的觉醒带来此起彼伏的排外风波，被贴上"帝国主义文化侵略工具"的基督教遭遇多番围追堵截，中国教会在"洋教"和"本色化"之间自省探索；从内部来看，发源于欧美的现代主义与基要主义之神学立场争辩引发了中国基督教界的对立和分野，破坏了维持数十年的教内团结和共识，中国基督徒在"自由

---

231 宋天真：《失而复得的日记》，第431-432页。

派"和"保守派"之间纠结彷徨。即便内外形势纷繁复杂，中国基督教内部的复兴动力依然愈挫愈勇，各股复兴力量暗流涌动，从保守基要派对自由现代派的顽强反击到强调重生得救和属灵生命的教义流行，从中外奋兴布道家闪亮登场到全国各地奋兴大会的火热氛围，为基督教复兴运动提供了必要条件。汹涌澎湃的局地复兴潮流比如"东北复兴""兴化复兴""福州复兴""上海复兴"等最终汇聚成为二十世纪二三十年代"山东复兴"运动的滚滚洪流。

第三节　山东省特殊的自然历史条件

二十世纪二三十年代轰轰烈烈的基督教"山东复兴"运动缘何发源于山东而不是其他省市地区？前千禧年主义的末世论和追求"圣灵充满"宗教经验的五旬节教义为何在山东民众中大受欢迎、成为新的信仰时尚？基督教复兴运动时有发生，为何在二三十年代到达新的高潮并在全国范围内获得积极响应？对于这些问题的回答，应该要聚焦于山东省特殊的自然历史条件，包括山东独特的地理、政治、经济、文化、历史等因素，正是这些因素的相互作用和叠加效应，为"山东复兴"运动的兴起提供了适宜的土壤和必要的养分。

"山东"一词，在春秋战国时期是指太行山脉以东的所有地区，自金朝1168年开始，才逐渐用于指称今日之地区。山东位于中国东陲，是地势最复杂、物产最丰富、交通最便利、经济最发达、历史最悠久、文化最多元、人口最密集的地区之一，这里是儒家尊师孔子和孟子的家乡，这里有被称为"五岳之首"的泰山，这里有"天下第一泉"之称的趵突泉，这里有全国排名第二的人口总量和排名第三的经济总量[232]，在整个中国的地理版图和历史记载上，都是极为重要的省份之一，被英国浸礼会传教士法思远（Robert C. Forsyth）

---

[232] 截至2017年底，山东省人口总量突破1亿，仅次于广东省，居全国第二位；山东省GDP总量是7.26万亿元，仅次于广东省和江苏省，居全国第三位。国家统计局年度数据，http://data.stats.gov.cn/easyquery.htm?cn=C01，2019年2月19日；根据《中华归主》统计，截至1920年，山东省人口密度居全国第三位，总人口数三千多万。中华续行委办会调查特委会编：《1901-1920基督教调查资料（原《中华归主》修订版）》（上卷），蔡永春、文庸等译，北京：中国社会科学出版社，2007年，第406页。

称为"中国圣省山东"[233]，被另外一位英国传教士阿姆斯特朗（Alex Armstrong）称为"中国史中最有兴趣、最可纪念诸省之一"[234]。山东省基督教发展具有悠久的历史和深厚的基础，在保守传统的文化氛围和此起彼伏的反教运动中顽强发展，及至1927-1937年兴起轰轰烈烈的"山东复兴"运动，并将复兴之火烧到全国多个省份以及周边多个国家，成为中国基督教史上的一场重要运动。基督教复兴运动与山东省结缘，其中既有偶然的成分，也有一定的历史必然性。

一、山东省的地理与自然环境

山东古称"齐鲁"。齐国和鲁国是西周在今山东境内建立的两个最大的诸侯国，由于齐鲁两国发达的政治、经济和文化在中国历史上的重大影响，所以山东又称"齐鲁之邦"，直到今天，仍以"鲁"作为山东省的简称。"山东"一词早在战国时代就已多次出现，如战国时期的著作《管子·轻重戊》称楚为山东强国。汉初贾谊写《过秦论》也曾多次提到山东。[235]不过古时候的"山东"范围很广，泛指太行山或崤山以东，正如叶圭绶在《续山东考古录》所说："山东之称，古或指关东言，或指太行山以东言，不专指今山东也。"[236]秦汉大一统格局确立以后，"山东"之谓才大致与今同。

山东作为一级行政区划，则经历了一个漫长的历史演变过程。有关山东的确切历史记载始自于西周。山东师范大学安作璋教授曾对山东行政区划的历史沿革进行过梳理总结：西周、春秋时，山东属齐、鲁、曹、滕、薛、郯、莒及宋、卫国的一部分。战国后期属齐，其南北各一部分属楚、赵。秦统一以后，在山东先后分置齐郡、琅邪、胶东、济北、东海、薛郡、东郡等郡。楚汉之际，分为三齐（临淄王田都、胶东王田市、济南王田安），不久为汉所并。汉代郡国并行，西汉初，山东大部分地区为刘邦的儿子齐王刘肥的封地。汉武帝元封五年（公元前106年），初置十三部州，山东分属青、兖、徐三州。

233 Robert C. Forsyth, *Shantung, the Sacred Province of China in Some of Its Aspects*, Shanghai: Shanghai Christian Literature Society, 1912, p. 2.

234 Alex Armstrong, *Shantung (China): A General Outline of the Geography and History of the Province: A Sketch of its Missions，and Notes of a Journey to the Tomb of Confucius*, Shanghai: Shanghai Mercury Ofice, 1891, p.vi.

235 安作璋编：《山东通史·近代卷》（上册），北京：人民出版社，2009年，序二，第1页。

236 叶圭绶：《续山东考古录》，济南：山东文艺出版社，1997年，卷一，第3页。

青州领平原、千象、济南、齐、北海、东莱六都和淄川、胶东、高密三国；兖州领东郡、山阳、济阴、泰山四郡和城阳、东平二国；而琅邪、东海二都及鲁国，则属徐州。东汉时，山东属青、徐、兖、豫（鲁国划归豫州）四州，三国魏略同于东汉。西晋初，山东分属青、徐、兖、豫（统鲁郡）、冀（统平原、乐陵）五州。晋怀帝永嘉（公元 307-313 年）之乱以后，山东先后为后赵、前燕、前秦、南燕所据有。东晋安帝义熙六年（公元 410 年），刘裕平南燕，复置青、兖、徐三州，后又置冀州，治历城。其后，山东地方为北魏所有，魏亡属北齐，寻又为北周所并。隋统一后，又恢复十三部州，山东分属青、徐、兖、豫四州。唐贞观初，分全国为十道，河、济以南属河南道，以北属河北道。北宋改道为路，分全国为二十四路，山东分属京东东路、京东西路。金大定八年（公元 1168 年）置山东东西路统军司，治益都。至此，"山东"一名始正式成为地方行政区划。元朝分置山东东西道肃政廉访司及山东东西道宣慰司，直隶中书省，称为"腹里"。明洪武元年（公元 1368 年）置山东行中书省，治青州。1376 年，移治济南，又改置山东承宣布政使司。直到清代，始将山东政区的名称正式定为山东省。此后一直沿袭不变。[237]

山东省"山水林田湖"自然禀赋得天独厚，山地、丘陵、盆地、平原、湖泊等多种地貌集于一身；泰山、蒙山、崂山、鲁山、沂山、徂徕山、昆嵛山、九顶山、大泽山等名山险峰坐落耸立；淮河、黄河、海河、小清河和胶东五大水系交错纵横。从地形来看，山东中部山地突起，西南、西北低洼平坦，西部及北部属华北平原，中南部为山地丘陵，东部是半岛，形成以山地丘陵为骨架，平原盆地环列其间的地形大势。从水文来看，山东省分属于黄、淮、海三大流域，境内主要河流除黄河横贯东西、大运河纵穿南北外，其余中小河流密布山东省，主要湖泊有南四湖、东平湖、白云湖、青沙湖、麻大湖等。从气候来看，山东的气候属暖温带季风气候，春秋短暂，冬夏较长，四季分明，光照充足。降水分布很不均衡，夏季易形成涝灾，冬、春及晚秋易发生旱象，对生产生活影响很大。

山东交通发达，运输便利，铁路、公路、水路、海路纵横交错，四通八达。在铁路方面，"胶济铁道横贯东西，津浦铁道达乎南北"[238]。第一条铁

---

237 安作璋编：《山东通史·近代卷》（上册），序二，第 1-2 页。

238 李道辉：《山东教会》，中华续行委办会编：《中华基督教会年鉴》（再版）第 4 册（1917年），台北：中华教会研究中心、橄榄文化基金会联合出版，1983 年，第 52 页。

路是由德国人修建的胶济铁路，始建于 1899 年，1904 年建成通车，东起青岛西至济南，长度将近四百公里，是横贯山东腹地的运输大动脉。山东境内另外一条铁路干线是天津至浦口的津浦铁路，开工于 1908 年 7 月，1912 年 11 月全线通车，山东路段北起桑园站，南至韩庄站，长约 420 公里。此外还陆续修建了数条铁路支线，主要通往煤铁矿区。在公路方面，不仅有帝国时期修建的十多条官路和大路，还有众多新修的新型公路。最主要的官路当属福州官路（北京到福建）途经的山东段，从德州入鲁，经济南、泰安、沂州进入江苏。与京杭大运河平行的广东官路（北京至广东）又称使节路，途经山东德州、高唐、茌平、东阿、东平、汶上、兖州、邹县、滕县，后经江苏抵达徐州。横穿山东的一条东西大路起于济南，经潍县、莱州、黄县、登州到达烟台。据记载："所有运输各货，大者为双轮车，驾以骡马，小者以牛马负之，为主要方法。间亦有用单轮车者，后以人推之，前以驴挽之。"[239]山东近代公路建设时代始于 1904 年德国在青岛修建的台东镇至柳树台的台柳公路，这是德国修建路线最长、桥梁最多的一条公路，也是山东省内修建的第一条公路。[240]1920-1921 年的大饥荒期间，美国红十字会提出以工代赈计划实施救济，组织灾民修筑公路，共筑路 485 英里，建桥和涵洞 250 座。受到该计划的启发，山东继续采取以工代赈的方式，修筑了烟潍路、青潍路、烟青路、青沂路、潍沂路、沂曲路、济德路以及济南至济宁的公路等多条现代公路。[241]水路交通有黄河、小清河、京杭大运河等。京杭大运河源于春秋吴国为伐齐国而开凿，经隋朝大幅扩修而贯通至都城洛阳，元朝翻修时弃洛阳直取北京，从而奠定今日之面貌，是世界上里程最长、工程最大的古代运河之一。大运河在山东境内有临清和济宁两个河段，历史上曾经是南方贡米和其他财富源源不断运往北京的重要通道，也是南北方客运交通的优先选择。1855 年黄河改道之后，运河山东段逐渐淤废，此后漕运逐渐改为海路和铁路。山东省的海运也较为发达，海岸线长度仅次于广东，海岸线呈深深的锯齿状，形成了各种各样的天然港湾，适宜建设大型港口，比如烟台、威海卫、胶州、登州等

239 中华续行委办会调查特委会编：《1901-1920 基督教调查资料（原《中华归主》修订版）》（上卷），第 510 页。

240 安作璋编：《山东通史·近代卷》（上册），第 452 页。

241 John J. Heeren, *On the Shantung Front: A History of the Shantung Mission of the Presbyterian Church in the U.S.A., 1861-1940 in Its Historical, Economic, and Political Setting*, p. 25.

优良港口,为山东海运提供了便利条件。但于此同时,海岸沿线亦多悬崖峭壁,水下暗藏礁石,致使航运灾难频发。

山东独特的地理与自然条件既为山东经济社会的发展提供了源源不断的动力和资源,同时也给山东社会和民众带来极大的挑战和危机。以流经山东的黄河为例,它既被称作"炎黄儿女的母亲河""华夏文明的摇篮"和"中华民族的发祥地",同时又因"善淤、善决、善徙"而被外国传教士称为"中国之殇"(China's Sorrow)。黄河是中国的第二大河,发源于青海高原巴颜喀拉山北麓约古宗列盆地,蜿蜒东流,穿越黄土高原及黄淮海大平原,流经山东省 107 个县中的 19 个县,[242]在济南西南 110 公里处与京杭大运河交汇,最终注入渤海。因为河水中夹杂着大量黄土和泥沙,水的颜色呈现黄褐色,因而得名"黄河"。黄河一方面为两岸村庄带来丰富的资源,滋养着无数的生命;另一方面黄河因河沙累积河床不断升高,形成"地上河",很容易导致决堤或改道,从而引发洪涝灾难。有国外学者估计,在有历史记载的二千多年中,黄河下游发生决口泛滥 1500 多次,重要改道 18 次,[243]故有"三年两决口、百年一改道"之说。仅在 1840-1949 年的中国近现代历史上,黄河有 57 年发生决溢,累计决溢 377 次(处),决口门 424 个。[244]其中规模最大、受灾最重的有四次,第一次是 1853-1855 年间的黄河改道,数以百万的沿岸居民被迫迁移;第二次是 1887 年的黄河泛滥,这是有史以来最严重的一次水灾,造成 150 万至 700 万人死亡[245],数百个村庄突然消失;第三次是 1933 年的黄河大水灾,决口 104 处,6 省 67 县受灾,其中包括山东 22 县,耕地大部荒废,灾民流离失所,饥而无食,惨不忍睹[246];第四次是 1935 年鄄城董庄决口所导致,受灾地区涉及山东、江苏的 27 个州县,其中山东有 15 县受灾严重,淹没耕地 810 亩,村庄 8700 个,灾民达 250 万人,"田庐冲没,村社为

---

242 John J. Heeren, *On the Shantung Front: A History of the Shantung Mission of the Presbyterian Church in the U.S.A., 1861-1940 in Its Historical, Economic, and Political Setting*, p. 20.

243 Scott W. Sunquist, "The Importance of Shandong: A Missiological Evaluation of Place," *Ching Feng,* vol. 8, n. s. (2007), p. 134.

244 黄河水利委员会山东河务局编:《山东黄河志》,济南:山东新华印刷厂印刷,1988 年,第 28 页。

245 《中国最严重的一次水灾,1887 年黄河泛滥》,2016 年 7 月 22 日,https://www.dugoogle.com/zhongguzhizui/geography/20951.html,2019 年 2 月 19 日。

246 黄河水利委员会山东河务局编:《山东黄河志》,第 29 页。

墟，哀鸿遍野，触目惊心"[247]。黄河水灾频发与政府特设部门的治理能力和既定利益之间长期存在严重矛盾，河道治理部门甚至希望黄河堤坝"更快地坍塌、更快地腐朽、更快地被冲垮"，由此可以理直气壮地申请更多拨款满足私欲。[248]在几乎每次黄河水灾中，位于下游的山东都难逃重灾区的命运。大灾过后是大疫，每次水灾过后都是长达数月至数年的传染性瘟疫，给更多的人带来疾病、死亡、无家可归和饿殍千里。

山东省除了特大水灾和洪涝灾难的威胁以外，还时常面临旱灾、蝗灾、冰雹灾等种种灾祸。历代以来，山东灾荒之频发、种类之繁多、灾情之严重，令人咋舌相叹，几至"无年无灾、无年无荒"之地步。仅以 1912-1949 年间的中华民国时期为例，短短 38 年间，几乎每年都有不同程度的干旱、暴雨灾害出现，其中大旱灾年（全省有 50 个县以上成灾）10 年次，较大范围的暴雨灾害 14 年次，冰雹灾害 20 年次，大风灾害 13 年次，霜冻灾害 16 年次，干热风 17 年次，冰害 3 年次，大水灾 3 年次，大风海浪灾害 10 年次，海冰灾害 10 年次，地面塌陷 3 次，地裂缝 4 次，矿坑突水 1 次（1935 年 5 月 13 日淄博煤矿北大井发生突水，造成 536 人淹死在井下），砂土液化 4 次，地震 47 次，蝗虫 32 年次（重灾 12 年次），粘虫 7 年次，森林病虫害 8 年次。[249]个别年份多种自然灾害还会叠加发生，使自然灾害的破坏性更为严重。特别是在基督教"山东复兴"运动兴起的 1927 年，山东旱灾、蝗灾并发，灾情严重，灾区计有 56 个县，灾民 2,086 万人，大半个山东都受到严重影响。据《山东省自然灾害史》记载，"五月，莘县、沾化蝗蝻生，岁大饥。夏，恩县蝗自西北来，遮天蔽日，后复蝻生，遍地皆是，岁歉。秋，齐河大旱，飞蝗过境，食苗尽。广饶城北之李佛、万全、马琅各乡及城南安二、安七各保皆蝗虫为灾。秋，曲阜飞蝗蔽天，蝻子遍野，秋豆秋禾食之殆尽；饥寒之状莫可言谕。东平岁大凶，麦受丹灾，夏苦旱，秋旱霜，麦，秋均失收。"[250]突发性自然灾害所造成的破坏是毁灭性的，在很短时间之内就会出现人口减少、经济崩溃、社会倒退，甚至引发政局动荡。

247 黄河水利委员会山东河务局编：《山东黄河志》，第 29 页。

248 胡昌图：《清代的黄河治理》，《远东季刊》第 14 卷第 4 期，1955 年 8 月，第 512 页。

249 魏光兴、孙昭民编：《山东省自然灾害史》，北京：地震出版社，2000 年，第 113、119、122、125、126、129 页。

250 魏光兴、孙昭民编：《山东省自然灾害史》，第 130 页。

恶劣的自然条件与脆弱的抗风险能力不协调地结合在一起，造成了山东民众的长期穷困，极易成为引发社会动乱的不安定因素。狄德满在解释义和团运动为何从山东起源时总结到，集体暴力行为的发生一般是由残酷的生存环境引发的，比如自然灾害越来越严重、人口增长与粮食生产之间的矛盾扩大等，[251]这些因素带来的生存压力很容易导致社会冲突及其升级，义和团运动的爆发就是例证之一。山东大学博士生李楠以鲁西北为例，证明了自然生态的脆弱性与社会生态的不稳定性之间存在因果关系，自然灾害频发经常是乡村动乱的导火索和助燃剂。[252]长期挣扎在饥饿与贫穷边缘的山东人要么忍耐，要么爆发，时常游离于顺从老实与造反抗争之间，从而使得山东居民的性格呈现一种多样化、复杂化、极端性的特点。社会危机越严重，民众性格中的激情就越需要释放，规模宏大的集体行为就越容易出现，国际学术界高度关注的义和团运动和"山东复兴"运动皆是发源于山东省，虽然一个是排外反教运动，一个是基督教复兴运动，但二者都是扎根于中下层民众的社会运动，都是社会危机加重和民众情绪释放的绝佳范例。

二、山东省的政治与经济环境

基督教"山东复兴"运动兴起的二十世纪上半叶是山东省乃至整个中国极为动荡的一段时间。政治上，政权更替，国体变迁，内乱外敌，争乱不休；经济上，小农破产，百业凋敝，天灾人祸，濒临崩溃。社会矛盾极为尖锐，社会冲击极为严重，不仅列强与中国之间的民族矛盾不断升级，中国沦为半殖民地半封建社会的程度不断加深；而且不同政权、不同党派、不同阶层的内部矛盾不断激化，中国民众的生活质量严重下滑，经常在饥饿与死亡的边缘上挣扎。中央政府控制能力的弱化以及宗教信仰自由政策的制定，为中国宗教发展提供了相对宽松的政治和制度环境，各种备受压制的信仰体系迎来了千载难逢的发展机遇，包括"洋教"基督教和"土教"民间宗教在内的各种宗教都得以自由发展，普遍掀起了复兴运动的高潮。

---

251 狄德满：《华北的暴力与恐慌：义和团运动前夕基督教传播与社会冲突》，崔华杰译，南京：江苏人民出版社，2011年，第2页。

252 李楠：《趁乱立足：美国公理会与山东民间秘密教门关系初探》，《宗教学研究》2018年第1期，第210-216页。

政权不稳、战乱频繁是二十世纪上半叶山东政治的主题词。在这段时间里，中国的国体和政体都发生了深刻变化，辛亥革命结束了长达两千年的封建帝国统治，1912 年中华民国的成立宣告了中国开始进入共和体制，1949 年中华人民共和国的建立更标志着中国正式开启历史发展的新篇章。这一系列历史巨变的过程中，充满了斗争与冲突。山东人多地广，战略位置重要，正是各方势力抢占地盘、攫取资源、征兵收粮的绝佳对象，因此遭到多方觊觎，被轮番劫掠。仅以民国为例，自 1911 年 11 月 13 日山东宣布独立至 1949 年中华人民共和国成立，主政山东的最高军政长官达 21 人之多，称谓不一，或曰"都督""督军""将军"，或曰"督办""主席""省长"，[253]历任军政领导包括孙宝琦（1911.11-1911.12）、吴大洲（1911.12-1912.1）、胡瑛（1912.1-1912.3）、张广建（1912.3.15-1912.3.28）、周自齐（1912.3.28-1913.8）、靳云鹏（1913.8-1916.5）、张怀芝（1916.5-1918.6）、张树元（1918.6-1919.12）、田中玉（1919.12-1923.10）、郑士琦（1923.10-1925.4）、张宗昌（1925.4-1928.4）、石敬亭（1928.4-1928.5）、孙良诚（1928.5-1929.3）、陈调元（1929.3-1930.9）、韩复榘（1930.9-1938.1）、马良（1938.1-1939.1）、唐仰杜（1939.1-1945.2）、杨毓珣（1945.2-1945.8）、李延年（1945.8-1946.1）、何思源（1946.1-1946.10）、王耀武（1946.10-1949.6）等，他们走马观灯般地轮番登台，你方唱罢我登场，除少数人力挽危局使山东略有发展之外，大多数人并没有给山东带来任何福利，反而加重了山东的负担。特别是北洋军阀统治时期，山东每次易督，经济和财政都会陷入极端混乱不堪收拾的地步。1912 年督鲁的周自齐，在任职不足一年半的时间里，巧立名目，贪污公款，积蓄了大量钱财。[254]1918 年 6 月接任山东督军的张树元因侵吞军饷 300 余万元遭到省议会弹劾，遭撤职了事。[255]最臭名昭著的当属张宗昌，为维持军队开支和满足个人私欲，不惜竭泽而渔，焚薮而田，督鲁仅仅三年，个人聚敛钱财就达到 3 亿元，各种苛捐

253 王家鼎：《民国时期山东省军政长官人事更迭一览（1912-1949）》，中国人民政治协商会议山东省委员会文史资料研究委员会编：《山东文史资料选辑》第 14 辑，济南：山东人民出版社，1982 年，第 74-105 页。

254 张公制：《曾经统治过山东的几个军阀（上）》，中国人民政治协商会议山东省委员会文史资料研究委员会编：《山东文史资料选辑》第 16 辑，济南：山东人民出版社，1983 年，第 121-146 页。

255 刘大可：《民国时期山东财政与地方专权》，《东岳论丛》2000 年第 5 期，第 90-95 页。

杂税超过正税的五六倍以上，个别县的附加税甚至超过正税数十倍，十年以后的赋税都被提前预征。[256]不仅如此，张宗昌还纵容部队公然抢掠，强征牛马粮草，致使民不聊生、民怨沸腾。政局动荡，军阀混战，横征暴敛，匪乱频出，这些不安定因素给民众心理带来极大的不安全感，为宗教复兴提供了内在动力。

从经济发展来看，近代山东乃至中国社会百业凋敝，社会经济落后，百姓生活困苦。正如《剑桥中华民国史》所描述的："要概述从清末到人民共和国成立这段时期的中国经济史，调子必然是低的。在1949年以前的年代，看不到趋于总产量持续增长的'起飞'，及其带来个人福利增长的可能性。绝大多数中国人至多不过勉强维持生存而已。"[257]中国是一个农业大国，山东则是一个农业大省，山东农业经济是全国的一个缩影。在近代经济发展史上，山东地方财政收入长期以农业为主，在北洋军阀统治时期（1912.1-1928.4），山东田赋收入占地方财政总收入的比例介于91.37%到58.57%之前，平均为73.87%；而在国民党统治前期的1931-1934年间，田赋税收平均占财政总收入的77%，[258]可见农业生产在山东经济中所占的重要地位。然而，近代山东的农业经济处于持续的衰落过程，从内部条件来看，庞大的人口基数和有限的土地产出，使得山东省的人地矛盾一直较为突出。山东数千年来一直是农业大省，但却不是农业强省，世代承继的耕作方式，千篇一律的作物种类，对人力畜力的严重依赖，抗风险能力的严重不足，使得农业生产效率低下，农民生活水平不高。美国学者马若孟总结出农民经济面临的四个最主要的外部打击和干扰因素，包括自然灾害、战争、税收增加和价格波动，农民不能预知也无法控制这些打击。[259]种种不利因素把农民推向了绝对贫困的境地，因此有了"农村经济破产""农业崩溃"的呼喊。[260]

256 吕伟俊：《张宗昌》，非正式出版物，1987年，第135-158页。

257 费正清编：《剑桥中华民国史：1912-1949年》（上卷），杨品泉、张言等译，北京：中国社会科学出版社，1993年，第35页。

258 《复兴月刊》，1935年第4期，第6页。

259 马若孟：《中国农民经济：河北和山东的农民发展，1890-1949》，史建云译，南京：江苏人民出版社，2013年，第337页。

260 刘家峰：《中国基督教乡村建设运动研究（1907-1950）》，第39页。

在政治动荡、经济凋敝的情况下，山东民众的生活苦不堪言，难以为继。正如美国学者卫斯理·汉迪所总结的那样："1899-1949 的五十年间，军阀割据、世界大战、列强入侵、灾难横行、饥荒遍袭，再加上传统宗教的不断衰落和世界经济的巨大变迁，山东人民所遭受的苦难一言难尽。"[261]军阀混战给山东带来的负面影响是极为沉重的，历次兴兵作战都产生大量灾民，美国华灾协济会的特约通讯员田伯烈在发给美国纽约总部的电报中说："但见万千勤恳耐劳之老农，生机狭窄，将渐渐饥饿而死，其前途真不堪设想也。途中见手车多辆，高载什物，扶老携幼，向北逃荒者，络绎不绝。"[262]山东频发的自然灾害带来的打击更是毁灭性的。1925-1927 年间，鲁西南数县先旱后雨，民众受损惨重，"今年苦旱，夏日无收，秋禾未得播种，以故居民乏食，迁徙流离，或出卖妇女，或以小孩易粮，或远走关外，或散之四方。以至全城居民，仅遗十分之三四。而其中之贫病待毙者，又居半数。灾民概以糠秕及野菜为食，亦食草根树皮，甚至有食破毡及败棉者。其忍饿不胜、典卖罄尽、借贷无门者，或闭门不出，任令饿毙，或悬梁自尽，以速其死。此均数见不鲜之事。"[263]在一波波天灾人祸的轮番践踏下，山东灾民遍地，饿殍盈野，生命财产遭受了极大损失。华洋义赈会山东分会 1928 年的调查显示，山东人口每年都减少 200 余万[264]；当年灾区共有 56 县，面积占全省总面积的 6/10，灾民人口占全省总人口的 1/2 强[265]；山东最困苦之灾民，总计有 1,000 万以上，约占全省人数的 1/4[266]。

对于普通的社会中下层民众来说，这种在死亡线上垂死挣扎的生存危机不是偶然发生的特例，而是日常生活的常态。山东民众对此做出的社会回应最常见的有三种生存策略：加入匪帮以暴力求生存，远走他乡以迁徙谋生路，留在原地靠信仰度余生。选择暴力求存的土匪虽然给其他民众带来深重灾难，

---

261 Wesley L. Handy, "An Historical Analysis of the North China Mission (SBC) and Keswick Sanctification in the Shandong Revival, 1927-1937," p. 206.

262 《真鲁边界灾民络绎逃荒》，《晨报》，1928 年 5 月 1 日，第 2 页。

263 华洋义赈会报告：《山东灾民竟以破毡败棉充饥，饥民采毒草为食，因毒毙命者不计其数》，《晨报》，1928 年 2 月 22 日，第 2 页。

264 集成：《各地农民状况调查——山东省》，《东方杂志》第 24 卷第 16 号，1927 年，第 134-135 页。

265 华洋义赈会调查：《鲁省奇灾》，《晨报》，1928 年 4 月 22 日，第 2 页。

266 华洋义赈会报告：《鲁省在春收前有三百万人待赈》，《晨报》，1928 年 4 月 24 日，第 2 页。

但其实他们也是脆弱生态环境和腐朽无能政府的受害者，土匪的来源既有走投无路的青壮农民，也有部队流兵，甚至由防御土匪的民团组织演变而来。民国时期山东匪乱成灾，甚至号称"各省之冠"，全省土匪团伙不下几十处，每处人数几百上千不等，匪首常常是些死硬分子，有着响亮的名头，比如"徐大鼻子""曹二虎""孙矮子""乔老娘"等。[267]全省皆有匪出，但以鲁西最盛，曹州、巨野、梁山、汶上、兖州、郯城、临沂一带都是历史上有名的匪乱发源地。北洋军阀统治时期的蒙阴县土匪亦极为猖獗。1927 年 5 月的一篇新闻报道中提及："蒙阴处万山之中，地势非砂即石。本极穷苦之区域，近二年来，匪灾、兵灾、旱灾、水灾，纷至沓来，惨苦情状，言之坠泪，闻之伤心，试详以闻。蒙阴接近蒙山，素为土匪出没之区，自战事发生，土匪气焰，日高千丈，大股匪首，李堂刚、刘黑七……赵得胜等，统计将近万人，均以蒙山为渊薮，焚烧淫掠，倍极惨酷。"[268]占山为王、聚众为匪固然可以在非常严酷的社会环境中杀出一条血路，但因其生存模式的不可持续性，最终常以被政府招安或彻底剿灭而告终。选择第二种生存策略以迁徙求生存的人数更众，作为人口流出大省的山东，历史上曾多次掀起人口迁移运动，最主要的移民方向就是东北，自清朝入关至新中国成立的三百多年时间里从未停止，即便在清政府对东北实行封禁时亦是如此，[269]更在二十世纪上半叶出现两次"闯关东"高潮。最主要的移民线路有两条，鲁东半岛地区的民众主要在青岛、烟台、威海等港口乘船经由海路到达东北[270]；来自泰安、曲阜、宁阳等鲁西地区的民众主要搭乘胶济铁路转津浦铁路经由陆路北上[271]。在二十世纪二十年代后期，东北每年移入灾民不下 100 万人，其中最多者为山东人。[272]山东移民的迁出地范围十分广泛，几乎涉及全省，以受灾最为严重的山东中

---

267 中华续行委办会编：《中华基督教会年鉴》（再版）第 8 册，1925 年，台北：中华教会研究中心、橄榄文化基金会联合出版，1983 年，第 6-7 页。

268 《张宗昌铁蹄下之蒙阴饥民惨状》，《汉口民国日报》，1927 年 5 月 10 日，第 3 页。

269 孙合秀：《晚清民国时期山东移民东北问题研究》，硕士学位论文，南京师范大学，2011 年，第 10 页。

270 辽宁省档案馆编：《满铁密档·满铁与劳工》第 1 辑，桂林：广西师范大学出版社，2003 年，第 134-143 页。

271 高劳：《山东之苦力》，《东方杂志》第 15 卷第 7 号，1918 年，第 23 页。

272 朱偰：《满洲移民的历史和现状》，《东方杂志》第 25 卷第 12 号，1928 年，第 9-22 页。

西部地区为最多，包括费县、沂水、莒县、蒙阴、济南、泰安、兖州等都是重要的移民来源。1931-1937 年，日本一度采取移民限制措施阻止山东人移民东北，但是卢沟桥事变发生后，日本为在东北实施"北边振兴计划"，又于 1938-1945 年间大规模招募山东劳动力到东北做苦力，因此移民东北的人数再现突变式增长。[273]山东灾民流浪东北，千里迢迢，长途跋涉，极其艰辛，沿途饿死者、冻死者、病死者、被迫卖儿鬻女者不计其数。

除了上述两种生存策略之外，还有部分山东民众求诸于某种信仰体系，在某位或某几位具有超自然大能的神灵庇护下寻求精神慰藉。灾难的频发与生命的无常，很容易让人产生绝望无助、恐惧彷徨的不安全感，而宗教最基本的功能就是为茫然无措的人们提供一种能力感、接纳感和依靠感，有的宗教团体还会在精神抚慰的同时更进一步，为成员提供互助救济和物质保障，依靠"抱团取暖"的集体力量彼此支持，共渡难关。类似组织对于走投无路的赤贫底层和破产农民来说无疑具有很大的吸引力。在整个风雨飘摇的二十世纪上半叶，虽然中国政局动荡，经济崩溃，天灾人祸接踵而至，社会各个行业均受到严重冲击，但是为人们提供精神慰藉的宗教不仅没有归于消沉，反而更为兴旺。有证据显示，宗教复兴与繁荣是民国时期各宗教界的普遍现象，特别是更加关心世俗生活的基督教、伊斯兰教、佛教、民间宗教等均出现了不同程度的"信仰热"。这在高举理性主义旗帜、反对迷信和泛神崇拜的近代中国的确不同寻常，在号称"文化正统"大省的山东更不寻常。这一现象的产生有多方面的原因，首先，官方政府或忙于获取私利，或疲于应对战争，对民间社会的管控能力明显下降，从而为民间结社力量的抬头提供了前所未有的宽松环境。其次，公众的宗教信仰自由获得了合法地位，1912 年的《中华民国临时约法》首次赋予公民宗教信仰和结社自由，1914 年的《中华民国约法》、1933 年的《中华民国宪法》、1937 年的《中华民国训政时期约法》和 1947 年的《中华民国宪法》均对这一原则予以确认。最后，宗教所能发挥的功能与乱世之中的民众对于信仰的心理需求之间存在高度契合性，不同国家和不同时期的多个案例都表明，社会危机和个人苦难的加剧往往是宗教复兴运动兴起的内在原因。

---

273 孙合秀:《晚清民国时期山东移民东北问题研究》，硕士学位论文，南京师范大学，2011 年，第 21 页。

1927-1937 年间的"山东复兴"运动是民国时期基督教复兴的最高潮, 它产生于政权更替、经济衰退、匪乱横行、灾难频繁的社会危机之中, 为饱受苦难的山东中下层民众提供了精神慰藉和物质保障。鲁东地区由美南浸信会传教士积极参与的复兴运动, 通过宣讲世界末日、认罪悔改、集体祷告等教义, 引导信徒在单调乏味或水深火热的日常生活中追求"圣灵充满"的激情体验, 在与上帝直接、亲密的互动中获得继续生活的勇气。鲁中潍县地区由本土基督徒领袖张灵生、张巴拿巴创办的"耶稣真教会"（后并入真耶稣教会）, 一方面吸收了世界五旬节运动中前千禧年主义的末世观、方言灵洗的鲜活教义, 另一方面又打出民族主义和爱国主义的旗号, 在华人教会自立运动中脱颖而出, 成为基督教本土化的典范。鲁西泰安地区由中国基督徒敬奠瀛发起的耶稣家庭, 将西方五旬节主义的核心主张与中国儒释道民间宗教等文化传统要素有机结合起来, 在主流社会之外另辟一方天地, 以共同信仰、共同生产和共同生活的方式满足成员精神和物质两方面的需求。鲁西南费县兴起的灵恩会以一种自发的、无组织的方式在美北长老会等主流教会内部流行起来, 受到华人自立教会和基督教本色化运动的影响, 它们也开始与西方差会划清界限, 当外国传教上对新兴的五旬节教义表示反对时, 灵恩会不惜与原有教会反目成仇。这在一定程度上意味着, 与自诩"信仰正统"的西方主流教会和中国儒家文化相比, 在西方社会中下阶层中大受欢迎的五旬节运动更容易获得中国中下层民众的欢迎。对苦难深重的普通信众而言, 他们最关心的并非教义是否正统, 神职人员的训练是否系统, 而是宗教的灵验性与践行性。正是在不断追求"圣灵充满"和圣灵恩赐的新奇体验中, "山东复兴"运动掀起了长达十年的复兴高潮。

三、山东省的历史与文化环境

山东自古号称"齐鲁文明礼仪之邦", 历史悠久, 文化灿烂, 名人辈出。山东是中华民族古老文明发祥地之一, 目前发现最早的山东人——"沂源人", 可以把山东的历史上推到四五十万年以前。从古史传说和考古发掘可见, 早在新时期时代, "东夷文化"就在山东大量存在, 诸如饮食器物、衣着装饰、生产工具、图腾崇拜、山川信仰等, 都呈现山东的地方特色。[274]山东还是人文始祖、东夷领袖太昊、黄帝、蚩尤和尧舜的故乡, 历史上就有仓

颉创字的记载。举世闻名的原始社会末期的大汶口文化、龙山文化都是东夷文化的重要组成部分。[275]春秋战国时期的齐国和鲁国文化发达，涌现出一大批著名的思想家、政治家、军事家、艺术家等，奠定了今日山东文化的气质。姜太公在临淄建立齐国，成就了齐桓公、管仲、晏婴、鲍叔牙、孙武、孙膑等一大批志士名人，还创建了世界上第一所官方举办、私家主持的高等学府——稷下学宫；而号称"礼仪之邦"的鲁国，更是孕育了儒家思想的创立人孔子、孟子，以及墨家思想的创始人墨子、军事家吴起等众多享誉世界的伟大人物，不仅大大丰富了齐鲁文明的内涵，更对全国甚至全世界的思想文化建设做出了卓越的贡献。

山东地区的宗教信仰活动源远流长，长盛不衰。从甲骨文记载的对"天""帝"等的敬拜，到佛教、道家、伊斯兰教、天主教、基督教等制度化宗教，再到种类繁多、随处可见的民间信仰等，都可以在山东找到自己的忠实追随者，反映了山东民众在精神信仰方面的刚性需求以及兼收并蓄的开放心态。从历史上看，从山东起源、最终走向全国的宗教信仰团体有很多，比如清朝的八卦教，民国时期的一贯道，世界红卍字会，基督教团体耶稣家庭等无一不是从山东发芽全国开花的典范，足见山东在中国宗教信仰文化方面的重要性。从另外一个方面也说明，山东的信仰生态土壤非常肥沃，易于产生各种不同的信仰体系，各种体系之间既竞争对立，又同生共处，形成了一种既具张力又有弹性的并存局面。山东人在信仰方面呈现的特点既体现了华北地区乃至整个华人文化圈的共同性，也有鲜明的山东地方特色。

佛教起源于公元前六世纪至五世纪的古印度，其创始人是释迦牟尼（公元前 565-前 485），其基本教义把现实人生断定为"无常""无我"和"苦"，各种不幸皆由每个人自身的"惑"和"业"所致。唯有依据佛教的经、律、论三藏经典，修持戒、定、慧三学，彻底改变自己的世俗欲望和认识，才能要摆脱痛苦，超出生死轮回达到最高目标，即"涅槃"或"解脱"。[276]佛教于公历纪年前后传入中国，东汉末年开始出现汉译版佛教经典，此后进入广泛传播的快车道。中间虽历经多次灭佛运动的坎坷和打击，总体仍持

---

275 山东省人民政府：《齐鲁文化 博大精深》，2017 年 6 月 9 日，http://www.shandong.gov.cn/art/2017/6/9/art_2956_70885.html，2019 年 2 月 22 日。

276 山东省地方史志编纂委员会编：《山东省志·少数民族志·宗教志》，济南：山东人民出版社，1998 年，第 300 页。

发展态势，隋唐时期达到鼎盛。宋代以后，佛儒道走向融合，成为影响中国哲学、道德、文学、艺术等多个领域的重要思想来源。佛教传入山东的时间大约在两汉时期，以大乘佛教为主，南北朝时期初盛，隋唐进入鼎盛，清末民初开始衰落，民国期间因受"庙产兴学"风波影响，佛教寺庙数量有所减少。为此佛教界提出"保护寺产，振兴佛教"的口号，并出现了以居士为中心的佛教组织，发起了"佛教复兴运动"。1914 年，济南成立佛教教育团体"佛学社"，佛学研究团体"济南佛学社阅经处"和修养团体"济南女子莲社"。[277]1929 年在上海成立了全国性的佛教团体"中国佛教会"，圆瑛担任主席。截至 1936 年 4 月，已在全国各省县建立 480 处佛教会，其中包含山东的 16 处佛教会。[278]平信徒以"善缘"为旗号，通过施粥、发衣、战地救济等方式推动了佛教的复兴运动。[279]

道教是以"道"为最高信仰的中国本土传统宗教，产生于公元二世纪东汉中叶，在中国古代道家思想的基础上，沿袭方仙道、黄老道某些宗教观念和修持方法逐渐形成。道教尊崇老子和庄子，以《道德经》为主要经典。有的学者主张哲学性的道家学派与宗教性的道教是有区别的，前者以老庄思想为主，是纯哲学理论；而后者的核心目标是追求肉身的长生不老。但是更多的学者认为，历史上各种各样的道家和道教都是统一的，不管是玄学家、神秘家还是道士，他们都有共同的人生目标，即在人格中达到终极实在的两种显现（阳和阴，物质和精神，生命和死亡）的统一。[280]魏晋以后，道教受到封建统治者的扶植利用，在有些朝代还卷入了宫廷政治活动；民间则继续流传通俗形式的道教，从中还演化出一些秘密宗教。道教在长期发展过程中，积累了大量经籍，后被编入《道藏》，对中国封建社会的政治、经济、哲学、文学、音乐、艺术、医学、药物学、养生学、气功学、化学、天文、地理和社会心理学、社会习俗等产生过不同程度的影响，是中国古代文化遗产不可分割的组成部分。山东是中国道教发祥地之一。先秦时期，齐国等地盛行巫术、

277 安作璋编：《山东通史·近代卷》（下册），北京：人民出版社，2009 年，第 182 页。

278 C. Kuan, "Buddhism," Chao-Ying Shin & Chi-Hsien Chang, *The Chinese Year Book 1936-1937 Second Issue*, Shanghai: The Commercial Press, Ltd., 1936, p. 1449.

279 W. Y. Chen, "The Ancient Religion of China Today," *The China Christian Year Book 1936-1937*, 1937, pp. 101-110.

280 米尔恰·伊利亚德：《宗教思想史》，晏可佳、吴晓群等译，上海：上海社会科学院出版社，第 480-481 页。

神仙方术和黄老之学，为中国早期道教两大派别之一的太平道产生提供了条件。历史上山东道教派别较多，元朝以来主要有全真道和正一道。全真道起源于山东宁海（今牟平），明朝以后衰落，但迄今为止仍是山东省道教的主要派别。[281]民国时期山东道教也受到"庙产兴学""扒神逐道"运动的冲击，在社会上层逐渐失宠，但在民间社会依然广受欢迎，山东境内几乎每户有灶王像，每村有土地庙，每社有关帝庙，每县有城隍庙。山东省道教文化遗存丰富，泰山碧霞祠、龟蒙山万寿宫、崂山太清宫、济南长春观等宫观均历史悠久，在山东各地持续发挥影响。

伊斯兰教产生于公元七世纪的阿拉伯半岛，创始人是默罕默德（约公元 570-632 年），信仰真主阿拉，并宣称"除安拉外，再无神灵！"[282]信仰伊斯兰教者，通称穆斯林（阿拉伯文音译，意为顺服者）。伊斯兰教的基本信仰是：信安拉（真主）、信天使、信经典、信使者和信末日，以《古兰经》为根本经典。"古兰"一词的本义是"诵读"。穆斯林认为，是真主通过天使哲布勒伊来在 23 年间陆续向穆罕默德降示的天启，后组成一部"诵读的经典"。[283]中国穆斯林的基本功课有 5 项，简称"五功"，即念、礼、斋、课、朝。主要节日有开斋节、宰牲节、圣纪、盖德尔夜、登宵节、阿舒拉日、拜拉特夜等。伊斯兰教于公元七世纪中叶唐永徽年间传入中国，宋元以后发展起来，明清时期受到压制。现主要为回族、维吾尔族、塔塔尔族、东乡族、撒拉族、哈萨克族、乌孜别克族等十个少数民族所信仰。[284]山东省伊斯兰教，主要自十三世纪随回族先民徙居繁衍而传播，明末清初出现了伊斯兰教学者和经堂教育。山东省伊斯兰教属于逊尼派，以履行哈乃斐学派（逊尼派四大教法学派之一）为主。[285]山东省伊斯兰教以寺坊为行政单位，寺坊是以清真寺为中心，包括其周围穆斯林居民的传统组织。清末民初以来，虽然佛、道教渐趋衰落，伊斯兰教反有复兴迹象。根据英文版《中国年鉴（1936-1937）》记载，截至 1937 年，中国共有穆斯林48,104,240 人，清真寺 42,371 座，其中分布在山东省的有穆斯林 2,890,430

---

281 山东省地方史志编纂委员会编：《山东省志·少数民族志·宗教志》，第 303 页。
282 米尔恰·伊利亚德：《宗教思想史》，第 1000 页。
283 周燮藩、沙秋真：《伊斯兰教在中国》，北京：华文出版社，2002 年，第 23 页。
284 金宜久编：《当代伊斯兰教》，北京：东方出版社，1995 年，第 383 页。
285 山东省地方史志编纂委员会编：《山东省志·少数民族志·宗教志》，第 304 页。

人和清真寺 2,513 座。[286]

　　相比于佛教和伊斯兰教，基督教（广义基督教，含天主教、东正教和基督新教）传入中国的时间较晚，并且过程坎坷，多次中断。一般认为基督教曾四次传入中国，即唐代的景教，元代的也里可温教，明代的天主教和清朝的耶稣教。[287]中间或因为王朝更替，或因为政府禁止，基督教传播数度中断，直到清朝末年才得以生根发芽，开枝散叶，成为中国宗教信仰体系的重要组成部分。基督教在山东的传播也有悠久的历史，查丁（Chardin）认为早在基督教初次入华的唐代，山东基督教事业就很繁荣，元代时山东已经出现了一些教徒聚会团体。[288]元朝灭亡后，基督教在华传播中断。到明代中叶，耶稣会和圣方济各会都向山东派出传教士，耶稣会主要在济南、泰安附近活动，发展士大夫知识分子；方济各会分布区域更广，并以下层民众作为重点发展对象，陆续在济南、兖州、济宁、临清、禹城、烟台、莱州等建立教会。[289]多明我会于 1660 年左右传入山东，主要在济宁等地活动。[290]天主教各教派经过二十年的努力，到 1670 年已吸引 4,000 多人入教。[291]到康熙末年的 1723 年，山东各地都有基督教组织，基督徒人数数以千计。[292]"礼仪之争"之后清政府实行禁教政策，但仍有部分传教士秘密从事传教活动，继续发展教徒。截至解除禁令前的 1842 年，山东已有 5,020 名受洗天主教徒。[293]两次鸦片战争之后，天主教和基督新教迎来快速发展阶段，截至 1937 年，山东省天主教共有 11 个教区，天主教徒 258,463 人。[294]因为其进入是以中外不平等条约为

---

286 Ha Kuo-tung, "Mohammedanism," Chao-Ying Shin & Chi-Hsien Chang, *The Chinese Year Book 1936-1937 Second Issue*, Shanghai: The Commercial Press, Ltd., 1936, p. 1501.

287 王治心：《中国基督教史纲》，上海：上海古籍出版社，2004 年，第 3 页。

288 John J. Heeren, *On the Shantung Front: A History of the Shantung Mission of the Presbyterian Church in the U.S.A., 1861-1940 in Its Historical, Economic, and Political Setting*, p. 32.

289 沈云龙编：《天主教传入中国概观》，台北：文海出版社有限公司，1971 年，第 25 页。

290 安作璋编：《山东通史·近代卷》（下册），第 166 页。

291 J. S. Cummins, *A Question of Rites: Friar Domingo Navarrete and the Jesuits in China*, Aldershot, Hants: Scolar Press, 1993, p. 110.

292 John J. Heeren, *On the Shantung Front: A History of the Shantung Mission of the Presbyterian Church in the U.S.A., 1861-1940 in Its Historical, Economic, and Political Setting*, p. 36.

293 Robert C. Forsyth, *Shantung, the Sacred Province of China in Some of Its Aspects*, p. 164.

294 安作璋编：《山东通史·近代卷》（下册），第 171 页。

背景的，其教义与中国传统文化体系多有抵触，因此激起了中国人特别是士大夫阶层的强烈反对，所以由基督教传播导致的教案频出，引发了义和团运动、非基督教运动等多次排外反教运动。

除了上述主流宗教之外，山东地区还遍布着各种各样的制度化色彩稍弱、存续时间长短不一的民间宗教和非正式信仰体系。民间宗教虽然大多未经当局认可，但在社会中下层十分流行，其教义教理往往糅合了儒释道三教的部分词汇，并与民俗传说与民间生活相结合，经常被正统文化和社会上层斥为"异端"或"迷信"，长期以秘密的、非法的身份存在，一旦威胁到政权的安全稳定很容易遭到镇压。由于山东特殊的政治、文化和社会条件与地位，不少发源于山东的教派与会社都走出了山东，影响力扩至全国甚至多个国家和地区。正如山东大学路遥教授所言："自清代以来，华北地区出现许多重要教门，其中大部分产生在山东而且在全国具有影响，如清代八卦教、民国时期一贯道，都是全国最大的秘密社会组织，均起于山东而扩展至全国。"[295]以发端于晚清的一贯道为例，自山东萌发之后得到快速传播，势力遍及全国多个省份，一度发展到可与国、共两党分庭抗礼的程度，[296]1945 年抗日战争胜利后传到台湾，同时不断向韩国、日本、泰国、缅甸、马来西亚等东亚、东南亚国家传播。1970 年代以后，以台湾一贯道为总部，逐渐扩展到美国、加拿大、澳大利亚、新西兰、印度、巴西、英国、法国、德国等六大洲 80 多个国家和地区，全球信徒数量数以百万计，成为目前最具国际化的中国本土型信仰实体。[297]世界红卍字会是另一个起源于山东的宗教组织，成立于二十世纪二十年代前后，此后数年间推展至大半个中国，并传至日本、朝鲜、新加坡、马来西亚、美国等国，至今不衰，其教义融合了儒、释、道、耶、回五教，以内修外慈、救己度人为宗旨，实现联合世界、拯救世界、世界"大同"之理想。[298]晚清以来，由于国势衰弱，内忧外患，社会动荡，民不聊生，山东民间宗教获得了前所未有的大发展，对山东社会产生了深刻的影响。

---

295 路遥：《山东民间秘密教门》，北京：当代中国出版社，2000 年，前言，第 1 页。

296 孙惠强：《1950，北京铲除一贯道邪教》，《档案春秋》2009 年第 9 期，第 12-16 页。

297 清史所：《一贯道发展论：劫波之后从台湾走向世界》，2010 年 12 月 26 日，http://www.iqh.net.cn/info.asp?column_id=5559，2019 年 2 月 22 日。

298 李光伟：《世界红卍字会及其慈善事业研究》，合肥：合肥工业大学出版社，2017 年，第 1 页。

值得注意的是，山东不仅仅是"正教大省"，是正统文化的发源地和集散地，同时也是秘密教派和民间信仰非常兴盛的省份，理性主义与非理性主义两种传统并行不悖，长期共存。长期在中国社会居于正统和主导地位的儒家思想就是产生于山东，儒家思想影响甚巨。由登州文会馆毕业的美北长老会牧师李道辉观察到，"吾华人尊崇孔孟，由来已久，而山东人民为尤甚。一般人氏脑海中，只知有孔孟焉耳"[299]。山东大学颜炳罡教授也曾指出："中国人从治国平天下之惊天伟业到个人之微言细行，皆折衷于孔子，汇归于儒家。历代帝王，名义上大都打出以孔子之道治天下，以彰显其治理国家的合理性与合法性。"[300]而孔子是位理性主义者，儒家的主流方向也是理性主义，不讲究玄虚怪诞，不重视神迹奇事，不强调情绪体验，它以平实如理的方式追求社会秩序和社会稳定。但即便是在最为重视秩序和稳定、最为追求理性主义的山东儒生，历史上也曾出现多次越轨集体行为，比如名震中外的"黄崖山事件"。该事件的主要载体原本是清朝同治年间在山东肥城、长清交界出现的为抵御捻军等匪乱而建立起来的一个互助自卫组织，以儒家太古学派（或泰州学派、大成教）的理论为基础，融合了部分佛教、道教因素，在出生于江苏扬州后迁至山东黄崖的官僚地主张积中的号召下，自 1861-1866 年的五年时间里吸引了八千户各阶层人士前来聚居，组建了一个集宗教、政治、军事、教育、经济、医疗等功能于一身的独立世界，最终被山东地方政府认定为"邪教"而予以残酷镇压，上万人遭到杀戮。[301]张积中的老师周星垣号称太古学派创始人，此人"贯穴六经，傍通老释"，加之能"练气辟谷，符篆役鬼"，因此"遨游士商间，门徒寝盛"。[302]张积中定居黄崖之后，亦"以其术教人"，吸引了数以万计的山东人追随，其中不乏著名儒家学者、地方官员、乡村精英，亦有大量中下层民众。面对清政府的大兵压境和招降苦劝，竟无一人为之所动，除四百余妇女幼童之外无一幸存。这种为维护自身信仰

---

299 李道辉：《山东教会》，中华续行委办会编：《中华基督教会年鉴》（再版）第 4 册（1917 年），第 52 页。

300 颜炳罡：《心归何处：儒家与基督教在近代中国》，济南：山东人民出版社，2005年，第 1 页。

301 裴宜理、汤姆·张：《黄崖之谜：晚清时期一场有争议的"叛乱"》，刘晨译，刘平校，《苏州文博论丛》2013 年第 4 期，第 60-74 页。

302 Elizabeth J. Perr，毛绍磊等：《晚清黄崖山案之惑》，《档案》2016 年第 7 期，第38-43 页。

的坚定和忠诚、敢于与政府对抗到底的悲壮与决心，充分体现了山东民众身上复杂的性格特性，既顺从忠诚，又虔诚坚定，在倡导仁义安定的教义与不惜以命相博的暴力中实现了神奇的结合与统一。

除了黄崖山教案之外，山东地区爆发或被波及的多次暴力冲突运动都与宗教有关，经常打着某种或某几种宗教的幌子，比如 1774 年的王伦起义与白莲教有关[303]，1813 年的八卦教起义，1851-1864 年的太平天国起义与基督教有关，1900 年的义和团运动与山东民间宗教有关。清朝民国期间兴起的一炷香、离卦教、圣贤道、九宫道、皈一道、一贯道、一心天道龙华圣教会、红枪会等山东民间秘密教门，无不与当时的执政政权产生相当大的离心力，有的依附于叛逆性的政治组织，有的成为叛逆性的政治组织，最终无不遭到统治政权的镇压。即便如此，只要社会危机持续产生，民众的非理性情绪需要宣泄，多样化的信仰体系就依然有存在的可能性，而山东为各类"正教"与"邪教"滋生提供土壤的历史现象就会依然存续。

山东民众信仰史上层出不穷、各领风骚的各色宗教，充分反映了山东民众对宗教信仰的高度虔诚和宗教情绪宣泄的刚性需求。显然，标榜理性主义和伦理道德的儒家文化等主流正统体系难以满足所有山东民众的信仰热情，既有人需要"居庙堂之高"、严肃严谨的经典正统，也有人需要"处江湖之远"、生动活泼的旁门左道。特别对于苦难深重的中下层民众而言，普通生活于他们而言已然足够同质化，足够仪式化，足具挑战性，他们需要的是更加贴近生活、更有草根气息、更具感染力的多样化选择，他们更需要信仰情绪的宣泄载体，这种需求往往会成为宗教复兴运动的内在动力。社会危机越严重，民众苦难越深重，就越容易兴起宗教复兴运动。

四、山东省基督教事业的发展

山东省基督教（狭义，仅指基督新教，也称更正教、抗罗教等）事业起步较早，发展较快。基督教传入山东的历史可分为传入前期和传入后期。传入前期以基督教伦敦会传教士普鲁士人郭士立（Karl Friedrich August Gutzlaff，其它译名有郭实猎、郭实蜡等）为肇始，他于 1831 年首次在山东胶州登岸，

---

303 韩书瑞：《山东叛乱：1774 年王伦起义》，刘平、唐雁超译，南京：江苏人民出版社，2009 年。

次年又到威海一带散发传单。[304]1835 年，英国伦敦会传教士麦都思（Walter Henry Medhurst）和美国传教士史蒂文斯（Mr. Stevens）也乘船来到山东沿海，在威海和烟台的乡村散发了 20,000 份基督教书籍和宣传单页。[305]此后二十多年时间里，山东省基督教无甚进展，传教士没能建立一个传教点，也没有发展一位中国人成为教徒。[306]第二次鸦片战争之后，清政府被迫于 1858 年与西方列强签订《天津条约》，不仅把登州（后改为烟台）[307]辟为通商口岸，而且允许传教士在中国内地传教，由此基督教和传教士正式在中国获得了合法地位，基督教在鲁传播进入传入后期，并获得快速发展。

第一个进入山东传教的西方差会是美南浸信会。《天津条约》签订的第二年即 1859 年 5 月，花雅各夫妇在山东烟台登陆，1860 年 12 月，海雅西夫妇也前来增援，并于 1862 年冬在登州建立起第一座教会，这标志着基督教扎根山东的肇始。第二个进入山东的西方差会是美北长老会，在倪维思（John Livingstone Nevius）、梅理士（Charles R. Mills）、郭显德（Hunter Corbett）、狄考文（Calvin W. Mateer）等一大批著名传教士的努力下，该差会发展极快，

---

304 Robert C. Forsyth, *Shantung, the Sacred Province of China in Some of Its Aspects*, p. 178.

305 "Voyage of the Hurton: Rounds the Promontory of Shantung," *The Chinese Repository*, vol. 9 (November 1, 1835), p. 326.

306 烟台市人民政府民族宗教事务处编：《烟台市民族宗教志》，烟台：烟台市人民政府民族宗教事务处，1993 年，第 164 页。

307 中英《天津条约》于 1858 年（清咸丰八年）6 月 26 日，由清钦差大臣桂良、花沙纳与英国全权代表额尔金在天津签订。条约第 11 款规定：增开牛庄、登州、台南、潮州、琼州等为通商口岸。后来登州口岸改设烟台。其经过是这样的：1861 年初，清政府任命侍郎衔候补京堂崇厚（满族），为北方三口通商大臣，督办牛庄、天津、登州通商事务。与此同时，英国驻华公使普鲁斯也派驻登州领事毛里逊勘查开埠和筹办领事馆等事宜。毛里逊从天津出发，到德州后沿运河南下，经临清、东昌府（聊城）、济宁州，后北返曲阜，于是年 3 月 5 日到达济南。毛里逊对山东巡抚文煜声称："所有内河各码头均已经见，地隘水浅，大船未能前进"，"仍就登州沿海择定地方。"文煜立即派青州候补知府董步云陪同毛里逊去登州。毛里逊又认为登州"滩薄水浅"，不宜作通商口岸，遂东来烟台，终于看中烟台这一天然良港，当即提出将通商口岸由登州改为烟台。是年 5 月，清政府下旨，改定烟台为通商口岸。崇厚遂即调直隶候补知府王启曾，饬令其同月下旬从天津到烟台专办通商事宜；并请旨派登莱青道道台崇芳（满族）及董步云、登州知府戴肇辰等协办。王启曾经过一番筹划，于同年 8 月 22 日主持烟台正式开埠。

迅速发展为山东省影响最大、人数最多、分布最广的新教差会。[308]英国浸礼会也是起步较早、规模较大的西方差会，该会传教士霍尔于 1861 年 5 月在烟台登陆，后逐渐深入山东内陆。第一批抵达山东的基督教差会无一例外都是以烟台、登州等东部沿海城市为落脚点和跳板向山东腹地挺进的，传播方向是自东向西。[309]随着更多的西方差会将目光移到山东，逐渐出现了另外一条传播路线，即自北方的京津南下，经山东北部进入并不断扩展，由此实现自北向南的传播。通过第二条路线进入山东的西方差会有圣道公会、美以美会、美国公理会等。此外，还有一些规模较小的差会自江苏、河北、河南等与山东交界地区进入山东传教，开辟了自西向东、自南向北的传播路线，不过与前两种路线相比，其影响力相对有限。经过各差会传教士的共同努力，山东基督教获得了飞速发展，短短四十年内就有 20 个西方差会来山东传教。为扩大社会影响，有的还办学校，建医院，开展社会救济和慈善工作等。截至 1920年，山东省的布道区数量全国第一，信徒人数全国第二，基督徒占总人口的比例几乎是全国平均水平的两倍，仅次于福建、广东，居全国第三位。[310]

西方差会和传教士之所以选择山东作为传教目的地是出于多方面的综合考虑。首先，山东因地理位置优越，因而被西方列强所觊觎，是较早纳入不平等条约体系的省份。山东为沿海要区，承受西方文化的冲击既早且巨。[311]早期基督教势力是在西方政治军事的保护下依仗丧权辱国的条约机制进入山东的，西方差会和传教士的大规模进入，正是在 1858 年《天津条约》将登州辟为通商口岸之后，而山东沿海的登州、烟台、黄县等亦成为山东最早建立基督教会的地方。从这个方面可以看出早期基督教传播与西方资本主义政治势力对华侵略之间的密切关系。其次，山东省的地理纬度与欧美部分地区相似，有利于西方国家的传教士更快地适应这里的气候。特别是位于东部沿海地区的登州、芝罘、青岛等地，冬暖夏凉，宜人宜居，成为早期外国传教士来

---

308 陶飞亚、刘天路:《基督教会与近代山东社会》，济南：山东大学出版社，1994 年，第 12 页。

309 孙建中:《近代山东基督教教区研究》，硕士学位论文，复旦大学，2009 年，62-63 页。

310 中华续行委办会调查特委会编:《1901-1920 基督教调查资料（原《中华归主》修订版）》（上卷），第 518、527、530 页。

311 张玉法:《中国现代化的区域研究——山东省，1860-1916》（上），台湾：中央研究院近代史研究所，1982 年，第 2-3 页。

华传教的优选地区。最早到登州传教的传教士,不少都是像倪维思夫妇、高第丕(Tarleton Perry Crawford)夫妇、梅理士夫妇等一样,因为不适应南方气候产生健康问题而北上来到山东的。十九世纪末内地会在烟台修建了传教士疗养院,每年夏天都吸引了大量传教士来到此度假修养。最后,"圣省"山东作为中国儒家传统文化的发源地和重镇,激发了正处于全球扩张过程的基督教的"征服"欲。美北长老会的狄考文曾说过:"我感到我要用权利表示,让长老会攻打山东这个省份。在过去的时代里,中国的宗教与政治都是由山东产生。"[312]可以说,山东在中国历史上独特的文化地位和象征意义不仅得到了外国传教士的认可,更引起了他们的高度重视,不惜向山东投入大量人力、物力、财力,不断扩充基督教势力,这也是山东基督教得以迅速发展的重要原因。辩证来看,山东重要的文化地位固然是吸引西方差会和传教士纷至沓来的重要因素,但同时也是基督教屡次遭遇挫折与打击的重要因素。正是山东浓重的儒家氛围和文化自豪感,使得山东人传承自己文化传统的意识更强,更不愿意接受外来文明的冲击,从而山东地区教案频发,民教矛盾突出,反教浪潮一浪高过一浪。

与其他地区相比,山东省基督教自传入之初就形成了重视"三自"能力建设、重视"自下而上"路线、重视农村与农民、重视中文与中国传统文化等山东传统特色,正是这些特点为后来的自立教会运动奠定了基础。美北长老会的倪维思是最早提出教会"三自"的传教士之一,他于1861年由宁波转来山东,1885-1886年间在《教务杂志》发表多篇文章倡导"三自"原则。[313]倪维思对比了新旧两种传教方法,旧方法即雇佣制,由在华传教士雇佣本地华人基督徒从事传教活动,定期发给他们薪水作为报酬,以促进基督教的尽快传播;而新方法就是充分信任和大胆依靠中国本地的义务传道人实现自传,教导中国基督徒自己负担起神职人员的费用实现自养,由中国基督徒承担起管理教会的责任实现自治,这就是倪维思的"三自",也称"倪维思方案"。他特别指出,不应该让中国的基督徒传道人成为专职传道人,要让他们继续

---

312 山东省历史研究所编:《山东省志资料》第4期,济南:山东人民出版社,1962年,第37页。

313 John L. Nevius, "Principles and Methods Applicable to Station Work, Letter II, Objections to the Old Methods," *The Chinese Recorder*, vol. XVI, no. 11 (December 1885), pp. 461-467; "Methods of Mission Work, Letter VI," *The Chinese Recorder*, vol. XVII, no. 5 (May 1886), pp. 165-178; "Methods of Mission Work, Letter VIII," *The Chinesse Recorder*, vol. XVII, no. 8 (August 1886), pp. 297-305.

维持原有的社会地位和社会关系，从事原有的俗务，并依靠世俗工作的收入维持生活，只有这样才能不断增强中国基督徒的力量、独立性和自豪感，旧有的受薪制不利于中国独立教会的建立，弊大于利。[314]为此，倪维思从越俎代庖的包办者角色中退出来，转而扮演督导者和栽培者角色，每年抽出两三个月的时间至山东中部和西部进行巡视，主要依靠本地基督徒自我管理，从而培养了一批又虔诚又能干的好信徒。虽然"倪维思方案"没有条件在全国推行，但是其"眼光向下""自下而上"的思路刻画了山东传教工作气质，跟倪维思同时期同地点的狄考文和郭显德都受到影响和带动。

1863来到山东的狄考文夫妇在"倪维思方案"的基础上又进行了完善，赋予山东传教事业更多的特色。狄考文在初到登州的前九年半时间里，跟随倪维思的脚步进行巡回布道，据称他和他的驴累计奔走里程达 15,000 英里。[315]与此同时狄考文夫人狄邦就烈在观音堂创办了一所学校，最初叫"蒙养学堂"，后扩建为登州文会馆。这所学校的很多特色对后来整个山东省的教会学校都产生了示范效应，比如坚持用中文教学，向学生普及西方基督教和科学知识的同时教授四书五经等中国经典，最初的招生对象是当地农村最穷苦的男童和女童而非社会精英，学校的培养目标是稳扎稳打的年轻基督徒并非高级知识分子。他们扎根农村，服务农民，与乡间社会打成一片。这些重视农村和农民，重视中文和中国文化的做法形塑了山东地区基督教发展的特色传统，使其充满乡土气息和民间色彩。

关于山东省基督教气质中还有一点不得不提，就是积极自立教会，不断探索实现基督教本土化。随着中国民族意识的觉醒和中国基督徒领袖的崛起，中国人自立教会的呼声和意愿越来越强烈，能力也越来越强，山东是全国范围内教会自立运动起步较早、成绩较突出的省份之一。山东的自立教会大致可以分为"上层路线"和"下层路线"两种，"上层路线"主要指从西方差会系统分离出来的教会，以城市和社会中上层为中心，虽然实现了福音自传、经济自养和教务自理，但其教义主张和管理方式与原有教会无大差别，与西方差会的关系依然非常密切。这一路线的践行者以山东中华基督教会自立会

---

314 王美秀：《倪维思的"三自"主张及其反响》，《世界宗教研究》1998 年第 1 期，第 110 页。

315 Scott W. Sunquist, "The Importance of Shandong: A Missiological Evaluation of Place," *Ching Feng*, p. 142.

为代表。早在 1885 年，登州文会馆的邹立文、李道辉等四十名学生就自觉发起了"山东酬恩传道会"，规定每人每年捐钱三千文，集腋成裘，充传道之用，1904 年将所积之款交给了山东长老会，可谓山东教会自立运动的萌芽。[316]1912 年 8 月 1 日，原美北长老会信徒刘寿山、王元德、袁日俊等在青岛开会，决定成立"山东中华基督教自立会"，会后派袁日俊、何汉青等由青岛到济南布道，创办济南自立会。1918 年袁日俊到烟台开辟分会，得到当地教徒的支持，1919 年烟台中华基督教会成立，狄考文为示支持，出借太平街一小楼作为最初聚会之所，后自立会在"奇山所"建立了自己的礼拜堂，并设立小学一处。在此之前的 1916 年，原属美北长老会的青岛教会正式宣布自立，加入"山东中华基督教会总组织"。自立初期，青岛教会有 3 座礼拜堂，263 位教友，由韩振纲、丁立美、王守纯先后担任牧师，经济方面完全实现自养自足。[317]除青岛、烟台、济南自立会之外，大辛疃、潍县等处也有自立会的分支机构。

"下层路线"的教会自立运动往往以农村和社会中下层民众为重点，其发起虽与西方差会有千丝万缕的关系，但其运作完全独立于差会系统之外，其教义主张因为掺杂了某些中国元素经常与西方"正统"有较大出入，在被西方差会视为"异端"遭到排斥的同时在山东民间社会大受欢迎。这类教会有泰安的耶稣家庭，潍县的耶稣真教会，临沂的灵恩会等。以灵恩会为例，这是发源于山东临沂费县的一个本土五旬节派组织，主要从美北长老会系统分裂而来。1930 年左右，费县长老会的两位中国牧师杨儒林（杨汝霖，杨玉林）和孙占尧（孙瞻遥，孙展遥，孙瞻尧）在参加了南京信德孤贫工艺学校（又名"自立神召会"孤儿院）校长马兆瑞前来带领的"奋兴会"[318]之后深受感染，宣布成立"中华耶稣灵恩自立会"，简称"灵恩会"，该会倡议教徒脱离美北长老会，不受差会领导。[319]这一教会自立运动在接下来的几年间迅速发展，很快从费县扩散至美北长老会和其他差会

316 王神荫：《山东基督教自立会简介》，中国人民政治协商会议山东省委员会文史资料研究委员会编：《山东文史资料选辑》第 21 辑，1986 年，第 190 页。

317 顾卫民：《基督教与近代中国社会》，上海：上海人民出版社，2010 年，第 343 页。

318 Kwang Hsih-an, "Good News of Revival at Feihsien," *China's Millions,* vol. LVI, no. 4, April 1930, p. 60.

319 临沂地区民族宗教事务局编：《临沂地区民族宗教志》，临沂：临沂地区出版办公室，1994 年，第 272-273 页。

在山东的其他布道站，包括临沂[320]、潍坊[321]、滕州、济南[322]、淄博、青岛[323]和烟台等多个地区，在山东省的地理分布很广。[324]从宗教特征上来看，灵恩会自称"我们独得圣灵恩惠"，强调以"说方言"为凭据的"圣灵充满"，其聚会特点包括：（1）同声祷告；（2）着重唱灵歌，在讲道中间随时唱一些短小的曲子，或者旧约中诗篇及圣经全句；（3）聚会时间长，有的彻夜祷告，甚至有人声称必须达到眼看（不睡觉）、音哑（大声唱诗祷告所致）、腿肿（跳跃所致）方够属灵的地步；（4）被提（晕过去见异象）。[325]在山东的外国传教士总结到，这是一场兼具"极端迷信和循规蹈矩色彩的宗教复兴运动"[326]，充满了亢奋的宗教情绪和鲜活的宗教体验，"这场闹剧越早结束对基督教会越有好处"[327]；同时，这是一场以农村教会和农民教徒为主的教会自立运动，在推动基督教会复兴的同时也导致了教会的分裂，在农村拥有持久的吸引力和生命力，直到 1960 年初还有所发展。[328]

事实上，泰安耶稣家庭、潍县耶稣真教会和临沂灵恩会的起源与发展也都有类似的特点，它们均是由中国基督教徒自发创立，聚会场所多位于山东乡村或城乡结合地带，教会领导者不看重系统完整的神学训练，而以宗教体验和神迹奇事为权威和地位的来源，在迎合山东中下层民众的信仰传统、满足其信仰需求方面具有很强的适应性和吸引力。

---

320 临沂地区民族宗教事务局编：《临沂地区民族宗教志》，第 265 页。

321 潍坊市奎文区档案局编：《老潍县宗教》，北京：中国文史出版社，2016 年，第 62 页。

322 "李赋真访谈记录"，访问对象李赋真为济南市基督教"两会"会长，访问时间：2018 年 4 月 14 日，访问地点：山东济南，访问人：赵建玲。

323 青岛市史志办公室编：《青岛市志·民族宗教志》，北京：新华出版社，1997 年，第 121-122 页。

324 山东省地方史志编纂委员会编：《山东省志·少数民族志·宗教志》，第 619 页。

325 袁叶如：《对于山东省灵恩会情况所了解的一般》，1957 年 3 月 18 日，山东省人民委员会宗教事务处：《关于山东省基督教灵恩会的情况报告》附件，1957 年 4 月 10 日，A014-01-0037-14，山东省档案馆藏。

326 "Indigenous Revival in Shantung," *The Chinese Recorder*, vol. LXII, no. 2 (December 1931), pp. 767-772.

327 Paul R. Abbott, "Revival Movements," *China Christian Year Book 1932–1933*, 1933, p. 184.

328 国务院宗教事务局通知，宗总（基）自第 60 号：《国务院转发山东宗教处关于历城、肥城、平阴等三县边沿地区基督教灵恩会活动情况报告》，1960 年 5 月 27 日，A014-01-0047-4，山东省档案馆藏。

小 结

"圣省山东"作为儒家文化的发源地和大本营，经常给外界一种珍视正统、思想保守、感情内敛的"刻板印象"。基督教缘何能在山东生根发芽，并在二十世纪二三十年代演变为一场轰动国内外基督教界的"山东复兴"运动是值得深入研究的重要课题。在很多方面，这场运动跟山东省的历史、文化和心理气质是相去甚远的。首先，"山东复兴"运动是一场基督教复兴运动，很多参与其中的中国宗教领袖都是家族里的第一代基督徒，幼时接受的都是以四书五经为代表的儒家文化和思想教育，却在成年后选择皈依基督教。这些民间知识分子接受的是中国传统文化和外来基督教信仰双重熏陶和灌输。其次，"山东复兴"运动是以五旬节主义为基调的宗教复兴运动，这是二十世纪初刚刚兴起的一种新神学主张，即便在基督教内部都不容易被认可和接纳，甚至被传统主流教会斥为"异端邪说"。可正是这样一些教义和实践传到山东后，竟然大受欢迎，很快成为基督教界的"新宠儿"。最后，"山东复兴"运动中发展出来的重要宗教仪式包括公开认罪、通宵祷告、哀嚎痛哭、灵歌灵舞等，这些行为与山东人好面子、感情内敛等主观想象大相径庭。而实际上，这一切表面看来颇为吊诡和反讽的现象，都可以在当时山东省特殊的政治、经济、文化、历史等时空背景中找到答案。作为中国的人口大省、文化大省、经济大省，山东一直以来就非铁板一块、亘古不变、食古不化的单调存在，而是充满异质性、充满活力和宽厚包容的丰富实体，是滋生各种思潮、培育各色团体、盛产杰出个人的肥沃土壤。从两千多年的历史来看，山东不仅是作为中国传统文化核心的儒家文化的发祥地，同时也是各种民间信仰和秘密宗教汇聚的大本营；不仅是人口众多、物产丰富的经济强省，同时也是天灾人祸频发的贫弱大省；不仅富有"阳春白雪"高雅气质，同时也饱含"下里巴人"乡土气息。貌似互相矛盾的各种因素同时出现在山东这方神奇的土地上，形成了貌似势不两立却能和谐相处的奇妙组合，从而为"山东复兴"运动源于山东提供了充分必要的时空条件。

自清末以来中国面临千年未有之变局，旧有的社会制度和社会结构在西方外来势力的冲击下被迫进行转型与重组，民族矛盾与内部矛盾错综纠缠，各种思潮主义理论竞相登台，自然灾害与战争匪乱交错叠加，这种难以用言语描述的动荡混乱到民国时期达到顶点。面对风雨飘摇的社会形势，普通民众迷茫无措，绝望无助，不少人从宗教信仰中寻求慰藉和庇护。在恪守古训和传承经典的保守传统一直非常强大的山东省，部分学习过孔孟之道但未能跻身士大夫阶层的民间知识分子，在刚刚登陆中国不久的五旬节教义中看到了似曾相识的信仰内容和敬拜方式，在充分发挥主观能动性和创新性的基础上完成了西方基督教传统与中国民间宗教传统的嫁接，实现了对上述两种千年传统的借鉴和创新。一方面，保守主义选择了山东，所以全国基要主义大本营华北神学院落户山东滕县；另一方面，山东也选择了保守主义，所以基要色彩浓重的五旬节复兴运动首先从山东兴起，并在山东中下层民众的自发推动下，最终将这一"山东土特产"推向全国。

第二章　美南浸信会——"山东复兴"运动的发起者

美南浸信会系统内部的基督教复兴是整场"山东复兴"运动的发起者，也是"山东复兴"运动的"西方式"中心。作为基要主义阵营里的主力成员之一，美南浸信会一直以恪守传统教义、重视《圣经》权威性、坚持福音布道著称。美南浸信会华北差会山东教区虽然在创办学校、医院、孤儿院，参与赈灾与慈善救济等方面多有投入，在社会改革和福利改善方面多有参与，但是这些工作的出发点和落脚点依然是灵魂拯救和个人皈依，所有社会事工皆让位于福音布道的优先性和根本性。在政局激烈动荡、农业经济破产、天灾人祸横行、文化氛围保守的山东，美南浸信会注意到了社会中下层民众对于宗教信仰的旺盛需求，并对中国信徒特别喜欢的"说方言"、见异象、做异梦等神秘主义宗教体验选择了包容和接纳，正像德高望重的郭维弼说的那样，"当牛群在狂奔的时候，你不能站在前面去阻挡它们，但是你可以骑上马与它们一同奔跑，这样就可以引领它们，让它们不至于跌落悬崖"。[1]他们选择与中国信徒"一同奔跑"（ride with the herd），这在很大程度上避免了美南浸信会的教会分裂，将绝大部分信徒留在浸信会内部，使他们有机会继续得到系统的神学训练和正宗的教义熏陶，这可能是比美北长老会更为明智的做法。在美南浸信会传教士和中国基督徒的共同参与和协同推动下，"山东复兴"运动持续发展，掀起了多次复兴高潮，并将复兴之火传播至全国多省，甚至周边多国。

1　Eloise Glass Cauthen, *Higher Ground: Biography of Wiley B. Glass Missionary to China*, p. 154.

美南浸信会是第一个在齐鲁大地立足的基督教差会，也是山东省规模最大的差会之一。自 1859 年首批传教士登陆烟台至新中国成立后最后一批传教士完全撤离，美南浸信会华北差会历经破冰与立足、扎根与拓展、挣扎与落幕三个阶段的发展，将传教范围扩展至山东各地，在烟台、青岛、潍坊、济南、泰安、济宁等多个县市建立了浸信会教会，发展了数以万计的浸信会信徒。与其他西方主流差会相比，美南浸信会的"乡土气息"更浓，他们扎根农村，深入农民，极力向山东中下层普通民众传播福音。这一定位既与他们在母国美国的历史与现状遥相呼应，又能很好地适应山东作为农业大省的地域特点。除了"眼光向下"的宣教策略之外，美南浸信会华北差会历来非常重视"三自"原则，通过培训中国布道人员、按立华籍神职人员、鼓励教徒捐献、支持教会自立等举措，充分发挥中国教会领袖的作用，不断提升中方势力的影响力和重要性。这些因素都为二十世纪二三十年代"山东复兴"运动的兴起与蔓延打下了坚实的基础。

第一节　美南浸信会华北差会山东教区发展简史

美南浸信会华北差会山东教区在整个美南浸信会对华传教历史上留下了浓墨重彩的一笔，是特别值得书写的一段历史。究其原因，首先是因为名震海内外基督教界、掀起"美南浸信会历史上最伟大的复兴运动"[2]的"山东复兴"即发源于山东，之后以迅雷之势演变为"中国大复兴"，对后来中国基督教之发展产生了不可估量的深远影响。其次，华北差会涌现出了一大批知名度颇高的传教士，比如代表烟台百姓与"捻军"谈判不幸遇难的花雅各（J. Landrum Holmes），践行"三自"、特立独行的高第丕，扎根平度、鞠躬尽瘁的慕拉第（Lottie B. Moon），执掌两岸三地四所神学院的柯理培等。最后，美南浸信会是最早进入山东传教的外国差会，传教时间最长，活动范围涉及山东多个地市，在教育、医疗、慈善、赈灾等各个方面都做出了一些成绩，促进了中西文化交流。在系统介绍美南浸信会系统内部的"山东复兴"运动之前，有必要先回顾一下华北差会山东教区的发展简史，同时也为"山东复兴"运动勾勒出较为细致的历史背景。

2　Mary K. Crawford, *The Shantung Revival*, p. 26.

一、破冰与立足：1859-1900 年

　　1858 年签订的《天津条约》将山东登州增辟为通商口岸，[3]并正式允许外国传教士自由传教。在此背景下，美南浸信会马上任命花雅各夫妇为首批赴山东传教士，伺机进入山东传教。1859 年 2 月花雅各一家抵达上海，并师从一位来自山东济南的先生学习山东方言。1859 年 5 月，夫妇二人乘帆船首次来到烟台，白天上岸发放福音书籍和单页，晚上就寝帆船，逗留数月返回上海，可谓美南浸信会向山东传教的初次尝试。1860 年第二次鸦片战争结束后，花雅各一家与 1859 年 3 月到达上海的海雅西一家以及一名华人助手一同从上海前往山东，[4]正如海雅西在信中写到："我们从上海启程，经过两周的航行之后于 1860 年 12 月 31 日在烟台登岸……海船溅起的浪花洒在我们身上，刚落下就结冰了。环境险恶，令人战栗。但那时我们年轻气盛，踌躇满志，欢喜期待"。[5]此后四十年美南浸信会初来山东的命运轨迹，正如海雅西信中描述的一样，如履薄冰，艰难立足。

　　"破冰"首站即是烟台。花雅各和海雅西宣布于 1861 年 1 月建立烟台布道站，这不仅是美南浸信会在山东乃至华北地区的第一个差会，也是山东省第一个基督新教差会，抢先在美北长老会、英国浸礼会等进入山东之前"吃螃蟹"。但是烟台差会既没有领洗的中国信徒，也没有配套的教会设施，可谓是"有名无实"。随后不久，花雅各与海雅西就在山东东部沿海地区进行了一些考察，以选择合适的宣教地点。考察结束后，花、海二人分别选择了烟台和登州作为自己的工作基地，并开展了初步的布道尝试。1861 年 10 月，捻军流窜至山东，兵临烟台。花雅各误以为这些士兵是天平天国余部，并基于之前与太平天国领袖接触的友好经历，自告奋勇前往劝退，不幸惨遭杀害，[6]成为

3　后来开埠时改为烟台。

4　"Appendix C. Sixteenth Annual Report," Proceedings of the Southern Baptist Convention, at its Eighth Biennial Session, Held in the First Baptist Church, Savannah, GA., May 10th, 11th, 12th and 13th, Richmond: Macfarlane & Fergusson, Printers, 1861, p. 51.

5　法思远：《圣省山东》，郭大松译，待出版稿，第 247 页。原著为：Robert C. Forsyth, *Shantung, the Sacred Province of China in Some Its Aspect*, Shanghai: Shanghai Christian Literature Society, 1912.

6　与花雅各一同前去谈判的还有美国中华圣公会的帕克（Mr. Parker），二人双双被害。美南浸信会传教士罗孝全对太平天国领袖洪秀全的皈依影响甚巨，可谓洪秀全的精神导师。但当洪秀全自称是"耶稣弟弟"之后，罗孝全最终离开了洪秀全，不久被召回国。即便如此，许多传教士都曾访问过天平天国的首都，并相信彼此

"山东最早的基督教殉道者"。[7]高第丕在写给母会总部的信中说："在叛军即将进犯芝罘时，花雅各和帕克骑马来到25英里开外的驻扎地，希望与叛军首领谈判，请求他们即便不为整个村庄的安全考虑，至少也要为自己的安全考虑。他们没能回来。"[8]随后，花雅各夫人搬至登州投奔海雅西一家，烟台布道站暂时关闭。1873-1875年，海雅西一家曾在烟台短暂居住，并试图建立烟台教会，但因海夫人病重而返回美国，烟台布道站再度关闭。[9]直到1906年，司提反夫妇重开烟台布道站。

美南浸信会建立的第一个真正意义上的教会是登州教会。1862年10月，海雅西在登州组建"北街教会"，也称为"北戚家牌坊教会"，有8名中国信徒，此为"华北第一浸信会"。1863年，已在上海布道11年的高第丕夫妇因健康原因迁居登州，增强了登州浸信会的传教力量。正值美国内战，美南浸信会财政困难无力支持海外布道事工，海雅西赴上海从事翻译工作，以赚钱支持登州教会，将教会事务委托给高第丕，1865年12月21日返回登州。因海雅西和高第丕在个人性格和传教方针等方面存在矛盾，二人开始分道扬镳，各自开展工作，分别向总部提交报告。[10]1866年，高第丕在海雅西的"北街教会"不远处组建"南街教会"，也称"戚家牌坊教会"（Monument Street Baptist Church），两会对峙，各理教务。1870年6月9日海雅西第一任妻子难产去世，海雅西不得不带着4个年幼的孩子暂时返回美国。临行前的1870

是传教事业的政治和宗教盟友。花雅各在来山东烟台之前，亦曾数次获得太平天国方面的邀请，至南京、苏州等地传教，并获得太平天国领导者的保证，对他们的传教工作表示同情和支持。因此他们相信能够劝阻太平军不要进攻烟台，可惜来的不是太平军而是捻军。Norman Howard Cliff, "A History of the Protestant Movement in Shandong Province, China, 1859-1951," p. 38.

7 王神荫：《花慕滋之死》，《春秋》1995年第2期，第50页。

8 "Appendix A. Eighteenth Annual Report, Foreign Mission Board," Proceedings of the Ninth Biennial Session of the Southern Baptist Convention, Held in the Green Street Baptist Church, Augusta, GA., May 8th, 9th, 10th 11th and 12th, Macon, GA.: Printed by Burke, Boykin & Company, 1863, pp. 26-27.

9 "Appendix H. Report of the Committee on China Missions," Proceedings of the Twentieth Session of the Southern Baptist Convention, Held at the Citadel Square Baptist Church, Charleston, S.C., May 6, 7, 8 and 10, 1875, Atlanta, Georgia: Jas. P. Harrison & Co., Printers and Book-Binders, 1875, p. 75.

10 "Report of the Foreign Mission Board," Proceedings of the Southern Baptist Convention, Held in the Meeting House of the First Baptist Church, in Memphis, Tennessee, May 9th, 10th, 11th and 13th, 1867, Baltimore: John F. Weishampel, Jr., Printer and Bookseller, 1867, p. 63.

年 11 月 27 日，海雅西按立中国助手吴蠢樵为牧师，负责登州"北街教会"，12 月 4 日又按立了两位本地执事，这是山东教区有史以来正式获得按立的第一批中国籍教牧人员，意义重大。[11]截至 1875 年，美南浸信会山东教区共有北街教会、戚家牌坊教会和烟台教会三处教会，分别由吴蠢樵、高第丕和海雅西负责；七名传教士，包括海雅西夫妇，高第丕夫妇，花雅各夫人，慕拉第姐妹；四所学校，其中高第丕夫人负责的男子寄宿学校有 17 人，花师娘负责的女子寄宿学校有 15 人，慕拉第姐妹负责的男童日间学校 10 人，主日学校 60 人。[12]1876 年因海雅西夫人回国就医，烟台教会关闭。1880 年，北街教会停止聚会，教会负责人吴蠢樵辞归经商。[13]其中的 63 名信徒应"黄县第一受浸信徒"臧润德之邀迁至烟台招远上庄村，建立"上庄教会"，其余信徒合并于高第丕的戚家牌坊教会。1882 年，贺维德（N. W. Halcomb）、浦其维（C. W. Pruitt）夫妇三人先后来到登州，成为高第丕夫妇、花师娘和慕拉第的重要增援力量。[14]1899 年欧温雅（Jesse Coleman Owen）和道小姐（Miss Mattie Dutton）来到登州，一边学习语言，一边参与教会事工。

美南浸信会进入山东的最初 25 年传教基地主要限于登州和烟台（时断时续），发展较为缓慢。直到 1885 年才在黄县开辟了第二个传教基地，主要负责人是浦其维和贺维德夫妇。[15]1885 年 5 月 23 日，贺维德夫人不幸去世，不

11　"Twenty-Sixth Annual Report of the Foreign Mission Board of the Southern Baptist Convention," Proceedings of the Sixteenth Meeting of the Southern Baptist Convention, Held in the Third Baptist Church, St. Louis, Missouri, May 11th to 16th, 1871, Baltimore: John F. Weishampel, Jr., Printer and Bookseller, 1871, p. 43.

12　"Appendix A. Thrity-First Annual Report of the Foreign Mission Board," Proceedings of the Twenty-First Session of the Southern Baptist Convention, Held with the First Baptist Church in Richmond, VA., May 11th to 15th, 1876, Richmond: Dispatch Steam Printing House, 1876, p. 37.

13　"Appendix. Thrity-Fifth Annual Report of the Board for Foreign Missions," Proceedings of the Twenty-Fifth Session of the Southern Baptist Convention, Held with the First Baptist Church, Lexington, KY., May 6-10, 1880, Louisville: A. C. Caperton & Co., 1880, p. 45.

14　"Appendix B. Thrity-Seventh Annual Report of the Board of Foreign Missions," Proceedings of the Twenty-Seventh Annual Session of the Southern Baptist Convention, Held with the Church in Greenville, S. C., May 10-14, 1882, Atlanta, Georgia: Jas. P. Harrison & Co. Printers and Publishers, 1882, p. 61.

15　"Appendix A. Fortieth Annual Report of the Board of Foreign Missions," Proceedings of the Thirtieth Session-Fortieth Year of the Southern Baptist Convention, Held in the Green Street Baptist Church, Augusta, GA., May 6-10, 1885, Atlanta, Georgia: Jas. P. Harrison & Co. Printers and Publishers, 1885, p. XVII.

久贺维德退出美南浸信会[16]。1886 年，郑雅各（J. M. Joiner）夫妇和范以义（E. E. Davault）夫妇加入黄县布道站。[17]但是没过多久，范以义即因水土不服死于肺结核，郑雅各也因眼疾回国。[18]黄县布道站的工作于 1887 年暂告一段落。1888 年春，蒲其维携其第二任妻子蒲安娜（Anna Seward）以及范以义夫人重开黄县布道站，但不到年底，范以义夫人即因孩子健康问题返回美国。[19]1889 年，鲍志培（George P. Bostick）夫妇[20]和林泰吉（T. J. League）加入黄县布道站。黄县浸信会建立起来，最初有教友 12 人，包括一部分从登州教会和上庄教会来的教徒。1893 年，司提反夫妇（Rev. and Mrs. Peyton Stephens）的到来又增强了黄县的传教力量。

平度教会也是美南浸信会建立较早、规模较大的布道站之一。浦其维的第一任妻子（Ida Tiffany，原隶属美北长老会，与浦其维结婚后改隶美南浸信会）在世时曾多次到平度巡回布道，对当地妇女具有一定影响力。后来慕拉第应浦其维请求继续在平度巡回讲道，很快获得当地人认可。慕拉第于 1873 年来到登州，最初与花雅各夫人一同开办女学。1885 年冬，慕拉第至平度西关停留数月，之后的若干年内经常回访平度，甚至大部分时间都待在平度。1889 年，蒲其维与鲍志培一起到平度，为那里的 6 名中国信徒施洗[21]（其中一名信徒是原一炷香信徒，名曰段公里，因不祭祖，遭到家族棍打），正式组建了平度第一个教会。至此美南浸信会华北差会共有登州、黄县、平度三个

---

16 贺维德夫人与贺维德结婚不到一年即去世，这对贺维德来说是不小的打击。此后不久（1887 年），贺维德辞去美南浸信会传教士一职，加入美国驻烟台领事馆。

17 "Appendix A. Forty-First Annual Report of the Home Mission Board," Proceedings (Thirty-First Session-Forty-First Year) of the Southern Baptist Convention, Held in the Meeting-House of the First Baptist Church, Montgomery, ALA., May 7-11, 1886, Atlanta, Georgia: Jas. P. Harrison & Co., 1886, p. XXXVII.

18 "Appendix B. Forty-Third Annual Report of the Foreign Mission Board," Proceedings (Thirty-Third Session-Forty-Third Year) of the Southern Baptist Convention, Held in the Meeting-House of the First Baptist Church, Richmond, VA., May 11-15, 1888, Atlanta, G. A.: Jas. P. Harrison & Co. Printers, 1888, p. XXXIX.

19 "Appendix A. Forty-Fourth Annual Report of the Foreign Mission Board," Proceedings (Thirty-Fourth Session-Forty-Fourth Year) of the Southern Baptist Convention, Held in the Meeting-House of the First Baptist Church, Memphis, Tenn., May 10-14, 1889, Atlanta, G. A.: Franklin Publishing House, 1889, p. XXIV.

20 鲍志培的第一任妻子 Mrs. Bertha Bryan Bostick 于 1890 年 5 月 8 日因感染天花，病逝于山东登州。

21 Pearl Todd, "Rev. and Mrs. C. W. Pruitt – Shaping Chinese Souls and Destinies for Fifty Years," Home and Foreign Fields, vol. 16, no. 4 (April 1932), p. 2.

传教站。同年又成立了沙岭教会，包括 18 名教友。1891 年冬，谢万禧夫妇
（W. H. Sears）被派遣到平度教会，与慕拉第、奈特（Fannie S. Knight）[22]一
同工作，后来成为平度传道站负责人，传教成效显著。1894 年 5 月，原属内
地会的英国医生蓝戴礼（Dr. Randle）及夫人加入美南浸信会，在平度西关设
立诊所，施医舍药，这是美南浸信会华北差会委派的首位医务传教士。1896
年扩建为医院，当年蓝戴礼夫妇为 6,788 名病人提供诊疗服务，做手术 128
次；其中的 444 名女性病人均由蓝师娘诊治。[23]1898 年 5 月，蓝戴礼夫妇因
信仰问题从美南浸信会辞职，平度医务事工暂停。[24]同年，美南浸信会海外传
道部派楼约翰（John W. Lowe）夫妇来接办医院，帮同传道。是年又立中国牧
师李寿亭，又添聘传道员，教会大有起色。

　　这期间美南浸信会山东传教工作经历了一个小插曲。1890 年之前，美南
浸信会华北差会的工作主要由高第丕统领负责，海外传道部前后派遣传教士
近 20 人，以登州为中心，并在烟台、黄县、平度等地广泛开展工作。高第丕
极富实干和创新精神，提出了三项革新措施，包括切断与美南浸信会海外传
道部的联系，接受直接捐赠；撤销受薪的华人传道职务，鼓励自传自养；关
闭教会学校，实行直接布道等。[25]该倡议与美南浸信会旧例不符，高第丕遂于
1890 年宣布从美南浸信会辞职，并发动华北差会的所有传教士与美南浸信会
海外传道部集体表达诉求，高第丕夫人、慕拉第、浦其维夫妇、林泰吉夫妇、
奈特、巴顿（Laura G. Barton）、桑顿（Mary Jane Thornton）[26]、鲍志培等人均
在倡议书上签字，美国总部批准他们在不违反浸信会基本原则的前提下自主

22　女教士奈特（Fannie S. Knight）于 1889 年来华布道，驻山东平度，与慕拉第住在
　　一起。1894 年与 1891 年来华的王先生（William Duncan King）结婚，改称王师
　　母，1895 年病故。他们始终没有脱离美南浸信会海外传道部。

23　"Appendix A. Fifty-Second Annual Report of the Foreign Mission Board," Proceedings
　　(Forty-Second Session, Fifty-Second Year) of the Southern Baptist Convention, Held at
　　Wilmington, N. C., May 7-10, 1897, Atlanta, Georgia: The Franklin Printing and
　　Publishing Company, 1897, pp. LIV-LVI.

24　"Appendix A. Fifty-Fourth Annual Report of the Foreign Mission Board," Annual of
　　the Southern Baptist Convention, 1899, Containing the Proceedings (Forty-Fourth
　　Session, Fifty-Fourth Year), Held at Louisville, KY., May 12-15, 1899, Atlanta,
　　Georgia: The Franklin Printing and Publishing Company, 1899, p. Lii.

25　臧雨亭：《美南浸信会来华之历史》，《神学志》第 11 卷第 1 期，1925 年，第 87
　　页。

26　女教士桑顿（Mary Jane Thornton）1889 年来华布道，驻山东登州，1891 年适鲍
　　志培为继配，改称鲍师母。

选择传教策略。[27]1891 年，浦其维夫妇与慕拉第回国休假；鲍志培夫妇追随高第丕夫妇一同退出美南浸信会。[28]受此影响，另有多位传教士脱离美南浸信会海外传道部，加入高第丕团队，他们于 1893 年共同离开登州赴泰安、济宁等地另立教会，名曰"直接福音浸信会"（Baptist China Direct Mission），简称"福音会"。[29]此事件分化了美南浸信会的传教力量，严重阻碍了教会发展。[30]高第丕等人离开后，美南浸信会华北差会只剩浦其维夫妇、谢万禧夫妇、慕拉第和巴顿等少数传教士留守，[31]教会事务逐渐被美北长老会等后起而超之。为重振事工，美南浸信会海外传道部于 1893 年再次派遣海雅西来山东主持大局，海雅西携家人 9 月 5 日抵达登州，通过复开学校、倡立医院、聘用华人助手等方式重振教务，各项工作逐渐重回正轨。

还需补充提及的是瑞华浸信会（Swedish Baptist Mission），这是唯一在山东传教的瑞典差会，主要宣教区域集中在胶州、诸城和高密一带。[32]他们虽然不隶属美南浸信会，但其早期事工始终依附于美南浸信会，又因二者信仰同规同礼，双方亲密合作，都是华北浸信议会的成员。[33]最先来到山东的瑞华浸

---

27 "Appendix A. Forty-Sixth Annual Report of the Foreign Mission Board," Proceedings (Thirty-Sixth Session-Forty-Sixth Year) of the Southern Baptist Convention, Held in the Opera House at Birmingham, Alabama, May 8-12, 1891, Atlanta, Georgia: Jas. P. Harrison & Co. Printers (Franklin Publishing House), 1891, p. XIX.

28 "Appendix B. Forty-Seventh Annual Report of the Foreign Mission Board," Proceedings (Thirty-Seventh Session-Forty-Seventh Year) of the Southern Baptist Convention, Held with Churches of Atlanta, Georgia, May 6-10, 1892, Atlanta, Georgia: Jas. P. Harrison & Co. Printers (Franklin Publishing House), 1892, p. XXXVII.

29 安娜·普鲁伊特、艾达·普鲁伊特：《美国母女中国情——一个传教士家族的山东记忆》，程麻、程冰等译，北京：中国文史出版社，2011 年，第 82 页。

30 Wesley L. Handy, "An Historical Analysis of the North China Mission (SBC) and Keswick Sanctification in the Shandong Revival, 1927-1937," p. 46.

31 Keith E. Eitel, *Paradigm Wars: The Southern Baptist International Mission Board Faced the Third Millennium*, Oxford：Regnum, 2000, pp. 53-60.

32 陈静：《改变与认同：瑞华浸信会与山东地方社会》，硕士学位论文，山东大学，2013 年，第 5 页。

33 华北浸信议会发端于 1891 年，原名登莱浸信议会，由美南浸信会华北差会成立最早的 4 个教会共同组成，主要发起人有浦其维、高第丕、鲍志培、林泰吉等。1892 年瑞华浸信会的文道慎和令约翰接受美南浸信会的邀请加入"登莱议会"。1907 年因瑞华浸信会诸城教会的加入，改名为山东浸信议会。1917 年，因大连浸信会、陕西浸信会等的加入又改名为华北浸信议会。截至 1936 年，"华北议会"共有教会 79 处，分为蓬莱区、黄县区、平度区、莱州区、莱阳区、青岛区、济宁区、济南区、华北区、瑞华区 10 区，有传教士 51 位，本地牧师

信会传教士是文道慎牧师（Rev. Carl Vingren），他于 1891 年 3 月 21 日到达上海，同年 10 月到访山东胶县，[34]1892 年抵达登州，受到高第丕的欢迎接待，后选择胶县作为事工基地，租房讲道，在令约翰（J. E. Lindberg）的帮助下建立了瑞华浸信会第一个布道站。[35]1893 年冬，文道慎因健康原因回国。1894 年春，任其斐夫妇（Mr. and Mrs. J. A. Rinell）、任桂香夫妇（J. A. Rinell and Hedvig Rinell）、令约翰夫人等相继来胶州增援，发展了刘长增、宋长山、尚玉田和白振清四名信徒，于 1899 年 4 月 30 日在令约翰的带领下来到城东的一条河里受浸，胶县浸信会正式成立。同年，传教士师德顺和招远人刘文通前后来胶州传教，又发展教友两名。[36]

截至十九世纪末，在美南浸信会华北差会山东地区最初 40 年的历史中，按立了一名中国籍牧师，前后派遣了 19 名外国传教士，建立了 7 所教会，发展了将近七百名信徒。[37]1900 年义和团运动期间，美南浸信会在山东的传教事业遇到很大的挫折，教堂被毁，财物被抢，信徒被杀，不少人放弃了基督教信仰。[38]在山东巡抚袁世凯和外国军舰的庇护下，集中到烟台和青岛避难的美南浸信会传教士的人身安全才得到了基本保障。

二、扎根与拓展：1901-1937 年

义和团运动结束后至 1937 年抗日战争全面爆发这三十多年间，美南浸信会华北差会在山东省的各项事工全面快速发展，在波谲云诡的国际、国内环境中，传教规模不断扩大，中国信徒数量不断增加。在登州、黄县、平度等基础上，又增辟了掖县（莱州）、莱阳、青岛、济宁、济南等多个新的中心布道

---

23 位。臧雨亭：《美南浸信会来华之历史》，《神学志》第 11 卷第 1 期，1925 年，第 93 页；吴立乐编：《浸会在华布道百年略史》，上海：美华浸会书局，1936 年，第 153 页。

34 Rev. K. A. Moden, "The Swedish Baptists and Their Foreign Missions," *Home and Foreign Fields,* vol. 15, no. 11 (November 1931), p. 9.

35 《胶县浸信会三十五年的回顾》，《真光》第 35 卷第 10 号，1936 年，第 121 页。

36 王继善：《胶县浸信会经过情形》，《神学志》第 11 卷第 1 期，1925 年，第 109 页。

37 Eloise Glass Cauthen, *Higher Ground: Biography of Wiley B. Glass Missionary to China,* p. 49.

38 "Appendix A. Fifty-Sixth Annual Report of the Foreign Mission Board, Southern Baptist Convention, 1901," Annual of the Southern Baptist Convention, 1901, Held at New Orleans Louisiana, May 10-13, 1901, Nashville, Tennessee: The Marshall & Bruce Company, 1901, pp.110-112.

区域，传教策略更加多元化，除了直接布道之外，还借助医务、教育、慈善等间接手段，将影响力推及大半个山东省。

1901 年义和团运动刚一结束，美南浸信会即派遣医务传教士艾体伟（Dr. T. W. Ayers）博士来到黄县[39]，于 1902 年在城关小栾家疃村东创办怀麟医院（Warren Memorial Hospital）治病救人；同时开设怀麟医学院，培养中国医学人才。1902 年，训练有素的贝提顾护士（Jessie L. Pettigrew，后来成为郭维弼的继任妻子）来到黄县负责女诊部工作，[40]成为美南浸信会华北差会派出的第一位护士。1926 年，安鼐森（Dr. Nelson A. Bryan）继任院长。怀麟医学院停办，改为怀麟护士学校，教习护病学、营养学等护理知识，培养男女护士。截至 1934 年，怀麟医院有中外医生 5 人，包括安鼐森、俞德霖、臧国瑞、温梅生等，护士 19 人，其他工作人员 13 人。医院架构更为完善，下设内、外、妇、儿、五官等科，各科均用西医诊治疾病，赢得了很多信徒。黄县的教会教育机构进一步完善，建立了从幼稚园、小学、初中、高中、神学院等在内的较为完备的教育体系。

1901 年 6 月，楼约翰、谢万禧、欧温雅在莱州（曾称掖县）租房作为教堂，发起创建了莱州浸信会，主要由楼约翰负责，并聘请了当地一位李先生担任传道。[41]1903 年 11 月 16 日，郭维弼（W. B. Glass）夫妇来到山东，加入莱州浸信会。1908 年，傅雅各医生（Dr. James McFadden Gaston）夫妇增援莱州府，并于 1910 年 2 月建立了"梅菲尔德—铁泽医院"（Mayfield Tyzzer Hospital），即"梅铁医院"，该院一层设有手术室、候诊室、药房，以及一间医生办公室。楼上用于数目日益增多的住院病人之用。这所医院是专为男人开设的，妇女和儿童在一处诊所看病。此外，还设一妇科医院，名为"爱怜女医院"。除了医院事工之外，莱州浸信会还陆续设立了男女学校，培养中小学生。1908 年郭维弼受派前往黄县华北浸信会神学院任教，其在莱州的工

---

39 艾体伟医生与妻子 Minnie Skelton 来自美国阿拉巴马州安尼斯顿（Anniston, Ala），1900 年 10 月 30 日被美南浸信会海外传道部任命为中国华北差会传教士。1901 年 3 月 6 日，艾体伟夫妇带着四个年幼的儿子从美国出发前往中国，1901 年 5 月到达山东黄县。

40 吴立乐编：《浸会在华布道百年略史》，第 148 页。

41 "Appendix A. Fifty-Seventh Annual Report of the Foreign Mission Board, Southern Baptist Convention, 1902," Annual of the Southern Baptist Convention, 1902, Held at Asheville, N. C., May 9th-12th, 1902, Nashville, Tennessee: The Marshall & Bruce Company, 1902, p.100.

作由 1910 年来华的栾马丁（C. A. Leonard）接管。截至 1925 年共立教会 6 间，中国牧师 2 位，教友 625 名，[42]并创办孤儿院和养老院。[43]

1904 年，司提反夫妇由黄县迁至烟台，并于 1906 年重建烟台浸信会，附设焕文男校、卫灵女校。到 1911 年，烟台浸信会已有 6 名传教士。1922 年美南浸信会派慕雅各来烟台接任浦其维工作，主持一切教务，并兼任焕文中学校长，直至 1936 年回国。[44]

莱阳浸信会的基础是杨家屯浸信会。1908 年黄县浸信会的 39 名教友迁至莱阳，自发成立杨家屯浸信会。1912 年，传教士但以理（Joseph Carey Daniels）由黄县转赴莱阳，建立莱阳浸信会，[45]1914 年在莱阳五龙河失慎溺水身亡。继有衡多马（Thomas Oscar Hearn）、孙约翰（I. V. Larson）两牧师来此，在莱阳西关外置地建屋，开设男女学校，教会大有起色。[46]

1914 年，崔怡美由平度来到青岛传教，于 1916 年建立了青岛浸信会，1923 年于济宁路创建浸信会礼拜堂。[47]继有毛安仁、纽敦、高如辰三位传教士来到青岛协助进行工作。[48]1933 年，负责青岛传教站的有三对夫妇，分别是慕雅各夫妇、纽敦夫妇和司提反夫妇，教会在信徒人数、自养能力、属灵气质等方面都有很大的增长。[49]截至 1936 年，华北浸信会议会青岛区有青岛、寿光城、侯镇、董家营、安家庄 5 处教会，由道哲斐负责，中国传道人有高德政、王矶汰、刘青云、魏湘源、张士官等。[50]

1919 年，由于南京华东联合医科与齐鲁大学合并，美南浸信会传教士、教授易文士随之来济，于课余从事传教活动。同年，美南浸信会又派楼约翰

42 臧雨亭：《美南浸信会来华之历史》，《神学志》第 11 卷第 1 期，1925 年，第 92 页。

43 吴立乐编：《浸会在华布道百年略史》，第 152 页。

44 刘信纯：《我所知道的基督教浸信会的情况》，政协山东省烟台市芝罘区委员会文史资料研究委员会编：《芝罘文史资料》第四辑（内部资料），1989 年，第 230 页。

45 烟台市人民政府民族宗教事务处编：《烟台市民族宗教志》，第 172 页。

46 臧雨亭：《美南浸信会来华之历史》，《神学志》第 11 卷第 1 期，1925 年，第 93 页。

47 青岛市史志办公室编：《青岛市志·民族宗教志》，第 110-111 页。

48 臧雨亭：《华北浸信会》，中华续行委办会编：《中华基督教会年鉴》（再版）1931 年第 11 期，台北：中华教会研究中心、橄榄文化基金会联合出版，1983 年，第 21-22 页。

49 Bertha Smith, "Such as Hear the Word in North China," *Annual of the Southern Baptist Convention, 1934*, Fort Worth, Texas, May 16-20, 1934, p. 203.

50 青岛市史志办公室编：《青岛市志·民族宗教志》，第 110-111 页。

牧师到济南开拓教务，1921年济南浸信会正式成立，楼约翰离开后由拿约翰牧师承继。此后又由济南发展到平阴、齐河、平原、济阳等地，形成鲁中传教区，教育活动也开展起来，教会男女学校相继建立，其中以真光女子学校（True Light School of Tsinan）最为突出。

除了鲁东和鲁中传教事工之外，美南浸信会还不断向山东西部和南部推进。早在二十世纪初，美南浸信会就派华籍传教士李寿亭来济宁开展工作，在黄家街路南买了一处民房开始传教办学，其中三间北屋用作礼拜堂。后来又派王洪海牧师、美国传教士道哲斐、葛纳理夫妇、李约翰夫妇到济宁，买地建房，植堂布道，礼拜堂由三间扩到八间。1911年，济宁浸信会正式成立，[51]并以此为中心布道区向周边地区辐射，在泗水、邹县、嘉祥、巨野、郓城等建立教会，形成鲁西传教区。

美南浸信会华北差会的宣教工场不仅局限于山东一省，而且随着"闯关东"的山东籍人口数量出现急剧增长，东北地区也逐渐成为华北差会的教区。1925年夏，教育传教士栾马丁夫妇（Rev. and Mrs. C. A. Leonard）与医生传教士詹姆斯夫妇（Dr. and Mrs. James）受美南浸信会海外传道部派遣，从山东转移到东北开拓事工，建立了东三省最早的浸信会教堂。[52]他们除了在山东移民和东北本地人中间开展了卓有成效的工作之外，还向侨居哈尔滨的20万苏俄人传教布道，一年之内就建立了四个布道站和三个传教中心。[53]

瑞华浸信会系统的胶县浸信会、诸城浸信会也在义和团运动之后驶入快车道。胶县浸信教会纷纷涌现，1909年成立王台浸信会，1915年成立冷家村教会，1921年成立高密教会，1923年成立铺上教会，每个教会另设多处支堂、礼拜堂、中小学。到1931年瑞华浸信会来华传教四十周年的时候，瑞华浸信会山东差会共有4个传教站、8个教堂、84个外围布道站、[54]23名传教士、2名中国牧师、86名男女传道人、共约3000名教徒，[55]发展较为迅速。以胶

---

51 臧雨亭：《华北浸信会》，中华续行委办会编：《中华基督教会年鉴》（再版）1931年第11期，第21-22页。

52 Rev. C. A. Leonard, "Beginning in Harbin and North Manchuria," *Home and Foreign Fields,* vol. X, no. 10 (October 1926), p. 310.

53 Rev. C. A. Leonard, "Beginning in Harbin and North Manchuria," p. 310.

54 Rev. K. A. Moden, "The Swedish Baptists and Their Foreign Missions," *Home and Foreign Fields,* vol. 15, no. 11 (November 1931), p. 10.

55 Rev. J. W. Lowe, "The Swedish Baptist Mission in China," *Home and Foreign Fields,* vol. 16, no. 7 (July 1932), p. 15.

县王台浸信会为例，1909 年创会的时候，有 32 名教友，2 处支堂，1 个学校，到 1935 年底已有 725 名教友，12 处礼拜堂，11 个学校，365 名学生。[56]诸城浸信会由令约翰创办于 1904 年，[57]1906 年重修诸城礼拜堂，[58]后增设多处支堂，比如 1907 年设栗园支堂，1915 年设堂于日照东关糠市街，1916 年增谭家庄、程戈庄、贾悦三处支堂，1923 年成立日照会，1934 年成立保国山会。截至 1936 年，诸城浸信会有瑞典传教士 8 名，华籍传道人员 20 多名，教友 131 名，设有男校 1 所、女校 1 所、乡村学校 8 所，其他教会设施如主日学校、查经班、诊所、戒烟局、女助会、孤女院等一应俱全。[59]

　　特别值得一提的是，美南浸信会华北差会山东教区在这一时期重新实现了合一。随着高第丕 1902 年在"挫败和失望中"[60]惨淡离世，其所倡导的"三自"方针宣告失败，之前追随高第丕分裂出去的传教力量逐渐回归。鲍志培离泰安赴河南归德、安徽亳州，道哲斐转到济南，庆万德与艾姑娘（二人已结为夫妇）回登州，林泰吉则改行经商。[61]1917-1918 年，"福音会"几乎所有成员重新回到美南浸信会海外传道部，泰安教区也由美南浸信会接手。1925 年 6 月 20 日，原泰安"福音会"的一名女传教士（Miss Leonard）与济南浸信会的拿约翰（John A. Abernathy）结婚，1928 年 10 月 10 日获得美南浸信会海外传道部的正式任命，受聘为济南浸信会传教士。[62]拿约翰夫妇见证了美南浸信会华北差会一段短暂的分合史，更见证并参与了后来的济南复兴运动。截至 1936 年，泰安有教会 7 个，布道站 7 个，外国传教士 5 人，中国牧师 4 人，男女传道员 21 人。[63]

　　美南浸信会从高第丕传教失败的案例中汲取教训，借鉴其他差会的有益经验，提高了对医疗、教育、慈善等间接传教手段的重视，陆续创办了黄县

56　《胶县浸信会三十五年的回顾》，《真光》第 35 卷第 10 号，第 125-126 页。

57　王继善：《胶县浸信会经过情形》，《神学志》第 11 卷第 1 期，第 109 页。

58　令约翰：《诸城浸信会瑞典母会》，《真光》第 35 卷第 10 号，1936 年，第 128 页。

59　令约翰：《诸城浸信会瑞典母会》，《真光》第 35 卷第 10 号，第 129-130 页。

60　Blanche Sydnor White, "T. P. Crawford, China, 1851-1892," *Home and Foreign Fields,* vol. 19, no. 8 (August 1935), p. 22.

61　臧雨亭：《美南浸信会来华之历史》，《神学志》第 11 卷第 1 期，1925 年，第 88 页。

62　"Mrs. John A. Abernathy," *Home and Foreign Fields,* vol. 13, no. 2 (February 1929), p. 30.

63　吴立乐编：《浸会在华布道百年略史》，第 200-202 页。

怀麟医院、平度怀阿医院、莱州梅铁医院、爱怜女医院等，"一边拯救身体，一边拯救灵魂"。在多个教区建起了孤儿院、养老院、少年团、女助会[64]等慈善组织，进一步拉近与山东民众之间的距离。几乎所有的布道站都开办了教会小学和初中，部分地区还提供高中、大学和神学院教育，较有名气的有登州女子师范学校、莱州妇女圣经学院、平度圣教书院和谢义集女学校、黄县华北浸信会神学院等，创办学校成为吸引民众和培养信徒的重要手段。但当"收回教育权"运动兴起，国民政府要求教会学校登记注册的时候，绝大部分浸信会学校都选择了拒绝。[65]这与其一贯以来基要保守、传教为本、宗教自主的基本神学立场是密切相关的。

在美南浸信会华北差会传教士的共同努力下，二十世纪前30年的发展速度明显快于十九世纪的最后40年。截至1928年，美南浸信会华北差会共有10个教区（按照建立时间顺序依次为：黄县、平度、莱州、烟台、莱阳、青岛、济南、济宁、哈尔滨、大连；登州教区停办，偶有零星活动[66]）。不仅在规模上有所扩张，其教友的信仰虔诚度也有所增进，"教友之灵程，大有一日千里之势"[67]。虽然这一时期国际风云变幻、国内形势复杂，国外有第一次世界大战的残酷、美国七千五百五运动的膨胀和经济危机的萧条，国内有"非基督教运动"和战乱天灾的轮番冲击，美南浸信会山东传教事业屡遭波折，历经坎坷，但是总体而言美南浸信会已经在山东扎根，茁壮成长，大有拓展，甚至在1927-1937年间掀起了轰轰烈烈的复兴运动。

三、挣扎与落幕：1938-1949年

随着1937年日本全面侵华战争的爆发，美南浸信会华北差会在山东发展的最大障碍由初来乍到时的排外仇教情绪变为日本军国主义。战争初期，战乱与炮火制造了极大的不安全感及浓重的末日气氛，向上帝寻求安慰的心理

---

64 臧雨亭：《华北浸信会》，中华续行委办会编：《中华基督教会年鉴》（再版）1931年第11期，第24页。

65 Mrs. J. M. Gaston, "The North China Mission Annual Report," *Annual of the Southern Baptist Convention, 1930*, New Orleans, Louisiana, May 14-18, 1930, p. 212.

66 John W. Lowe, "Annual Report," *Annual of the Southern Baptist Convention, 1931*, Birmingham, Alabama, May 13-17, 1931, p. 217.

67 臧雨亭：《蓬黄招浸信会近二年之情况》，中华续行委办会编：《中华基督教会年鉴》（再版）1936年第13期，台北：中华教会研究中心、橄榄文化基金会联合出版，1983年，第62页。

需求持续增加，教会建筑物随风飘扬的美国国旗也提供了些许庇护，因此信徒和慕道友的人数急剧增加。但形势很快急转直下，1941 年日本偷袭珍珠港之后，美国与日本成为敌对国。美南浸信会的教产被日本军方接管，传教士及其家属被强行要求离开或被拘禁。华北浸信会神学院院长柯理培、郭维弼牧师夫妇、范莲德教士、赖崇理教士、怀麟医院院长安鼐森医生 6 人被日军软禁在黄县浸信会神学院，长达 8 个月。1942 年 6 月，柯理培、安鼐森、范莲德因着美日战俘交换计划被遣送回国，其他 3 人则被关入由潍县乐道院改建的潍县集中营。不久柯理培返回中国并担任美国军方与中国国民政府之间的联络人。[68]

随着外国传教士的被俘虏、被拘禁和被遣返，中国基督徒领袖担负起了更大的责任，他们在教务决策、资金分配、人事分工等方面获得了更大的自主权，进一步推动了教会自治、自养和自传的"三自"进程。1943 年 11 月 22日夜，怀麟医院护士吴世芳等带领抗日军民，将医疗物资转移至抗日根据地，为防日军进驻而将医院焚毁。[69]虽然个别教会和堂点在中国牧师和传道人的带领下继续运作，但是美南浸信会山东教区的整体活动趋于冷落，有的教会活动完全中止。[70]

抗日战争刚一结束，解放战争又拉开帷幕。山东作为历史、地理、人口、经济等多种要素皆具优势地位的战略要地，成为国共两党激烈争夺的重要对象。1945 年日本无条件投降并撤军以后，部分美南浸信会传教士陆续返回山东，开启恢复重建工作。鉴于国民党领导人蒋介石于 1930 年受洗成为基督徒，对基督教事业和外国传教士总体上持同情立场，所以传教士们对于"中华归主"充满憧憬。但是他们很快发现，在国民党控制下的国统区，物价飞涨，苛捐杂税多如牛毛，政府无能，官员腐败。最要紧的是，国民政府无法帮助农民免于地主压迫和放高利贷者的盘剥。[71]与此同时，由共产党控制的解放

---

68 Charles Culpepper, *The Shantung Revival*, Atlanta, GA: Home Mission Board, 1971, p. 109；Jesse C. Fletcher, *Living Sacrifices: A Missionary Odyssey-Conflict, Tension, Suffering, Victory! The Amazing Story of Missionaries John and Jewell Abernathy*, pp. 94-104.

69 刘建昆：《后艾体伟时代的怀麟医院》，2012 年 7 月 31 日，http://blog.sina.com.cn/s/blog_53a53e5201014am8.html，2018 年 11 月 11 日。

70 烟台市人民政府民族宗教事务处编：《烟台市民族宗教志》，第 173 页。

71 Norman H. Cliff, "Building the Protestant Church in Shandong, China," *International Bulletin of Missionary Research*, vol. 22, no. 2 (April 1998), p. 68.

区军纪严明，打土豪、分土地，获得了广大劳工阶层的拥护和支持。1946 年春，华北浸信会神学院院长柯理培以联合国善后救济总署随军牧师身份来到青岛，本打算去黄县筹划复建神学院，但因胶东解放战争烽烟遍地，信徒分散各地无法联络和开展活动而计划中止。[72]大部分美南浸信教会难以为继、关门大吉，少数浸信教会继续运作，艰难维持。[73]解放战争胜利前夕，美南浸信会华北差会开始向南方撤离，[74]有的在香港、台湾继续为中国人服务，有的则被派遣到亚洲其他国家开展工作。

新中国成立后，包括美南浸信会在内的所有外国差会停止在华活动，所有传教士撤离中国，所有教产由中国人民政府接管，美南浸信会华北差会最终退出历史舞台，黯然落幕。

第二节　美南浸信会"山东复兴"运动的复兴路线与地域分布

美南浸信会系统的"山东复兴"运动始于 1927 年的烟台，在挪威路德会孟慕贞的带领下，因躲避战乱而暂居烟台的大约 45 位美南浸信会传教士开始践行集体祷告、认罪悔改、奇迹医治等神学教义，并为复兴运动的到来积极准备。在接下来的十年间，美南浸信会华北差会山东教区的几乎所有布道站都掀起了复兴运动，"复兴"一词也成为美南浸信会传教士和中国基督徒谈论最多的时髦用语。正如瑞典神召会传教士富茂禄观察到的那样："山东省兴起了声势浩大的复兴运动，很多灵魂得救，病患得医治，很多人多次获得灵浸。复兴运动特别席卷了浸信会教堂，很多传教士、本地工人和教会成员都受到了使徒行传（Acts 2：4）中描述的那种'圣灵的浸'，神迹奇事紧随其后。"[75]美南浸信会女教士兼教会历史研究者吴立乐（Lisa Watson）说："当

72　刘信纯、张铁砚：《华北浸会神学院见闻》，中国人民政治协商会议烟台市委员会文史资料研究委员会编印：《烟台文史资料》第四辑，第 136 页。

73　Bertha Smith, *Go Home and Tell*, Nashville: Broadman and Holman, 1995, pp. 112-127.

74　柯理培夫妇和范爱莲首先转移到上海，开办了中华浸会神学院。不久又南迁到香港，创办香港浸会神学院。明俊德离开山东后来到台湾，买地建房。范爱莲和柯理培夫妇也先后定居台湾，并创办台湾浸会神学院。

75　Pauline and Olof S. Ferm, "Revival in China," *The Bridegroom's Messenger* (Atlanta, Georgia), vol. 26, no. 286 (August 1, 1932), p. 7.

时无论是西教士、本地牧师、传道员、执事、学生，也无分乎贫的、富的、有学问的、没有学问的，许多悔罪、认罪、痛改前非，而涌溢从主耶稣那里来的喜乐的。"[76]从不同地区来看，复兴运动从鲁东沿海的烟台卫灵女校、焕文男校开始，逐渐向西扩散，平度、高密、莱州、莱阳、黄县、济南和济宁等几乎所有浸信会传教站和外围布道站都受到影响。从参与者的身份来看，美南浸信会系统几乎所有人都受到了复兴的影响，仅"一千九百三十一年九月至一千九百三十二年六月，至少有二十四位西国教士并许多中国领袖很清楚的得到了灵浸的经历，又因为教会的奋兴前途的光明我们满心欢喜。"[77]里面不乏接受过严谨系统神学教育的神学博士、神学院教师等。不仅数十位浸信会传教士参与了复兴运动，中国教会领袖、普通基督徒更是复兴运动的支持者和践行者。在美南浸信会华北差会山东教区的教堂里，基督徒们追求"圣灵充满"、公开认罪悔改、集体大声祷告的景象随处可见，教会人满为患，信徒捐献踊跃，这在美南浸信会在华传教史上可谓前所未有。

美南浸信会自 1860 年进入齐鲁大地立足扎根，经过数代传教士的不懈努力，到 1927 年底已经建立了 68 间教会、97 个布道站，发展了 14,228 名信徒，拥有传教士 74 人（男性 26 人，已婚女性 24 人，未婚女性 24 人），按立中国籍牧师 20 人，男女传道人 128 人。[78]经过长达 10 年的复兴运动后，截至 1937 年，美南浸信会华北差会共有教会 85 间，布道站 102 个，信徒 17,257人，按立中国籍牧师 23 人，男女传道人 172 人。[79]主要驻地有黄县、平度、莱州、烟台、莱阳、济宁、济南、青岛等多处中心布道区域。很多浸信会传教士在后来的回忆录或自传中都认为，烟台是"山东复兴"运动第一把火烧起来的地方，随后其他驻地的传教士将这一火种带回各自的传教站，在平度、高密、莱阳、莱州、黄县、济南、济宁等地带领奋兴会，持续为复兴之火加柴造势，最终使得"山东复兴"运动的影响力扩散至河南、安徽、湖北、绥远、蒙古[80]等多个省份，乃至日本、朝鲜等周边国家。

76　吴立乐编：《浸会在华布道百年略史》，第 154 页。

77　高福德：《山东复兴》，第 29 页。

78　Annual of The Southern Baptist Convention, 1927, Louisville, Kentucky, p. 269.

79　Annual of The Southern Baptist Convention, 1937, New Orleans, Louisiana, p. 247.

80　1946 年 1 月 5 日中华民国政府正式承认外蒙古独立。在"山东复兴"运动所涉及的 1927-1937 年，笔者将今内蒙古与外蒙古的地域统称为"蒙古"。

一、烟台复兴

自 1926 年 5 月开始，国民革命军发动了旨在结束军阀割据、统一全中国的北伐战争。1927 年 4 月，国民党军队占领南京后，部队中的某些官兵因民族主义情绪高涨而将矛头指向外国机构和外国人，他们进攻基督教堂，杀死了包括传教士在内的多名外国人，史称"南京事件"。这一波排外反教风潮再次引发西方社会的高度恐慌。美国、英国、日本、意大利、西班牙、荷兰等列强集结了一支三万余人的部队开赴上海，保护那里的外国利益。[81]各驻华使领馆纷纷下令、安排本国国民撤离，数以千计的外籍人士仓皇逃离中国，依然坚守的传教士及其家属也纷纷从内陆地区撤往沿海口岸城市，寻求欧美军舰和使领馆的庇护。身在香港的美国五旬节派神召会传教士彭继祖（John Perdue）[82]，于 1927 年 6 月 28 日向《后雨福音报》（the Latter Rain Evangel）编辑部写信称，根据他的粗略统计，正常情况下在内地传教的 8000 名传教士中依然留在内地的只有 500 人；1500 人在上海，1000 人去了中国其他港口城市以及周边的日本和朝鲜临时避难，另有 5000 人返回母国。[83]

美南浸信会华北差会也受到了"南京事件"的影响。山东济宁浸信会传教士曾在年度报告中声称，他们于 1927 年 4 月初接到美国领事馆的电报，要求所有美国籍的妇女和儿童马上前往通商口岸暂避风险。两天以后，他们再次收到电报，要求所有男士也马上撤离。[84]烟台作为沿海口岸城市之一，是多国使领馆驻地，又有停泊在港口的军舰保护，所以选择留守或未及离开的传教士们很自然地向烟台聚集，其中就有挪威路德会的孟慕贞和美南浸信会华北差会的数十位传教士。正是在这一背景下，"山东复兴"运动正式拉开了帷幕。

挪威路德会的单身女教士孟慕贞与美南浸信会华北差会的关系相当密切，他们结缘于华北浸信会神学院院长柯理培的妻子柯藕莲眼疾复发，并试图寻求神圣医治。柯理培回忆到，早在十年前二人结婚之前，柯藕莲就因视神经萎缩差一点失明，因此休学到圣安东尼奥市去看眼科专家。最后总算病

81 H. G. W. Woodhead, *The China Year Book, 1929-30*, Tientsin: The Tientsin Press, 1930, p. 1158.

82 神召会教士彭继祖（John Perdue）夫妇 1924 年来华布道，驻广州芳村。黄光域编：《基督教传行中国纪年（1807-1949）》，第 621 页。

83 "The Outlook for China," *The Bridegroom's Messenger* (Atlanta, Georgia), vol. 21, no. 265 (August to October 1927), p. 2.

84 I. V. Larson, "North China Mission Annual Report," p. 196.

情稳定下来，但是她的一只眼睛几乎看不见，眼科医生还为她配了特别的眼镜。没想到十年后，她旧疾复发，为此柯理培带她到由洛克菲勒基金会资助的北京协和医院，去看一位澳大利亚籍的眼科医生，但医生表示无能为力。[85]他们回家不久就接到美国政府的通知，来烟台避难，正好遇到同样在烟台避难的孟慕贞。在孟慕贞的建议下，他们决定按照《圣经》依靠祷告医治。一天晚上，包括孟慕贞、柯理培夫妇、明俊德、海爱璧等在内的大约 20 位传教士来到柯理培住处，大家一起为柯藕莲的眼睛同心祷告。[86]随后，柯藕莲眼疾有所好转。

　　孟慕贞和多位美南浸信会传教士都将柯藕莲眼疾得医治事件视为"山东复兴"运动的开端。抛开该事件的科学性与真实性不谈，该事件的结果和影响是极其深刻的，特别是对柯理培和美南浸信会的传教士来说。他们开始重新思考风靡当时的一些新兴神学教义和主张，特别是与"圣灵充满"有关的五旬节主义和凯锡克主义，认识"圣灵充满"，并追求"圣灵充满"。烟台三个月的宗教经历也在美南浸信会传教士的心中埋下了渴望复兴的种子，点燃了他们心中的复兴之火。随后各地有关复兴的报告陆续传出，最早一则在美南浸信会差会档案中查有实据的是烟台卫灵女校（Williams Memorial Girls' School）复兴的消息：

> 1927 年 8 月中旬秋季学期一开始，一场真正的复兴爆发了，每一名教员都受到影响，每一名学生都大有改变。所有的名义基督徒都变得更加热心了。在每周六的例行聚会上，学生们都会为那些尚未得救的人跪下来向上帝祷告。[87]

　　1928-1929 年山东境内军阀混战，局势不稳，美南浸信会传教士再次紧急撤往烟台。期间多地浸信会教堂被军队占领，多所学校停办，黄县怀麟医院、平度怀阿医院、莱州梅铁医院均被军队接管，超负荷收诊受伤士兵。即便是经常作为避风港和避难所的烟台也没能逃脱战争影响。烟台浸信会的慕雅各发表在《美南浸信会母会与海外事工》1929 年 7 月的一篇报告称："就在几天前，我们所在的城市当局易帜，流匪横窜，抢劫盛行，上吊频发。城市周边的

85　柯理培:《诸圣之末——柯理培传》，刘诚、周瑞芳译，香港：浸信会出版社（国际）有限公司，2012 年，第 96-97 页。

86　柯理培:《诸圣之末——柯理培传》，第 99-100 页。

87　I. V. Larson, "North China Mission Annual Report," p. 197.

水井里满是女人尸体，她们为逃避凌辱而纷纷投井自杀。所有的男人和牲畜都被军队征用。饥荒、瘟疫接踵而至，不知何时休止。"[88]在这种人心惶惶、前途未卜的情况下，以诚心祷告、认罪悔改、追求圣灵为特色的烟台浸信会复兴持续进行，从卫灵女校扩展到了焕文男校（Hwan Men Boys' School），仅在 1929 年，焕文男校就有 42 名学生皈依基督教，学校的所有学生均为基督徒。[89]

1930-1932 年间，烟台复兴运动继续发展，不断取得新进展。烟台传教站有了第一辆汽车，大大方便了农村布道工作的开展[90]；之前因为经费问题而关闭的好几个农村教会重新开放[91]；传教士工资减半，受薪传道人也收入锐减，但不受薪的义务传道人越来越多，在教会和学校轮流带领奋兴会，[92]成为烟台复兴的重要动力，酝酿着烟台复兴的高潮。

1933-1934 年，烟台复兴运动达到高潮。明俊德报告称"烟台整个 1933 年都处于复兴运动和宗教觉醒中"[93]。驻烟台的慕雅各夫妇终于获得许可，进入被城墙包围的市中心布道，并将皈依基督教变成一种新时尚。每到周末和假期，会有多达 500 人的志愿布道队伍，分为数十个小组前往发网厂、刺绣厂、监狱[94]、周边农村等讲道[95]，五个月之内就有数百人皈依[96]。以山东第二监狱为例，男子监狱的典狱长和女子监狱的狱管员都是美南浸信会教友，在他们持之以恒的宣教攻势下，全部 500 名囚犯有 181 人受洗加入基督教。[97]

1935-1937 年，烟台复兴运动仍有发展，但整体的火热度和参与度明显回落。由平信徒自发支持的帐篷布道继续深入农村腹地，1936 年夏在五个地方

88 J. Walton Moore, "Proving True," *Home and Foreign Fields,* vol. 13, no. 7 (July 1929), p. 29.

89 A. R. Gallimore, "China Mission Annual Report," *Annual of the Southern Baptist Convention, 1930*, New Orleans, Louisiana, May 14-18, 1930, p. 154-155.

90 J. Walton Moore, "Williams Memorial Girls' School and Hwan Wen Boys' School," *Annual of the Southern Baptist Convention, 1932*, St. Petersburg, Florida, May 13-16, 1932, p. 211.

91 Mr. Moore, "Spiritual Awakening Started in Cheefoo as Told by Mr. Moore," *Annual of the Southern Baptist Convention, 1933*, Washington, D. C., May 19-22, 1933, p. 200.

92 Rev. J. W. Moore, "Lights and Shadows," *Home and Foreign Fields,* vol. 15, no. 2 (February 1931), p. 27.

93 Bertha Smith, "In the Port of Chefoo," *Annual of the Southern Baptist Convention, 1934*, Fort Worth, Texas, May 16-20, 1934, pp. 207-208.

94 1917 年 2 月，福山地方监狱在烟台西沙旺建立；同年 3 月，改称为山东第二监狱。

95 Mrs. A. W. Yocum, "Endued with Power from on High in North China," *Annual of the Southern Baptist Convention, 1935*, Memphis, Tennessee, May 15-18, 1935, p. 191.

96 J. Walton Moore, "North China Revival Continues," *Home and Foreign Fields,* vol. 17, no. 11 (November 1933), p. 27.

97 Mrs. A. W. Yocum, "Endued with Power from on High in North China," p. 191.

驻扎，布道团拜访了至少 50 个村庄。[98]1937 年，福音帐篷在十个地方驻扎，并开辟了两个新的布道站，主要领袖是刚从黄县浸信会神学院毕业的神学生们。烟台焕文男校的张宝灵（Miss Pearl Johnson）报告称，焕文男校有 200 名男生参加了 1937 年 4 月的奋兴大会，大约 30 人信主得救；卫灵女校的塔珍珠（Miss Pearl Todd）汇报了卫灵女校 30 周年校庆的盛况，很多校友现在是市内知名上流人士的妻子，还有的毕业生现任老师，绝大多数都是积极活跃的基督徒。[99]烟台基督教发展逐渐回归常态，进入稳定增长期。

二、平度复兴

平度是美南浸信会开辟的第三个布道站，是慕拉第、花雅各夫人、谢万禧等知名传教士曾经深耕过的宣教工场。复兴开始时，平度全县共有浸信教会 32 间，中外牧师 13 位，女教士 3 位，教友 9,763 位，教会完全小学约 40 处，男女中学各 1 处，男女医院各 1 处，[100]1929 年还开办了整个平度地区第一所幼稚园。[101]这里教会设施众多，信徒基数较大，信仰基础较好，并且心态较为开放。平度浸信会是最早对凯锡克主义、五旬节主义等敞开大门、表示欢迎的教会，因此也是最早掀起复兴运动热潮的地方。

平度复兴的动力源自一波一波的奋兴布道家及其带领的奋兴布道会。1929年秋，平度浸信会邀请王明道前来布道领会。平度浸信会传教士巴尔柯评价王明道是"中国最好的解经者之一，也是最受中国人欢迎的传道人之一"[102]。在为期一周的布道会中，王明道点燃了平度信徒心中的复兴之火。1930年 12 月中旬，挪威路德会驻河南南阳的孟慕贞教士应平度浸信会之邀前来带领奋兴会，为期十天，极大推动了平度复兴。[103]孟慕贞延续了一以贯之的布道风格，讲道内容不外重生要道、认罪悔改，逢人便问标志性的问题："你重生了没有？"，"你有什么凭据？"，"人若不重生，就不能见神的国"。

---

98 Anna Hartwell, "Thy Kingdom Come in North China," *Annual of the Southern Baptist Convention, 1937*, New Orleans, Louisiana, May 13-16, 1937, p. 211.

99 Olive Lawton and W. C. Newton, "Shantung's Open Gateway to China," *Annual of the Southern Baptist Convention, 1938*, Richmond, Virginia, May 12-15, 1938, p. 223.

100 王勉斋：《山东大复兴补志》，第 6 页。

101 Mrs. J. M. Gaston, "The North China Mission Annual Report," p. 208.

102 Rev. Earl Parker, "Sifting Times in China," *Home and Foreign Fields,* vol. 14, no. 8 (August 1930), p. 4.

103 Dr. A. Y. Yocum, "Pingtu Evangelism," *Annual of the Southern Baptist Convention, 1931*, Birmingham, Alabama, May 13-17, 1931, p. 221.

参加聚会的除了平度教会男女两校师生外，还有 32 个来自农村教会的代表领袖，共有数百人。很多人认罪悔改，获得重生。[104]1931 年春平度浸信会请黄县柯理培牧师、青岛纽敦（W. C. Newton）牧师前来讲经两次，很多人认罪悔改，得救的人数不断增加。[105]平度浸信会的费保真（Bonnie Jean Ray）报道称："平度的非基督徒们都在纳闷到底发生了什么，八年之前借出去的东西都被归还了。有一个人没领教会一分钱的薪水，热心地义务布道，帮助高珍珠带领了两次奋兴会。从前来教堂做礼拜的只有几个人，现在每天都有人皈依，每天聚会的人数都在 60 人以上。教会的捐献也在增多。"[106]

如果说请路德会孟慕贞讲道还算不上神学立场方面的重大突破，那么向五旬节派神召会传教士祈理平发出邀请这一举动则更加大胆。五旬节主义自二十世纪初从美国兴起以来就一直备受争议，传到中国之后的十多年间也一直处于非常边缘的地位，为自诩"正统"的主流差会所不容。事实上，祈理平首次来平度也属机缘巧合，还颇费了一番周折。早在 1931 年六月间，平度浸信会的官寿松牧师、侯公瑞与义集女校教员六人前往青岛查经班学习，[107]正逢祈理平在青岛神召会讲经领会。[108]出于好奇，他们大部分时间都没在查经班，而是去旁听祈理平的布道会，并对聚会中的热闹场景印象深刻，可惜半个月的时间里都没能得到"圣灵充满"，临行之时关寿松与苗某给祈理平留下一张英文短笺，表达了对灵浸的渴慕。美南浸信会的女教士高珍珠跟祈理平做自我介绍，从此建立了联系。随后平度夏令会即将开始，可惜之前预约的一位讲员侯秀英因病无法前来。有人提议请祈理平代替，但当时美南浸

---

104 高福德：《山东复兴》，第 16 页。

105 蔚：《追记一九三一年山东平度浸信会奋兴会之盛况》，《神召会月刊》第 7 卷第 8 号，1932 年，第 31 页。

106 Bonnie Jean Ray, "Revival in North China," *Home and Foreign Fields,* vol. 15, no. 7 (July 1931), p. 32.

107 柯理培也提到，美南浸信会传教士们于 1931 年 6 月在青岛开宣教士退修会，那时候大多数人都同意留出四天时间来祷告，追求圣灵的祝福。柯理培：《山东大复兴》，俞敬群译，台北：台湾浸信会神学院，1999 年，第 42 页。

108 祈理平于 1931 年 5 月 30 日收到五旬节派神召会驻青岛传教士部馥蒙（Ivan Kauffman）的电报，邀请他来山东讲道五个星期，遂于 6 月 9 日离开广州北上青岛。"Holy Ghost Revival in North China," *The Latter Rain Evangel,* vol. 24, no. 2 (December 1931), p. 22；《社长祈理平最近行踪——青岛电请北上》，《神召会月刊》第 6 卷第 3 号，1931 年，第 33 页。

信会传教士普遍反对受灵浸方言等事，为此引发了意见分歧。经过若干次商议之后，才最终决定请祈理平牧师来平度。[109]

1931 年 9 月 12 日，广州神召会传教士祈理平夫妇和上海济贫所的德教士等人到达平度浸信会，自 13 日上午开始在当地传教士和中国信徒当中带领了为期八天的奋兴布道会。[110]祈理平夫人（Mrs. G. Margaret Kelley）回忆到："1931 年 9 月，我与丈夫汇合后立即前往平度美南浸信会，他们在那里有一所医院、两所学校和一座教堂，教区内有 6,000 名领受圣餐的人。"[111]白日祈理平讲经，多半引用使徒行传，注重圣灵施浸与神迹证道；晚祷会由祈师娘讲；晨更由德教士主领。

高福德评价由五旬节派神召会传教士祈理平所带领的"这次奋兴会诚然是平度教会复兴的一大关键，也为中国浸信会开了一个新纪元"[112]。上海济贫所的德教士说"中国进行接受圣灵施浸者，平度教会实占首位"[113]。祈理平夫人也说："自从我们去年（1931 年）秋天把五旬节福音带到浸信会教堂以来，数以百计的，甚至数以千计的人都被带到这场圣灵的瓢泼'后雨'中。这种盛况还在持续！"[114]此后，信徒们不仅对于认罪悔改、集体祷告等有了更确切的追求，更重要的是追求"圣灵充满"成为一种新时尚，出现了很多五旬节派"圣灵充满"的新奇甚至是极端的宗教经验。极具个体化和体验感的宗教经验使得某些基督徒特别是中国基督徒感到既好奇又新奇，他们不像受过系统神学教育的传教士博士那样关心"圣灵充满"的宗教表现是否有"说方言"等，以及祈理平宣传的五旬节教义是否符合基督教正统，他们更多的是以一种猎奇的心理追求一种从未经历过的宗教体验，因此满怀期待、跃跃欲试，形成一种时尚与潮流。

---

109 蔚：《追记一九三一年山东平度浸信会奋兴会之盛况》，《神召会月刊》第 7 卷第 8 号，第 31 页。

110 《山东平度浸会自去年以来两次奋兴会之佳报》，《真光》第 31 卷第 1 号，1932 年，第 86 页。

111 "Holy Ghost Revival in North China," *The Latter Rain Evangel*, vol. 24, no. 2 (December 1931), p. 22.

112 高福德：《山东复兴》，第 20 页。

113 蔚：《追记一九三一年山东平度浸信会奋兴会之盛况》，《神召会月刊》第 7 卷第 8 号，第 33 页。

114 "Great Revival in North China," *The Latter Rain Evangel*, vol. 24, no. 11 (April 1932), p. 22.

尤其值得一提的是，两位平度本地人关寿松牧师和侯秀英女传道对平度复兴多有推动，在教会受到美国经济危机影响只能支付一半报酬的情况下依然尽职尽责，开办查经班，带领奋兴会，使得平度受浸人数、领圣餐人数和慕道友人数逐年刷新历史最高纪录。[115]关寿松于1930年春被按立为牧师，他是教师、作家、传道人和牧师，主要服务于平度城市浸信教会。[116]侯秀英作为复兴运动的传递者之一，除了带领平度复兴运动之外，还不辞辛劳地到济宁、济南、黄县、青岛、烟台等多个浸信会堂带领奋兴会，她的布道特色是注重灵恩，强调"圣灵充满"，[117]在农村信徒中尤其受欢迎。基督徒村民们早上有晨更祷告会，晚上有查经祷告会，并合伙结队向本村和周围村庄传福音，各教会都奋兴起来受灵浸、见异象、唱灵歌，并有神迹奇事。[118]平度谢义集女校和平度男校的学生自发组织起来，定期开展布道活动。传教士巴尔柯说"这是名副其实的五旬节运动，在美国很少能见到类似场景。"[119]

1932年是平度复兴运动的最高潮，一年之内新皈依的信徒高达3,000人，这还不包括之前受洗的老教友。[120]成百上千之前不信仰基督教的人跟着基督徒亲朋好友一起进入浸信会教堂，寻求所谓"圣灵充满"的神秘经历，很多人在很短时间内就皈依基督教。表面看上去，这是一个很难让人理解和相信的现象，但是在法国社会心理学家古斯塔夫·勒庞（Gustave Le Bon，1841-1931）看来，类似的集体行为时有发生，不难理解。[121]集体行为具有自发性、从众性、情绪性和非理智性，其发生往往是人们情绪相互影响的结果，参与者的特征表现为有意识的人格消失，无意识的人格占据主导地位，个体的理性思考能力、独立判断能力和自我控制能力减弱甚至消失，集体情绪会因参与者的相互感染和暗示而朝着某一个方向发展。1932年的32间平度浸信教会中，"复兴"是所有浸信会教徒关注和热议的焦点，追求"圣灵充满"是

---

115 Mrs. J. M. Gaston, "The North China Mission Annual Report," p. 207.

116 Dr. A. Y. Yocum, "Pingtu Evangelism," *Annual of the Southern Baptist Convention, 1931*, Birmingham, Alabama, May 13-17, 1931, p. 221.

117 Mrs. J. M. Gaston, "The North China Mission Annual Report," p. 211.

118 王勉斋：《山东大复兴补志》，第5页。

119 Earl Parker, "Showers of Blessings in Pingtu," *Home and Foreign Fields,* vol. 16, no. 4 (April 1932), p. 31.

120 Mary Crawford, "Pingtu Revival Sees Approximately Three Thousand Saved," *Annual of the Southern Baptist Convention, 1933*, Washington, D. C., May 19-22, 1933, p. 196.

121 古斯塔夫·勒庞：《乌合之众：群体心理研究》，亦言译，北京：中国友谊出版公司，2019年。

新老基督徒的新目标，有没有求得圣灵成为区隔"更好的"基督徒和普通基督徒的界限，在这种情况下"求圣灵"就成为基督徒之间相互感染的群体心理，并吸引了很多教外人士竞相效仿，造成了一定的轰动效应。

三、高密复兴

高密因与平度相距不远，所以较早受到了平度复兴运动的影响，很快接过了复兴运动的接力棒。高密浸信会属于瑞华浸信会，成立于 1921 秋。以 1917 年改名为"华北议会"的浸信会联会为平台，瑞华会与美南浸信会华北差会密切合作，相互影响，共同掀起了胶东地区复兴运动的高潮。自成立之日至 1937 年的十多年间，高密浸信会不断举办各种奋兴会、查经会、退修会等，每次都是请布道热忱、富有灵力、经学渊博的中西名牧主领，每次中西教会领袖和普通信徒都获益匪浅。

高密复兴的动力也是中外巡回布道家带领的系列奋兴会，主要有孟慕贞、祈理平、王彼得和宋尚节等。1931 年春，挪威路德会女教士孟慕贞前来领会，点燃了高密复兴的"第一把火"。高密浸信会的韩澄江牧师写到："教士性情安静，面容和蔼，讲道专凭实际，声音虽不宏亮，然句句送入人耳，刺透人心，听众莫不受感，觉悟自己的罪孽，悔改得重生者，有二百多人。还有本院女校学生，及教职员，都痛哭认罪，悔改成新人，离弃一切的罪孽。每逢聚会，全体开口祈祷，声音如雷，或作见证，或求赦罪，或拆墙垣……从那次奋兴以后，教会就继续不断的奋兴。"[122]孟慕贞的领会以及对认罪重生的强调，在高密信徒心中种下了一颗复兴的种子。

1931 年秋和 1932 年夏，高密浸信会两次邀请神召会祈理平夫妇前来领会。祈理平夫人写到，"我们现在来到了瑞华浸信会教堂，负责该教堂的传教士已经受到了灵浸。这座教堂开始于 10 年以前，现在有 1,200 名教徒和 26 个外围传教站。上帝正在此处掀起圣灵复兴运动。"[123]祈理平夫妇还深入高密农村地区，在南乡钟家王吴大沟头、小沟头、杨家屯、梁家屯、蓝家庄等村，开会布道，宣称被"圣灵充满"者达五六百人。[124]

---

122 高福德：《山东复兴》，第 94-95 页。

123 "Holy Ghost Revival in North China," *The Latter Rain Evangel*, vol. 24, no. 2 (December 1931), p. 22.

124 高福德：《山东复兴》，第 97 页。

1933 年春，宋尚节带领伯特利布道团来到高密领会五天。听众超过一千人，教堂里面容纳不下，只好在院子里临时搭棚。宋尚节博士的讲道非常有感染力，很多人"为主决志"，投身职业布道生涯。有一两百人自发组织了45 队布道团进行游行布道。1933 年秋，王彼得牧师来高密领会一月，1934 年春再来布道两个礼拜，这次布道在高密乡村地区掀起了复兴高潮。

四、莱州和莱阳复兴

1930 年中，孟慕贞受邀来到莱州领会一周，由此揭开了莱州浸信会复兴运动的序幕。很多非基督徒参加过一次奋兴会后瞬间皈依；很多基督徒认罪悔改，得到重生。1930 年秋，柯理培和中国牧师秦隋亭也到莱州带领奋兴会，助力莱州复兴运动。柯理培还与负责莱州教会的孙约翰一起，深入农村教会传教布道，所到之处无不获得积极响应。莱州女校的老师和学生们也在信仰方面有了变化，该校女教师米勒每天为七个查经班上课，以满足信徒们的圣经学习需求[125]；伟丽福（Mary D. Willeford）发现那些信仰热情下降的基督徒又重新恢复了热忱和圣洁[126]；明俊德（Bertha Smith）评价到"这是整个女校历史上属灵生命最高的一年"。[127]

与莱州临近的莱阳也受到复兴运动的影响。1930 年春，秦隋亭牧师在莱阳多个教堂做了生动有趣和鼓舞人心的布道，受到基督徒的欢迎。1930 年秋，柯理培从黄县来到莱阳，用图表、唱诗等活泼有趣的方式向基督徒布道，助推了莱阳复兴的持续发展。孙约翰在 1930 年一年之内六次在莱阳各地巡回布道，步行 140 英里，足迹遍及莱阳教区之内的所有浸信会教堂。孟慕贞也再次来到莱阳带领奋兴会，其结果就是"莱阳教会兴起一场新的属灵觉醒运动"[128]。

1931 年底，莱阳掀起了复兴运动的高潮，对此发挥作用最大的外国传教士非孙约翰莫属。《教务杂志》曾经刊发了孙约翰写给栾马丁的一封信，介绍了莱阳复兴的状况。12 月 3 日起，孙约翰等在山东莱阳带领了为期九天的奋

---

125 Cynthia A. Miller, "Shall We Work Her to Death?" *Home and Foreign Fields,* vol. 14, no. 3 (March 1930), p. 31.

126 Mary D. Willeford, "From Laichow," *Home and Foreign Fields,* vol. 15, no. 6 (June 1931), p. 30.

127 I. V. Larson, "Laichow Evangelism," *Annual of the Southern Baptist Convention, 1931,* Birmingham, Alabama, May 13-17, 1931, p. 223.

128 I. V. Larson, "Laiyang," *Annual of the Southern Baptist Convention, 1931,* Birmingham, Alabama, May 13-17, 1931, p. 226.

兴会，作为主讲人的孙约翰几乎没有机会布道，大部分时间都是在教友们排队认罪和集体祷告中度过的。当时同在莱阳的朝鲜长老会传教士组织召开年度秋季圣经学习班，班上的全部十名学员也参加了孙约翰的奋兴会。[129]可见，朝鲜长老会对莱阳浸信会复兴运动是持支持立场的。莱阳奋兴会结束以后，孙约翰来到莱州，只休息了一天就在莱州继续领会，为期 11 天。[130]莱州的"圣灵充满"景况虽然不像莱阳一样来得那么快，但是也得到很多人响应。对于基督徒而言，是否获得"圣灵充满"、重生得救的宗教经验，正在成为区分"好基督徒"和"坏基督徒"的新兴标准。

莱阳复兴中同样不能忽视的元素即是祈理平代表的五旬节派的积极推动。1932 年 8 月 20 日至 30 日，广州神召会传教士祈理平带着翻译梁小姐、同行库尔德牧师受邀来到莱阳南关中华基督教会，带领了为期 10 天的奋兴会。每日分为早、晚、午前、午后四次，早晨与午前为教友的灵修和讲道，午后与晚间专对外界讲道。主要的讲道题目是圣灵与教会，耶稣与世人。[131]与会人员既有浸信会、信义会的职员与教友，又有即墨、平度、莱阳各教会的职员与教友，每次聚会人数均在三四百人，可谓盛况空前。此次祈理平等的布道地点虽然不是浸信会教堂，但是依然有大量浸信会神职人员和教友参加，可见当时莱阳地区基督教界对于五旬节讯息的欢迎和接受程度。

1932 年 9 月 21 日，莱州突然爆发战争，驻莱州和莱阳的美南浸信会传教士不得不撤到黄县，3 万人无家可归。即便如此，两地的布道工作可圈可点，1932 年一年，35 人受洗加入莱州浸信会，56 人加入莱阳浸信会。[132]柯理培认为，对于莱阳和莱州教区来说，1932 年"在中国这真是最好、最好的年份"[133]。1933 年战争的负面影响继续扩大，医院、学校和传教士寓所的家具被洗劫一空，学生们四散而逃。[134]在孙约翰夫妇、傅雅各夫妇、甘爱德、许爱丽、米

129 C. A. Leonard, "Revivals in War-Stricken Mauchuria," *The Chinese Recorder,* vol. LXIII, no. 4 (April 1, 1932), pp. 255-256.

130 I. V. Larson, "Rejoicing in the Lord," *Home and Foreign Fields,* vol. 16, no. 4 (April 1932), p. 31.

131 范子玉：《莱阳南关中华基督教会奋兴会的经过》，《神召会月刊》第 7 卷第 6 号，1932 年，第 39 页。

132 I. V. Larson, "Laichow-Laiyang Evangelistic Work," *Annual of the Southern Baptist Convention, 1933*, Washington, D. C., May 19-22, 1933, p. 192.

133 柯理培：《山东大复兴》，第 37-38 页。

134 Bertha Smith, "In a Very Old City," *Annual of the Southern Baptist Convention, 1934*, Fort Worth, Texas, May 16-20, 1934, pp. 204-205.

勒教士和伟丽福等传教士的共同努力下，莱州和莱阳两地的复兴运动持续深入，并且主阵地逐渐从城市转移到乡镇和农村。1933 年，135 人受洗加入莱阳浸信会，1 人被按立为牧师，工资完全由莱阳信徒承担。[135]莱州爱怜女医院的钟珍义大夫（Dr. Jeannette Beall）称 1933 年是她"来华 15 年来最好的一年"[136]。

1934 年，莱州和莱阳的复兴运动还在继续。孙约翰写到："当几年前大复兴爆发的时候，有人预言复兴运动最多只能持续一年。我很高兴地告诉大家，到目前为止，复兴之火还没有熄灭。"[137]莱州浸信会的许爱礼（Miss Alice Huey）说，1934 年的工作重心是莱州农村教会，每个教会都被福音布道团回访了好几次，不间断地举办了多次查经会和奋兴会；莱州妇女圣经学院（Murphy Memorial School for Women）和莱州女子学校（Roblee Barker School for Girls）在入学人数和受洗人数方面也有增长。[138]莱阳的福音帐篷依旧在卓有成效地开展工作，1934 年莱阳共有 50 人受洗入教。[139]

五、黄县复兴

黄县位于蓬黄招教区的中心位置，因"人烟稠密，商贾繁盛，故西牧皆居于此，设有怀麟医院，崇实男女小学、中学，并神学院，以及幼稚园、福音所等等"[140]，是美南浸信会的宣教重镇，也是美南浸信会华北议会总部所在地。

有关黄县复兴的报道最早出现在 1928 年春，范莲德教士（Miss Martha Linda Franks）在年度报告中两次提到黄县复兴，一次是在黄县城区的妇女中出现复兴，另一次是在黄县浸信会的中小学校出现复兴。[141]身在烟台的浦其维博士也通过信件、电报等方式与黄县浸信会保持密切联系，他评价到"这场

---

135 Bertha Smith, "In a City That Suffered," *Annual of the Southern Baptist Convention, 1934*, Fort Worth, Texas, May 16-20, 1934, p. 206.

136 Bertha Smith, "In a Very Old City," pp. 204-205.

137 Mr. I. V. Larson, "From Laiyang-Organized 1915," *Annual of the Southern Baptist Convention, 1935*, Memphis, Tennessee, May 15-18, 1935, p. 200.

138 Mrs. A. W. Yocum, "Endued with Power from on High in North China, p. 199.

139 Mr. I. V. Larson, "From Laiyang-Organized 1915," p. 200.

140 臧雨亭：《蓬黄招浸信会近二年之情况》，中华续行委办会编：《中华基督教会年鉴》（再版）1936 年第 13 期，第 62 页。

141 Martha Linda Franks, "The North China Mission Annual Report," *Annual of the Southern Baptist Convention, 1929*, Memphis, Tennessee, May 9-12, 1929, p. 211.

复兴运动比中国其他地区的复兴更加属灵（far more spiritual），复兴的特色是奇妙的认罪和感同身受的同理心"。[142]但这次复兴运动持续的时间不长，参与信徒不多，发起人和主导人都是中国传道人，传教士因为山东境内军阀交战而再次集体撤往烟台避险，等他们 1928 年 9 月 10 日返回原传教站的时候，黄县第一次复兴已经基本结束。1929 年 9 月挪威路德会孟慕贞前来黄县带领奋兴会，重点宣讲"重生"教义，使大多数传教士和中国基督徒在属灵生活方面得到提升，黄县学校迎来短暂复兴。[143]但这次复兴也未能成气候，1930 年 5 月黄县中学爆发学生抗议运动，中学部关闭[144]；黄县神学院当年秋季学期开学的时候竟无一人报到，在校生人数创下历史最低[145]。大规模黄县复兴的正式上演是在 1931-1932 年，复兴之火被中国本土奋兴布道家王明道和宋尚节点燃，使黄县成为整个"山东复兴"运动的动力来源和领导中心。

　　1931 年 5 月，王明道受邀到黄县领会 10 天，教堂人满为患，气氛热烈；7 月，王明道再临黄县，领会两个星期，很多人对重生和得救有了新的认识[146]；1932 年 4 月 12 日王明道再次受邀来到华北浸会神学院，连续布道 16 天，掀起了一股查经热，"使人忘记了时间"[147]。1931 年 11 月 28 日至 12 月 3 日，宋尚节和李道荣前来布道，被"圣灵充满"的人数创下历史新高。[148]正如赖崇理描述的那样，"王明道准备好了燃料，宋尚节和李道荣点燃了大火"

---

142 C. W. Pruitt, "Great Revival," *Home and Foreign Fields,* vol. 12, no. 11 (November 1928), p. 347.

143 D. F. Stamps, "Hwanghsien Evangelism," *Annual of the Southern Baptist Convention, 1931,* Birmingham, Alabama, May 13-17, 1931, p. 218.

144 John W. Lowe, "Annual Report," *Annual of the Southern Baptist Convention, 1931,* Birmingham, Alabama, May 13-17, 1931, p. 217.

145 W. B. Glass, "Report of Bush Theological Seminary," *Annual of the Southern Baptist Convention, 1931,* Birmingham, Alabama, May 13-17, 1931, p. 218.

146 此番王明道短期内再临黄县，一是受邀带领奋兴会的工作需要，二是陪自己的妻子刘景文来黄县怀麟医院看病。刘景文被北京协和医院诊断为肺病，需长期疗养，因其与王明道母亲和姐姐不和，因此选择了黄县怀麟医院，住院四月有余。期间，王明道除在黄县讲道之外，还受邀到山东各地带领奋兴会，撒播复兴火种。夫妇二人于 1931 年 12 月下旬返回北京。刘建昆：《王明道在黄县》，2011 年 7 月 23 日，http://blog.sina.com.cn/s/blog_53a53e520100vx59.html，2019 年 8 月 28 日。

147 Martha Linda Franks, "Revival Fires," *Home and Foreign Fields,* vol. 16, no. 7 (July 1932), p. 31.

148 F. P. Lide, "Hwangsien Station," *Annual of the Southern Baptist Convention, 1932,* St. Petersburg, Florida, May 13-16, 1932, p. 214.

[149]。另外一位颇有名气的中国籍奋兴布道家王彼得受邀来黄县带领奋兴会，1932年农历新年刚过，黄县崇实学校就掀起了复兴运动高潮。[150]1934年圣诞节前夕，王彼得再次来到黄县浸信会神学院带领了好几天的特别奋兴会。[151]藉着黄县浸信会历史上规模空前的几场奋兴会，黄县复兴运动的影响力不断扩大。

黄县复兴也有五旬节派传教士的身影。1931年秋祈理平夫妇首次拜访黄县，带领过一波奋兴会，点燃了复兴的火苗。1932年8月祈理平夫人报告称："我们再次来到华北地区，投身我有生以来见过的最伟大的圣灵复兴运动。上帝在这最后的日子里做了很多伟大的事情。我们首先去了山东黄县的美南浸信会传教站，带领奋兴会。那里的传教士们和中国领袖们都受到了圣灵的洗，复兴之火正在燃烧。最近他们为86名新皈依的基督徒施洗，另有60人在外围传教站受洗。教会医院和学校都变成了复兴中心，提供彻夜通宵的祷告仪式。每天都有人得救和被'圣灵充满'。"[152]可见，黄县复兴虽然是以美南浸信会为主阵地，但是不能否认五旬节主义的深刻影响。

继中国奋兴布道家和外国五旬节派传教士之后，具有奋兴倾向和领会特长的浸信会传教士也积极推动了黄县复兴运动。美南浸信会传教士孙约翰因带领了莱阳和莱州复兴而颇负声望。1932年2月2日，黄县浸信会邀请孙约翰前来领会一周，首站是华北浸会神学院。正值中国农历新年，神学生都放假回家了。传教士和中国传道人集中在神学院的一间有炉子的大房间里开奋兴会，周一上午聚集了大约40个人。[153]据高福德记载，聚会弥漫着一股虔诚、神圣的气氛，"诚恳认罪者有之，偿还欠债者有之，倒空算清等候圣灵者有之，在五号便见灵之工作，直到七八号每日有受灵浸的，先后共四十余名。"[154]柯理培还曾与两名中国传道人在他的办公室彻夜祷告，追求"圣灵充满"。到周末的时候，聚会人数已达到200人。[155]孙约翰参加了从周二到

---

149 Jane W. Lide, "Hwangsien Station, Woman's Field Work," *Annual of the Southern Baptist Convention, 1932*, St. Petersburg, Florida, May 13-16, 1932, p. 214.

150 高福德：《山东复兴》，第25-27页。

151 Mrs. A. W. Yocum, "Endued with Power from on High in North China," p. 194.

152 "Great Revival in North China," *The Latter Rain Evangel*, vol. 24, no. 11 (April 1932), p. 12.

153 Eloise Glass Cauthen, *Higher Ground: Biography of Wiley B. Glass Missionary to China*, p. 150.

154 高福德：《山东复兴》，第24-25页。

155 Charles Culpepper, "The Joy of the Lord," Sermon tape MABTS chapel service Memphis, November 16, 1984.

周五的所有聚会，但在第一天之后就再没讲过道。持续一周的奋兴会被连续不断的公开认罪和虔诚热切的集体祷告所充满。

黄县复兴的场所除了浸信会神学院之外，还有黄县崇实学校，该学校的前身是浦其维夫妇于1892年创建的"华洋书院"，1920年夏改名为崇实学校，内设幼稚园、小学、中学、大学预科、神科、师范等多种机构，建制完整。1932年2月中旬春季学期开始之后，黄县复兴的规模进一步扩大，女子中学、男子中学等都掀起了复兴运动。女生们整晚都在祷告和认罪，超过100名老师和学生得到"灵浸"；1932年3月13日，男校开始了类似的复兴，"哈利路亚！赞美主！"成为基督徒见面打招呼的新方式。[156]1933年由王季生（K. S. Wang）担任校长的崇实高中组建了11支布道团，每周日下午都到周边农村布道；黄县神学院也自发组织了15支布道团，通过福音帐篷、教堂讲道、街头布道等多种方式发展教徒。[157]甚至崇实学校的五十名小学生也加入了复兴运动，小学的两名年轻教员陈先生和苗先生邀请王彼得牧师到他们的学校布道，这些小学生们也纷纷认罪悔改，被"圣灵充满"。

黄县教会医院也不例外，大夫、护士、医院专职传道和义务传道人都有参与。怀麟医院的男传道王先生、女传道李太太和田太太每天在门诊部和病房区耐心讲道，仅1932年就吸引了四五十名病人入教。[158]柯理培报告称"大复兴漫溢在三个浸信会医院，在妇产科医院的几个护士得救了，并且被'圣灵充满'，甚至那些打扫的女工，工作的时候，也一直唱诗赞美主。每天都有病人得救。"[159]在当时祷告成风、神迹流行的氛围下，就连代表现代科技的医生传教士也受到影响。当时黄县怀麟医院的院长是安霈森医生，他对所有的医生护士、以及每一位前来就医的病人都深为关切。当他为病情严重或情况棘手的病人做手术时，都会请神学院的传教士和神学生来医院的祷告室进行特别祷告。[160]

---

156 Eloise Glass Cauthen, *Higher Ground: Biography of Wiley B. Glass Missionary to China*, p. 153.

157 Bertha Smith, "In the City of Hwanghsien," *Annual of the Southern Baptist Convention, 1934*, Fort Worth, Texas, May 16-20, 1934, pp. 206-207.

158 Dr. N. A. Bryan, "Hwanghsien, Warren Memorial Hospital," *Annual of the Southern Baptist Convention, 1933*, Washington, D. C., May 19-22, 1933, p. 195.

159 柯理培：《山东大复兴》，第83页。

160 柯理培：《山东大复兴》，第96-97页。

黄县复兴运动从城市地区兴起之后，很快蔓延到周边的农村地区。包括神学生、男女中学生、医生护士、教会会友等在内的普通基督徒利用周末时间前往周边地区传教，他们带着显眼的宣教旗子，背着沉重的宣传材料，怀着满腔的见证热情，来到街头巷尾、田间地头、农民家中，向他们宣讲生命永生的救赎之道和"圣灵充满"的宗教经验。神学院女生自发组成"十字架下精兵布道团"，她们分为八个小团，每团布道人员有五六人，"于每礼拜日下午出发，布道人各拿福音片子，随走随散，并用很简单的话告诉他们，信耶稣，感谢主！"[161]福音帐篷布道对农村地区而言是特别行之有效的方法。黄县的中国信徒自发地把福音帐篷带到农村，每个村庄待上大约一个星期，然后转移到下一个村庄。[162]大多数村庄以前从来没有召开过奋兴会。一到晚上，福音帐篷人满为患，很多人因被"圣灵充满"而皈依基督教。黄县的外围布道站都经历了复兴。

黄县复兴不仅局限于城区和周边农村，还因着黄县传教士的外出布道扩散到周边地区，甚至辐射全省各地。影响力的核心来源于黄县神学院，这里集中了包括柯理培院长、郭维弼博士、纽敦博士、赖德博士、范爱莲教士等在内的一大批知名传教士，他们在完成教学任务之余也会不遗余力地巡回布道，不断扩大复兴运动的规模与影响。比如黄县神学院的范莲德和赖守礼两位教士在龙口教会的邀请下，给慕道友查经班上课，反响良好[163]；郭维弼博士1931年5月为龙口教堂的22个人施洗[164]，1932年5月1日为61人施洗，年龄11-85岁之间[165]，1933年5月1日为43人施洗[166]；施坦士于1930年春节期间受邀到登州带领了为期两周的奋兴会，掀起了登州复兴[167]；纽敦博士

---

161 《黄县女神学院十字架下精兵布道团报告》《全国基督徒布道团报告书》第2期，1936年，第39页。

162 Mrs. Culpepper, "Hwanghsien, Men's Evangelistic Work," *Annual of the Southern Baptist Convention, 1933*, Washington, D. C., May 19-22, 1933, p. 194.

163 M. L. Franks, "Well Received," *Home and Foreign Fields,* vol. 14, no. 3 (March 1930), p. 31.

164 Dr. N. A. Bryan, "Baptisms in Shantung," *Home and Foreign Fields,* vol. 15, no. 9 (September 1931), p. 31.

165 W. B. Glass, "Worth 29 Years," *Home and Foreign Fields,* vol. 16, no. 8 (August 1932), p. 25.

166 W. B. Glass, "News from Hwanghsien," *Home and Foreign Fields,* vol. 17, no. 10 (October 1933), p. 28.

167 D. F. Stamps, "A Great Revival in Tengchow," *Home and Foreign Fields,* vol. 14, no. 5 (May 1930), p. 31.

更是独自一人到寿光、曲阜、泗水等地旅行布道，施洗信徒，带领奋兴会[168]。这些亲身经历了黄县复兴的浸信会传教士们，受邀或主动到山东各地带领奋兴会，宣讲"圣灵充满"的"新福音"，成为复兴运动的推动者。

黄县复兴高潮到来的时间虽然不是最早的，但却是规模最大、成就最突出的，可谓是浸信会复兴运动的中心。除了位置优越可以东西兼顾之外，其驻地传教士在美南浸信会中深具影响力也是重要因素。时任黄县浸信会神学院院长的柯理培不仅是神学院的领导核心，事实上也是整个美南浸信会复兴的领导核心。[169]中美浸会神学院（Mid-America Baptist Theological Seminary）的荣誉退休院长格雷·艾利森（Gray Allison）就认为柯理培是"山东复兴"运动的真正领袖。[170]德高望重的郭维弼也承认："没有人比柯理培更努力地将人们的信仰夯实在圣经的坚实基础之上。他成为我们中间的属灵领袖，他的家和书房变成了名副其实的精神诊所。"[171]柯理培对所谓凯锡克圣灵观的欢迎、诠释和践行使得数十位浸信会传教士得以澄清当时遭受的五旬节倾向的指控，为复兴运动提供了神学依据。同样在黄县的明俊德教士（Bertha Smith）和赖崇理教士（Jane Lide）曾在"山东复兴"之前就对"圣灵充满"有所接触和了解。明俊德在青少年时期曾遇到一些旅行奋兴布道家，她把他们的教义总结为："他们宣称，只有得救的人才属于上帝——心灵、身体和灵魂——我们应该承认这一事实，向上帝承认我们所有的罪，以获得洁净，然后将我们自己毫无保留地交给上帝，让圣灵来充满我们。这样我们就能获得权柄，并为取悦上帝而活了。我们以前从来没有听到过这种教义。"[172]赖崇理对"圣灵充满"的了解是通过加利福尼亚州的五旬节派，她虽然反对"说方言"，但是认同五旬节派对于"圣灵充满"的强调。[173]一定程度上来说，正是黄县这一复兴运

168 W. C. Newton, "Revivals in Shantung," *Home and Foreign Fields,* vol. 14, no. 6 (June 1930), p. 28.

169 John C. Plumley II, "An Analysis of Charles Culpepper Sr.'s Pneumatology and Its Relevance for Missions Today," p. 16.

170 柯理培退休后曾被 Allison 返聘回中美浸会神学院任教五年，不受薪，但是神学院为他提供所有费用。

171 Eloise Glass Cauthen, *Higher Ground: Biography of Wiley B. Glass Missionary to China*, p. 162.

172 Bertha Smith, *How the Spirit Filled My Life*, Nashville, TN：Broadman Press, 1973, p. 20.

173 Wesley L. Handy, "An Historical Analysis of the North China Mission (SBC) and Keswick Sanctification in the Shandong Revival, 1927-1937," p. 150.

动中心对五旬节主义的包容和接受使得"山东复兴"运动在美南浸信会系统蔚然成风，从而渲染了这场属灵觉醒运动追求"圣灵充满"的浓重色彩。

六、济南复兴

当"山东复兴"运动逐渐兴起时，山东省府常驻地济南也受到影响。济南"复兴"时间相对较晚，这跟济南的局势不稳有密切关系。作为山东省的政治中心、经济中心和文化中心，二十世纪初的济南经常成为列强觊觎、军阀混战、思想交锋、游行集会等的主阵地。当济南以东的多个地区爆发基督教复兴运动的时候，济南浸信会却因为外部和内部多种因素导致教会萎靡，事工停滞，进入"复兴"之前的低沉光景。

从外部环境来看，1911年辛亥革命、1914年日本占领山东、1916年讨袁战争、1919年五四运动等一系列声势浩大的事件都对济南产生了深刻影响，济南身陷北京政府与日本军国主义的抗衡、激烈角逐的军阀势力争夺、旱涝灾荒轮番上阵、各种思潮主义多元交锋的漩涡中心。特别是1925年臭名昭著的张宗昌主政山东更是使济南陷入暗无天日、严重倒退的境地。在济南征收23种商业流通税，关停其他银行，没收银行存款准备金，私自印发没有准备金支持的纸币，停止胶济铁路的常规运营，洗劫英美烟草公司的大宗货物，纵容属下抢劫勒索等均是张宗昌军阀统治期间倒行逆施举措的一小部分。[174]1928年4月，国民党军队与日本军队发生短暂交战，随后中国军队占领了部分基督教堂。[175]因中方战败，山东省政府迁往泰安办公，济南被日本军队占领，他们用沙袋封锁了所有主要的街道交叉口，到处都拉满了铁丝网，很多村庄被火烧殆尽。[176]到1929年8月，日本人逐步撤离，省政府由泰安搬回济南，但是冯玉祥与蒋介石为了争夺济南控制权，济南形势再次紧张。[177]此外，济南还饱受天灾之苦。1927年夏天，济南发生大旱和蝗灾，从济南向西北蔓延。可怕的饥荒持续肆虐，很多人死于饥饿和疾病。[178]济南人再次掀起

---

174 鲍德威：《中国的城市变迁：1890-1949年的山东济南的政治与发展》，张汉、金桥译，北京：北京大学出版社，2010年，第118-121页。

175 Martha Linda Franks, "The North China Mission Annual Report," p. 212.

176 Rev. J. W. Lowe, "A Time of Tribulation in North China," *Home and Foreign Fields,* vol. 13, no. 7 (July 1929), p. 30.

177 Rev. John A. Abernathy, "Pioneering in North China," *Home and Foreign Fields,* vol. 13, no. 8 (August 1929), p. 12.

178 Rev. John A. Abernathy, "Pioneering in North China," *Home and Foreign Fields,* vol. 13, no. 8 (August 1929), p. 12.

"闯关东"的移民热潮，英国领事阿弗莱克（J. N. Affleck）曾这样描述："每天在济南火车站售票处都能看到排成长队的移民队伍——男人，女人和孩子——挣扎着从这个无法生存的地方逃离。"[179]据估计，1928 年冬天超过 100 万山东人从济南和其他铁路枢纽移民到东北。从美南浸信会内部来看，受美国经济危机影响，1922 年之后的长达数年时间里，美南浸信会海外传道部没能增派任何一名来华传教士、增加任何一点物质援助。很多回国休假或养病的传教士因缺乏经费无法回到中国传教站。有的传教站一个传教士都没有了，包括 1928 年上半年的济南站[180]，九百所学校中的六百所被迫关闭，两所医院关停，传教士工资减发或不发，楼约翰说"这将使我们的工作倒退一百年"[181]，并称这段时期为"我们工作历史上最黑暗的时刻"[182]。

　　济南复兴始于 1929 年。在济南浸信会传教士拿约翰夫妇和易文士夫妇（Dr. and Mrs. Phillip Saffery Evans）[183]的推动下，"一股复兴的精神蔚然成风"[184]。拿约翰报告了济南"复兴"的景象："上周我们在城市中心的教堂里举行了一场精彩的查经会和奋兴会。参加者大部分是周边农村的基督徒和同工，他们的人数创下历史新高。整个教会大大地复兴了，所有参加聚会的人都带着更新更大的热忱离开了。来自好几个教堂和外围布道站的慕道友都在等着施浸。"[185]对于济南浸信会来说，出现的可喜变化除了信徒人数增长之外，

---

179 J. N. Affleck, *Tsinan Intelligence Reports*, October 1927-March 1928, F. O. 228/3824.

180 当时济南浸信会有四名传教士，拿约翰夫妇和易文士夫妇，拿约翰夫妇于 1928 年春回国休假，当年 9 月 8 日回到济南。易文士夫妇于 1928 年 6 月结束休假返回济南。因此在 1928 年 4 月至 6 月间，济南浸信会跟济宁浸信会、莱州浸信会一样都是一个传教士都没有。Martha Linda Franks, "The North China Mission Annual Report," p. 212.

181 Rev. John W. Lowe, "The Sad Plight of Fifty Missionaries," *Home and Foreign Fields,* vol. 12, no. 8 (August 1928), p. 239.

182 Rev. John W. Lowe, "New China in the New World," *Home and Foreign Fields,* vol. X, no. 12 (December 1926), p. 378.

183 易文士夫妇 1901 年秋来到中国。齐鲁大学医科开办之后即聘任易文士博士为生理学教师；1920 年代齐鲁大学医学院成立生理学系，易文士博士被聘为首任主任。1911 年易文士翻译了国际权威教材《哈氏生理学》，1921 年在又首次出版中文版《实验生理学》，被国内大多数医学院校采用，有力推动了中国医学教育和生理学课程体系的建立。

184 Rev. John W. Lowe, "Some Thrills of the Work in Shantung," *Home and Foreign Fields,* vol. 13, no. 8 (August 1929), p. 10.

185 Rev. John A. Abernathy, "Pioneering in North China," *Home and Foreign Fields,* vol. 13, no. 8 (August 1929), p. 12.

还有基督徒构成的变化，受洗者名单里开始出现济南上流社会人士。[186]拿约翰特别提到了美北长老会传教士、齐鲁大学教授、医生单罩恩（Thornton Stearns），夫妇二人加入了一个由传教士和中国人组成的祷告小组，定期在拿约翰家聚会。有一天晚上（可能是 1929 年），这对夫妇留下来与拿约翰一起祷告了一整夜，最后这对夫妇都得到了洁净和祝福。[187]他回到课堂后，学生们很快发现他像变了一个人似的。不久，他带领医学院的一百多名学生入教归主。这批学生也成为济南复兴运动的见证者和推动者，带动更多的人加入基督教。山东济南的一位传教士（可能是美南浸信会的拿约翰）曾写信称"我们连续不断地召开奋兴会接近一年，很多基督徒和工人都获得了'圣灵的浸'。明天这里会有一个浸礼仪式，为那些来自美以美会、长老会、圣公会、贵格会的信徒和之前没有加入任何教会但已经得救的人施浸，其中有一名外国传教士医生和他的妻子。大多数都是齐鲁大学的、刚刚得救的大学生，很多人被'圣灵充满'，愿意追随主耶稣。"[188]可见，济南复兴运动不仅局限于美南浸信会系统，也影响到了驻济的多家外国差会。包括齐鲁大学学生和各界名流，可见济南浸信会复兴的影响力正在扩大。

挪威路德会的孟慕贞也对济南复兴起到推波助澜的作用。她首次拜访济南是在 1930 年秋天，《山东大复兴》的作者、刚刚调到济南真光女校[189]的高福德教士亲自参加了孟慕贞在济南带领的奋兴会。她回忆说："这位西国教士讲道是最安静的，人人都可以看出来。她是完全依靠主，相信主的应许。"[190]孟慕贞每次聚会都会解释一个题目，先讲重生的问题，然后按照圣经讲恨人、犯罪等问题。每次聚会完毕，她都会就站在门口，问出她的经典问题"你重生了没有？"此后重生与否就成为济南复兴的口号，也深深刻到了中外传

---

186 Mrs. J. M. Gaston, "The North China Mission Annual Report," p. 210.

187 John and Jewell Abernathy, "The Shantung Revival In China," http://www. reynoldsarchives.com/shantung_revival.htm, Robert Reynolds 家族档案馆，2018 年 6 月 3 日。

188 C. A. Leonard, "Revivals in War-Stricken Mauchuria," *The Chinese Recorder,* vol. LXIII, no. 4 (April 1932), p. 256.

189 高福德教士之前负责济宁教区，1930 年秋被调到济南教区，负责城市传教工作，并担任济南真光女校校长；之前负责的济宁事工由黄县调来的范莲德接任。I. V. Larson, "Laiyang," *Annual of the Southern Baptist Convention, 1931,* Birmingham, Alabama, May 13-17, 1931, pp. 227-228.

190 高福德：《山东复兴》，第 7 页。

道人的心里。由此，"济南之复兴会，即因此起头"[191]。

　　1931 年美国神召会的祈理平夫妇受邀来到济南布道，他们曾回忆"许多大门向我们开放，饥渴的人们请求我们来传讲五旬节讯息。上周我们在济南浸信会开了三天奋兴会，每天至少有五项活动，从早上六点开始，对着满满一屋子的人进行讲道。当一个人接受灵洗以后，其他人也纷纷效仿，因为他们都渴求上帝。一名在这里出生的瑞华浸信会传教士担任我们的口译。一名长老会的领袖（美国人）以调查为由参加了两天的会议，因为有的长老会教堂要求介绍五旬节福音。"[192]祈理平提及的这位长老会领袖很可能是因"灵恩"倾向广为人知的单覃恩。五旬节派全福音会瑞典籍传教士富茂禄夫妇（Pauline and Olof S. Ferm）称："复兴运动特别席卷了浸信会教堂，很多传教士、本地工人和教会成员都受到了使徒行传二章四节中描述的那种圣灵的浸。在一个地方，一百多人在很短时间内都受到了灵浸。预兆和神迹紧随其后。"[193]虽然目前尚未发现富茂禄受邀至浸信会领会的资料，但是他显然对浸信会系统内的复兴运动是极感兴趣并且极为关注的，可能部分原因在于美南浸信会采取了与其他大部分主流差会不同的立场，对于神召会等五旬节派的"圣灵充满""说方言"等教义更为认同，故而形成了某种形式的信仰同盟。

　　美南浸信会济南教区包括由省会城区和五个郊县组成的一大片区域，教会本来有一个大帐篷，专为旅行布道而购置，特别适用于一个村庄接一个村庄的长途布道。1929 年美国大萧条开始后，美南浸信会的海外布道经费大幅缩水，华北差会的各项支出捉襟见肘，济南教区的帐篷布道也难以为继。1932 年复兴之火烧到济南之后，大批基督徒涌入教堂，虔诚聚会。同时自发外出，宣传福音，在复兴原有教堂的基础上，还开辟了一些新的城镇和村庄。有人想起了搁置多年的福音帐篷，大家一致认为这是一个很好的布道方式。他们没有向传教士或美南浸信会要一分钱，自己把帐篷放上了牛车，一直用到烂得没法再用。[194]在齐鲁大学医学院生理学系任教的美南浸信会传教士易文士

---

191 栾马丁：《华北教会大复兴》，《神召会月刊》第 7 卷第 7 号，1932 年，第 36 页。

192 "Holy Ghost Revival in North China," *The Latter Rain Evangel*, vol. 24, no. 2 (December 1931), p. 22.

193 Pauline and Olof S. Ferm, "Revival in China," *The Bridegroom's Messenger* (Atlanta, Georgia), vol. 26, no. 286 (August 1, 1932), p. 7.

194 John and Jewell Abernathy, "The Shantung Revival In China," http://www. reynoldsarchives.com/shantung_revival.htm, Robert Reynolds 家族档案馆，2018 年 6 月 3 日。

博士除了每周在学校带领聚会之外，还每周两次到距离学校 30 英里的一个农村教堂布道，易文士通过接诊病人传播福音，易文士夫人面向农村妇女开设查经班，[195]影响力覆盖周边数个村庄。拿约翰称"1933 年是我在中国传教最好的一年，得救并被'圣灵充满'的人数比之前任何一年都多"[196]。城市教会完全实现了经济上的自给自足，农村教会新增了两座教堂，修缮或扩建了四座教堂，费用完全是由中国信徒自己承担的。[197]

济南所有社会阶层的基督徒都受到了复兴的影响。复兴运动所到之处既有受过高等教育的大学教授、医生、学生，也有农民、工厂工人、商人和很多其他群体，他们都愿意认罪悔改，最后也都得救了。[198]与济南齐鲁大学相近的一家教会，有该校学生一百人，在 1931 年前后大部分都参与了复兴运动，所有传教士、牧师、教友一改之前甘心做普通基督徒的平凡，愿意"献上自己，作了再造新人，他们现在在主里面，有新快乐，新能力"。[199]来自齐鲁大学的教友数量也大大增加，从最初的几个人增长到 1931 年的四五十人。[200]1932-1933 年间信徒人数继续迅猛增加，不断刷新历史最高纪录。

七、济宁复兴

济宁因为地处山东省西部，距离"山东复兴"运动的发源地烟台和运动中心黄县较远，再加上传教力量非常有限，因此复兴运动兴起的时间更晚、影响相对较小。到 1929 年，当山东其他地方的浸信教会陆续掀起复兴运动、传教事业大有进步的时候，济宁传教站却因为地域辽阔、传教人手严重不足而发展受限。仅仅济宁城区就有 20 万人口，下辖四个县五千个村庄，而美南浸信会华北差会只有葛纳理夫妇和高福德教士三名传教士。距离他们最近的浸信会传教士位于向北 130 英里、向东 300 英里或向南 200 英里的地方，位

---

195 Bertha Smith, "In the Capital City," *Annual of the Southern Baptist Convention, 1934*, Fort Worth, Texas, May 16-20, 1934, pp. 203-204.

196 John A. Abernathy, "The Best Year," *Home and Foreign Fields,* vol. 17, no. 3 (March 1933), p. 30.

197 Mrs. A. W. Yocum, "Endued with Power from on High in North China," p. 202.

198 John and Jewell Abernathy, "The Shantung Revival In China," http://www.reynoldsarchives.com/shantung_revival.htm，Robert Reynolds 家族档案馆，2018 年 6 月 3 日。

199 栾马丁：《华北教会大复兴》，《神召会月刊》第 7 卷第 7 号，1932 年，第 36 页。

200 John A. Abernathy, "Tsinan Station, Evangelistic Work," *Annual of the Southern Baptist Convention, 1932*, St. Petersburg, Florida, May 13-16, 1932, p. 220.

于整个华北差会的最西端。[201]工作难度可想而知。即便在这种情况下，"山东复兴"运动还是蔓延到了济宁。

1929 年秋，负责济宁女助会的高福德教士与来自平度的李寿亭牧师一同巡回布道，深入济宁境内的乡间村社，带领奋兴会，为复兴运动造势。[202]1930 年初，高福德为女性基督徒和慕道友开设了为期一个月的查经班，地址在济宁市城区浸信会堂。参加者有的来自非常偏远的农村，但是寒风、冻雨、裹脚、路遥都没能挡住她们对福音的渴望，济宁复兴初见端倪。济宁传教站的葛纳理夫人报告称：

> 1930 年 1 月，高福德女士及其同工为所有济宁女性信徒开了一个查经班，妇女们从济宁各个地方纷纷赶来。有人踩着积雪和泥泞步行 40 英里来到这里，有人坐在丈夫或兄弟推的小车上颠簸了 65 英里。她们克服种种艰难险阻来到这里，足见她们对于圣经学习的热情。[203]

正当高福德负责的女性布道工作渐入正轨、济宁复兴渐成气候的时候，负责济宁传教站的人事发生变动，1930 年 6 月份在济宁召开的华北浸信会议会年会上，与会者一致同意范莲德教士由黄县转到济宁，一方面接替即将调往济南的高福德，另一方面将黄县复兴运动的经验带到济宁。在范莲德、葛纳理夫妇、刚从美国进修回来的丁牧师（B. S. Ding）[204]的共同努力下，济宁复兴运动也在蒸蒸日上地发展，影响力不断扩大。

1931-1933 年济宁复兴之火继续燃烧，席卷城乡。挪威路德会孟慕贞、美南浸信会纽敦博士、宣圣会柳守义（Leon Clarence Osborn）先后来济宁带领奋兴会，将济宁教会的属灵生命升华到最高层次，所有人都将重生得救放在最优先的位置。[205]特别值得一提的是，济宁浸信会邀请的刘守义来自山东朝

---

201 Rev. Frank H. Connely, "The Height and Depth of China's Need," *Home and Foreign Fields,* vol. 14, no. 11 (November 1930), p. 21.

202 Rev. Frank H. Connely, "The 'Happy Sound' Reaches a New Village," *Home and Foreign Fields,* vol. 14, no. 7 (July 1930), p. 13.

203 I. V. Larson, "Laiyang," *Annual of the Southern Baptist Convention, 1931,* Birmingham, Alabama, May 13-17, 1931, p. 229.

204 丁牧师，1930 年初毕业于美国肯塔基州路易斯维尔市的乔治敦神学院，在济宁浸信会担任牧师。Rev. J. W. Lowe, "The North China Baptist Convention," *Home and Foreign Fields,* vol. 15, no. 2 (February 1931), p. 30.

205 Frank H. Connely, "Tsining Station," *Annual of the Southern Baptist Convention, 1932,* St. Petersburg, Florida, May 13-16, 1932, p. 220.

城（属聊城）宣圣会，这是一个非常典型的五旬节派差会。这也再次显示，美南浸信会复兴运动与五旬节复兴运动的合流。1932 年春，济宁浸信会举办了一系列查经会和奋兴布道会，主要领会人有本土布道家王彼得、王明道，美南浸信会传教士拿约翰、郭维弼[206]、孙约翰、葛纳理、范莲德等，[207]一方面为济宁教会培养本土布道人员，另一方面助推信徒心中渴慕圣灵、追求重生的宗教热情。

济宁复兴运动中尤其值得一提的是山东省第三监狱囚犯们的认罪悔改和诚心皈依。狱址为济宁的山东省第三监狱开设于 1920 年，到 1930 年济宁复兴兴起之后，全部在押的 150 名囚犯中有 120 人皈依了基督徒。监狱里用于惩戒行为不端囚犯的禁闭室以前使用频率很高，但自从信仰基督教成为监狱新时尚之后，禁闭室再也用不到了。[208]监狱的一名管狱员李干真（Li Gan Chien / Lee Kan Shenl 音译）对于监狱里的皈信热潮具有重要影响，他曾受邀在华北浸信会议会年度会议上做典型发言，介绍自己皈依的心路历程和灵命改变。李干真于 1920 年 5 月来到山东第三监狱工作，担任第二狱区负责人。在经常到监狱布道的外国传教士的影响下，他和妻子于 1923 年 5 月 20 日一起加入济宁浸信会，从此成为基督教福音的义务传道人，不仅带领自己的母亲、侄子、侄媳妇和外甥入教，而且尽心竭力地向自己工作场所的囚犯宣讲重生教义。[209]其中有一个犯人叫刘延启（Liu Yan Chi 音译），1929 年冬因犯杀人罪被囚禁于济宁监狱，在他的影响下，1930 年 2 月 2 日受洗成为基督徒。[210]

1934-1937 年，济宁复兴运动逐渐归于平寂。1934 年 1 月，济宁浸信会由于经费短缺不得不关闭了两所教会小学；济宁妇女圣经学校的负责人范莲德教士 1934 年夏被调往黄县神学院。[211]1935 年，明俊德教士在侯秀英的陪

206 Rev. W. B. Glass, "A Remarkable Revival Movement in Shantung," *Home and Foreign Fields,* vol. 16, no. 5 (May 1932), p. 15.

207 Mr. Connely, "Tsining Station Report," *Annual of the Southern Baptist Convention, 1933,* Washington, D. C., May 19-22, 1933, pp. 197-198.

208 Rev. J. W. Lowe, "The North China Baptist Convention," *Home and Foreign Fields,* vol. 15, no. 2 (February 1931), p. 30.

209 Gan Chien Li, "A Real Testimony of a Real Chinese Christian," *Home and Foreign Fields,* vol. 15, no. 2 (February 1931), pp. 30-31.

210 C. J. Lowe, "The Testimony of Liu Yan Chi," *Home and Foreign Fields,* vol. 15, no. 5 (May 1931), p. 14.

211 Mrs. A. W. Yocum, "Endued with Power from on High in North China," p. 204.

同下在济宁农村巡回布道，但因部分地区土匪猖獗而不得不改变行程。[212]1935年7月中旬，被传教士称为"中国之殇"的黄河在济宁段决堤，济宁四个县的浸信会教堂都因水灾受损严重；三个星期后发生更大洪灾，五千个村庄被淹，数百万人无家可归，四千平方英里的农田没入水下，水深平均八到十英尺。[213]1936年春季和秋季，明俊德教士在华南差会临时调派来的陆爱丽（Olive Allene Lawton）的帮助下，分别为济宁市区和济宁以西25公里的嘉祥县的慕道友开设查经班，数十人受洗入教。[214]1937年，济宁的形势急转直下，8月份先后发生地震和洪灾，很快日本侵华战争的战火烧到了济宁，大轰炸从秋天持续到冬天，战事最激烈的时候九天之内五易城主。济宁浸信会教堂也遭到轰炸，看门人被炸死。济宁基督徒人心惶惶，惊慌失措。明俊德写到："这个星期的每一个晚上，我们都举行聚会，以抚慰恐慌的心灵和渴慕福音的耳朵。"[215]

事实上，因为1937年日本侵华战争的全面爆发，整个山东省的基督教工作都受到影响。大部分在华传教士被迫撤离，中国基督徒和布道人四散逃命，教堂被毁，学校关闭，医院被占，聚会停止。[216]"山东复兴"运动之火燃烧了十年之后，终于渐渐平息，烟消火灭。

第三节　美南浸信会"山东复兴"运动的结果与影响

美南浸信会系统的"山东复兴"运动持续时间长、涉及范围广，在很多方面都产生了广泛而深远的影响，被高福德教士誉为"浸信会历史上最伟大的复兴运动"[217]。1935年，美南浸信会总部主席道得博士（Dr. M. E. Dodd）不远千里，亲自来山东感受大复兴运动的氛围，曾邀请所有传教士和部分中国基督徒写下他们认为的复兴带来的裨益，然后总结出5条三人以上提及的

---

212 Bertha Smith, "In Journeyings Often," *Home and Foreign Fields,* vol. 19, no. 6 (June 1935), p. 28.

213 Frank H. Connely, "China's Sorrow," *Home and Foreign Fields,* vol. 19, no. 12 (December 1935), p. 2.

214 Anna Hartwell, "Thy Kingdom Come in North China," p. 215.

215 Olive Lawton and W. C. Newton, "Shantung's Open Gateway to China," *Annual of the Southern Baptist Convention, 1938,* Richmond, Virginia, May 12-15, 1938, p. 228.

216 Olive Lawton and W. C. Newton, "Shantung's Open Gateway to China," *Annual of the Southern Baptist Convention, 1938,* Richmond, Virginia, May 12-15, 1938, p. 223.

217 Mary K. Crawford, *The Shantung Revival,* p. 8.

结果，包括更加属灵、更好的团契、更多的祷告和查经、更高的宣教热情和得胜的基督徒生活等。[218]1936 年，湖北省路德神学院校长康尔伯博士（Dr. Gustav Carlberg）就对这场复兴运动进行了全面深入的分析，总结出"山东复兴"运动的 16 个结果[219]；1976 年，"山东复兴"运动的亲历者、主要领导者美南浸信会的柯理培博士则从 12 个方面对复兴运动的结果与影响进行了归纳[220]；2016 年，中美浸会神学院（Mid-America Baptist Theological Seminary）的博士生约翰·普拉姆利（John C. Plumley II）认为"山东复兴"运动中结出了 11 个"不同寻常的果子"[221]。他们都不约而同地提到，"山东复兴"运动对于基督教本土化具有重要意义，包括本土教会、本土宗教领袖、普通中国信徒等在内的属灵生命都获得了极大发展，并将影响力扩散至全国其他省份和世界其他国家。具体表现在以下几个方面：

一、美南浸信会华北差会获得一定程度的发展

基督教复兴与教会增长的关系并不是确定的，正如麦加夫兰（McGavran）所说："有些情况下，复兴会带来教会增长；而另外的一些情况下，可能有复兴无增长，或者有增长无复兴。"[222]但是"山东复兴"运动对教会增长带来的影响是积极显著的，浸信会系统的教会不仅数量上有所扩增，而且教会的活力和生命力也大大增强。

第一，教会活力明显增加。布赖恩·爱德华兹（Brian Edwards）称"复兴的第一要义并非是给予教会权柄，而是给予教会生命"。[223]"山东复兴"运动以前，大多数教会萎靡低沉，死气沉沉，高福德的报告称"美南浸信会有 70 家教会奄奄一息"[224]。复兴开始后，这些教会重焕生机。柯理培总结说，大复兴最令人惊异的结果，是"复兴"这词的落实："灵性方面冷淡的教会复兴了起来。许多教会，停止了崇拜聚会，另有一些教会，只有当宣教

218 Dr. M. E. Dodd, "Revival Benefits," *Home and Foreign Fields,* vol. 19, no. 3 (March 1935), p. 27.

219 Gustav Carlberg, *China in Revival*, pp. 241-253.

220 柯理培：《山东大复兴》，俞敬群译，第 79-134 页；该书的英文版发表于 1976 年。

221 John C. Plumley II, "An Analysis of Charles Culpepper Sr.'s Pneumatology and Its Relevance for Missions Today," pp. 84-96.

222 McGavran, *Understanding Church Growth*, p. 133.

223 Brian Edwards, *Revival: A People Saturated with God, Grange Close*, UK: Evangelical Press, 1997, p. 28.

224 Mary K. Crawford, *The Shantung Revival*, p. 7.

士们去探访时才有聚会。大复兴之后他们开始按时聚会，其中大部分甚至每周有祷告会。如果没有传道人去，信徒就来领会。在几个月之内，教会中聚会的人数增加了。"[225]

第二，教会数量快速扩增。随着新教徒的不断加入和名义基督徒的不断回归，原有的教会数量和规模已难以满足教徒的宗教生活需求。柯理培说："在那段时期，从东到西，从南到北在山东各县，我曾走访无数乡村和农庄，无论哪里我都去。我发现了复兴的神迹，教会从来没有那么多，参加的人暴增。教堂必须扩大才能容纳多人，有的达到一千人"。[226]二十世纪二三十年代的美南浸信会华北差会内外交困，财政状况经常捉襟见肘，即便在这种情况下，浸信会的礼拜堂、教会学校、教会医院等教会设施依然实现了扩增。美南浸信会华北差会年度报告称，"1939年，新组织了六个教会，新建造了四处教堂，扩建了七所教堂，新建了两处教会建筑，一所教堂的座位数量翻了一倍。"[227]

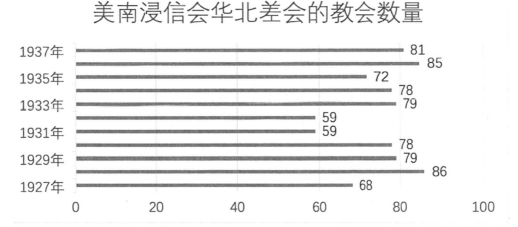

图 2-1　美南浸信会华北差会的教会数量

第三，教会自养能力大有提高。美北长老会传教士的倪维思（John Nevius）很早注意到由外国差会负责在华基督教会经济支出的弊端，他写到："当本土牧师接受外国差会的资助时，牧师与信徒之间互相依存的关系就不存在了，

---

225 柯理培：《山东大复兴》，第 94 页。

226 柯理培：《山东大复兴》，第 122 页。

227 Wilma Weeks, "His Truth Marches on in North China," *SBC Annual : Foreign Mission Board Report for North China,* 1940, p. 216.

这种完全依赖外国援助的单边的、不正常的关系弊远大于利。"[228]大复兴开始后，中国基督徒的献捐热情空前高涨，自觉补交并定期缴纳什一税，很多教会都实现了自给自足。黄县的郭维弼夫人报告称，"一位年纪大的教友一次性补交了 600 美元的什一税；在北平当牙医的一个年轻人[229]每月寄来 100 美元以支持这里的工作"[230]；莱阳传教士报告称，"虽然物价飞涨、苛税猛增，但是教会的奉献金一直在持续增长"[231]；陆爱丽（Olive Lawton）和纽敦报告称"中国人自己新建或者装修了 13 间教堂"[232]；拿约翰也报告称，"济南当地的基督徒自己筹资建立了两所教堂并支付牧师薪水，没有花差会一分钱"[233]。复兴过程中始终弥漫着付出和奉献的精神，中国人开始承担起支持教会和牧师的责任。

228 John Nevius, *The Planting and Development of Missionary Churches*, Hancock, NH：Monadnock Press, 2003, pp. 76-77.

229 据笔者猜测，这个年轻人很可能是朱砚农。朱砚农早期毕业于艾体伟创办的怀麟医学校，后求学于同仁医院牙科学校，又毕业于成都华西协合大学医学院牙科学校，获博士学位。1925 年之前在同仁医院牙科行医，后来在北京灯市口廼兹府胡同东口路南 25 号开办牙医诊所，颇负盛名，留有很多名人就诊的记录。朱砚农的父亲朱葆琛，是美南浸信会传教士浦其维夫妇的中文教师兼美南浸信会教友，1888 年与浦其维一家一起从蓬莱搬到黄县传教。朱砚农的大哥朱廉圊（1884-1934），毕业于潍坊广文大学医学校，长期担任怀麟医院医生，也兼任怀麟医学院的教师。《百余年前的怀麟医学校》，《烟台晚报》，2012 年 7 月 27 日，第 B11 版。

230 Mrs. W. B. Glass, "A Glorious Revival in Hwanghsien," *Home and Foreign Fields,* vol. 16, no. 7 (July 1932), p. 31.

231 Wilma Weeks, "His Truth Marches on in North China," *SBC Annual: Foreign Mission Board Report for North China,* 1940, p. 218.

232 Olive Lawton and W. C. Newton, *SBC Annual: Foreign Mission Board Report for North China*, 1938, p. 228.

233 I. V. Larson, "Laiyang," *Annual of the Southern Baptist Convention, 1931*, Birmingham, Alabama, May 13-17, 1931, pp. 227-228.

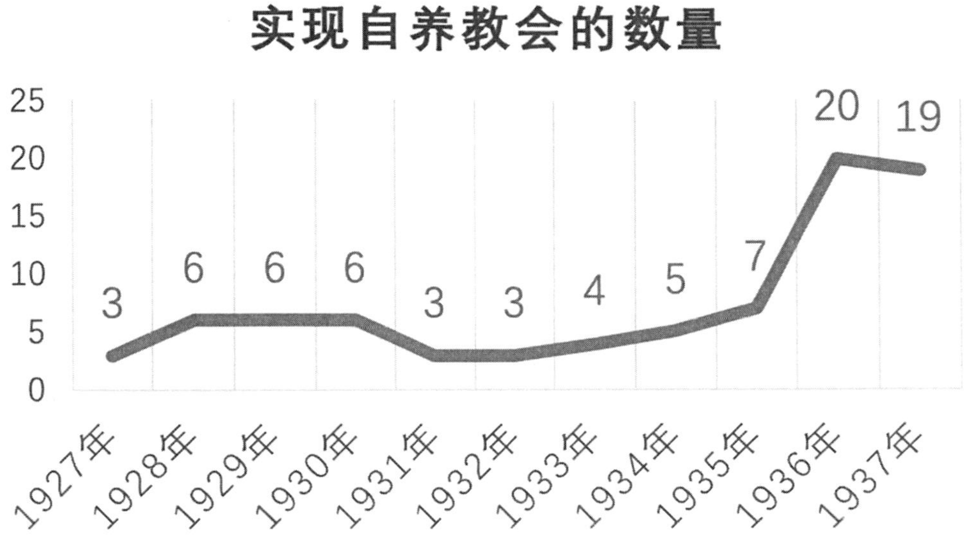

实现自养教会的数量

图 2-2 美南浸信会华北差会实现自养的教会数量

二、基督徒人数增加

传教士们来华传教的主要目的就是传播福音，引人入教，所以信徒数量的增长是"山东复兴"运动的显著成就。从美南浸信会华北差会的年度报告中可以清楚地看到复兴运动中信教人数的迅猛增长，正如其中一份报告中提到的"我们开展了有史以来最有成效的福音工作，为主赢得了最多的灵魂"。[234]烟台浸信会的张宝灵（Pearl Johnson）说："我们很高兴地看到上个周日有22人受浸，年龄从11岁到86岁。这样的周日在整个年度的烟台传教工场上都是不足为奇的。"[235]青岛浸信会的楼约翰（John W. Lowe）称："教会成员获得了数以百计的增长。"[236]高密浸信会的韩澄江牧师报告称"1933年一年就增添了299名信徒"[237]。济南浸信会的拿约翰夫妇称，"自从我们来华传教以来，过去三年拯救的灵魂比以前十年拯救的还要多"。[238]平度浸信会的高珍珠（Pearl Caldwell）写到："我们最近一次会议上看到的最激动人心的事件就是这34间教会的日常报告。他们分发了数以千计的福音传单，数以千计

---

234 J. W. Moore, *Minutes of the North China Mission*, 1933, p. 14.

235 Pearl Johnson, *Annual of the Southern Baptist Convention: Foreign Mission Board Report for North China: Chefoo*, 1939, p. 240.

236 John Lowe, Letter to Bronsen, Qingdao, November 17, 1932.

237 高福德：《山东复兴》，第 95-96 页。

238 John and Jewell Abernathy, Letter to Charles Maddry, Shandong, November 17, 1933.

的民众第一次听到福音，很多人成为慕道友，上百人得救。"[239]美南浸信会海外传道部汇总的统计表显示，1927年复兴伊始，美南浸信会华北差会的信徒数量是14,092人，到1934年复兴最高潮时信徒人数达到了惊人的20,315人，平均年增长率为11.44%。[240]

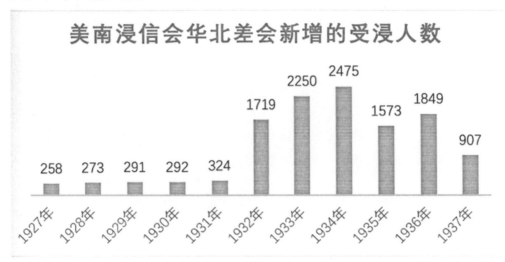

美南浸信会华北差会新增的受浸人数

图 2-3 美南浸信会华北差会新增的受洗人数

除了数量方面的增长之外，中国信徒在信仰的虔诚度方面也有提高。在波谲云诡、时有不测的社会环境中，基督徒选择向"全知全能"的上帝寻求安全感，信心更加坚定，属灵程度更高。正如柯理培观察到的："基督徒中间增加了属灵的气魄。他们见证罪得到了洁净，不良的嗜好与习惯曾经支配他们整个的生活，今戒除了。他们培养出坚强的基督徒品格。"[241]比如在郭维弼驻地黄县，人们参加早祷会的热情日益高涨，"黄县的中国基督徒形成了一种习惯，就是早晨第一个来到教堂的人打铃。他们中的大部分人日出而作、日落而息。复兴降临后，教堂钟声响起的时间越来越早，6点，5点半，5点，4点半，有时候甚至4点就有人打铃了。"[242]一位来自莱州的基督徒坦诚："我们以前做礼拜觉得是守本分，礼拜时我们心中不

239 Pearl Caldwell, *Annual of the Southern Baptist Convention: Foreign Mission Board Report for North China: Pingdu*, 1938, p. 226.
240 "Statistical Table for All Foreign Missions," *Annual of The Southern Baptist Convention*, 1927-1938.
241 柯理培：《山东大复兴》，第122页。
242 Eloise Glass Cauthen, *Higher Ground: Biography of Wiley B. Glass Missionary to China*, p. 149.

愿牧师多讲，毕会越早越好。但现在大不相同，聚会的时间越长越好。我们恐怕早毕了会。有时聚会的时间延长至五六个钟头，毕了会，人多不愿回家，其渴慕道理之心，可见一斑。”[243]一对来自平度的老夫妻在复兴运动中皈依基督教，老先生说：“我成了新人了，烟不吸了，酒不喝了，嘴也不骂人了，我的家庭是耶稣的了。从今以后金银箔和香不再烧了。假神不再拜。只后悔得的太晚了。”[244]

中国基督徒的第三个重要变化就是学习《圣经》的热情高涨。“对圣经的优先性与权威性的信守”是基要主义福音派传统的重要基石。[245]“山东复兴”运动的参与者们明显对圣经学习有了更高的兴趣和积极性。一位中国山东籍牧师曾给圣经公会写信，表达了 7,000 位教会成员对已经收到的圣经的感激之情，并请求再供应 3,000 本。[246]山东省 1933 年销售圣经的总量比中国任何其他省份都多。[247]平度的高珍珠观察到，山东全省都出现了“读经热”，很多之前不识字的成年人在参加教会举办的识字班后都开始如饥似渴地阅读圣经。[248]山东各地的浸信会都举办了很多查经班、短期圣经培训班，浸会神学院还开设了专门的圣经研究班，来满足信徒们渴求圣经的急迫需求，并推动基督徒把圣经文本作为信仰和实践的最高准则。[249]很多人都用数月或数礼拜来阅读和查考圣经，也有很多绅商学界人士白天工作晚上查经。

三、中国本土布道人员大量出现

本土布道人员的培养是基督教本土化的重要内容。从 1919 到 1937 的 18 年间，山东全省范围内所有基督新教宗派中的中国同工（包括男性、女性、平教徒和按立牧师等）总人数几乎翻了一倍。[250]但这其中，美南浸信会山东

243 高福德：《山东复兴》，第 85 页。

244 高福德：《山东复兴》，第 70-71 页。

245 阿利斯特·麦格拉斯：《福音派与基督教的未来》，第 53 页。

246 Geo. T. B. Davis, "Revivals Breaking out in China," *The Latter Rain Evangel*, vol. 20 (November 1927), p. 22.

247 Blanche Sydnor White, "Persons and Personalities," *Home and Foreign Fields,* vol. 18, no. 9 (September 1934), p. 18.

248 Pearl Galdwell, "The Entrance of God's Word Giveth Light," *Home and Foreign Fields,* vol. 19, no. 11 (November 1935), p. 3.

249 Gustav Carlberg, *China in Revival*, p. 289.

250 Norman Howard Cliff, "A History of the Protestant Movement in Shandong Province, China, 1859-1951," p. 380.

地区的中国传道人占据了非常高的比例，最主要的原因就是美南浸信会的传教士更加信任中国人，更愿意给他们提供独当一面的机会。这种认识的转变与权力的转移与"山东复兴"运动的爆发有着非常密切的关系。

美南浸信会传教士赖德博士（Frank Lide）承认在复兴开始之前，由于中国布道人员在数量和质量方面都不尽如意，所以差会系统中"家长制作风"大行其道。在他的博士论文《为培养合格的中国本土教会领袖提供培训》中，他写到"传教士的大量精力都荒废在宣讲基督真理方面，而不是带领本土教会走向探索之旅"。[251]个别传教士出于种族、教育等方面的主观优越性，对中国人充满了蛮横霸道、怀疑歧视等负面情绪，更加阻碍了对本土宗教领袖的培养。

差会和传教士方面的不信任、不放手也导致中国信徒缺乏兴趣，立志"为主献身"的寥寥无几。以培养中国布道人员的重要基地黄县华北浸会神学院为例，其前身"卜氏神道学"（或称布式神道学校）自 1904 年前后初创至 1930 年代初，历经海雅西、浦其维、郭维弼、海查理等多位院长的精心经营，一直萎靡不振，发展缓慢。每年能招到的学生，经常不过十人，1928 年末的毕业生只有范明经一人[252]，1931 年全部在校生一共只有 6 人[253]。此外，就读神学院的中国学生多是想去获得免费优质教育，并非"蒙神召选"，所以大部分学生毕业的时候很少有或根本没有讲道的能力。一位传教士曾问当时的神学院院长郭维弼："你们为什么不能培养好点的传道人呢？"郭博士回答说："我们只是来料加工而已，如果你们能提供更好的原材料，我们就能给你们返回更好的成品。"[254]

"山东复兴"运动兴起后，迅速增加的教徒纷纷涌入教堂，产生了对优秀布道人员的极大需求。美南浸信会的一些富有远见的传教士们也开始对之前那种不健康、不可持续的家长制作风进行反思，将更多的权力和责任移交

---

251 Frank Lide, "The Training of an Efficient Native Leadership for the Christian Churches of China," Th. D. diss., Southern Baptist Theological Seminary, 1928, p. 29.

252 刘信纯、张铁砚：《华北浸会神学院见闻》，中国人民政治协商会议烟台市委员会文史资料研究委员会编印：《烟台文史资料》第 4 辑，第 126-128 页。

253 C. L. Culpepper, "The Best Year," *Home and Foreign Fields,* vol. 17, no. 10 (October 1933), p. 28.

254 John and Jewell Abernathy, "The Shantung Revival In China," http://www. reynoldsarchives.com/shantung_revival.htm, Robert Reynolds 家族档案馆，2018 年 6 月 3 日。

给中国布道人员，并且放手让中国人自己当领导。黄县浸信会的廖纪平（Ullin W. Leavell）最早提出了基督教本土化的四阶段理论，从最早完全由外国传教士从事拓荒工作，后来少量本地人加入但力量微不足道，继而本地人承担部分领导权和管理权，最后到本地信徒全面接管领导权并实现经济自立。他认为大部分浸信教会处于第二和第三阶段，并呼吁"传教士必须坚持自我审视，始终根据中华民族崛起和精神复兴的需要，来确定需要传播的信息，展现自身的价值"[255]。李维廉（W. W. Stout）在复兴运动伊始的1927年就认识到："即便所有的传教士都被迫离开，即便所有的外国资金都停止资助，基督教也一定会在中国继续存在和发展……因为'传教士带领本土助手'的日子正在过去，'传教士和本地工人彼此合作'的时代正在来临"[256]。为更好地培养中国布道人员，1931年初"卜氏神道学"改组为"华北浸会神学院"，在美南浸信会国外传道部和浸信会华北议会双重领导下开展工作，并任命柯理培为神学院院长，来自济南的中国籍年轻牧师臧安堂[257]担任副院长。这是华北浸会神学院发展的黄金期。柯理培接手后的几年间，神学生从1927的17个人[258]直线猛增，最多时甚至达到150人，教室和宿舍被挤得满满当当，有的申请者不得不在候选名单上等待好几年。学校课程结束之后，神学院的学生们纷纷走出校门，深入农村，结果"成千上万的人听到了福音，很多人信主"。[259]

一批优秀的本土教会布道人员陆续出现，比较有代表性的有王彼得、姜继尧、赵德山等。黄县的王彼得牧师是整个华北地区颇有名气的传道人，他不领固定薪水，全靠聚会中教友的捐赠。他游行各处传道，深入偏远乡村，与赤贫的基督徒同吃同住，同悔改的人大声同哭，带领数百人信教。[260]毕业于平度教会学校的姜继尧，被"圣灵充满"后变成不要薪水的传道人，受聘为神学院圣经教师，曾到北平领过奋兴会，是华北地区知名浸信会领

---

255 Ullin W. Leavell, "The Future Need and Place of the Foreign Missionary," *Home and Foreign Fields,* vol. XI, no. 12 (December 1927), pp. 370-371.

256 Rev. W. W. Stout, "Have We Finished the Task?," *Home and Foreign Fields,* vol. XI, no. 2 (February 1927), p. 49.

257 臧安堂，又名臧天保，出生于基督徒家庭，父亲在他三岁时去世，母亲曾就读美南浸信会的圣经培训学校，臧安堂在济南被按立为牧师，不久调任华北浸信会神学院副院长。Pearl Todd, "A Bond Slave of Jesus Christ," *Home and Foreign Fields,* vol. 17, no. 12 (December 1933), p. 14.

258 I. V. Larson, "North China Mission Annual Report," pp. 198-199.

259 Culpepper, Foreign Mission Board Report for North China: Huangxian, 1939, p. 241.

260 高福德：《山东复兴》，第75-76页。

袖之一。[261]赵德山（又名赵宣堂）年轻时是个挂名基督徒，就读于浸信会学校，曾是浦其维博士的得意弟子之一，毕业后成为一名土木工程师，修建铁路和公路，官至交通部次长[262]，赚了很多钱，娶了姨太太，背离了基督徒的生活。1932年9月，赵德山在北京参加了由祈理平和宋尚节带领的奋兴会被"圣灵充满"[263]，六十岁的他认罪悔改[264]，将二房送到学校接受教育，自己成为义务传道人，他带着两三个人自费游历几千里路，向铁路沿线的前下属工作人员和商界老友宣讲福音。[265]类似的中国籍牧师和传道人不胜枚举，足可见"山东复兴"运动对中国本土教会领袖的培养和成长带来的影响。

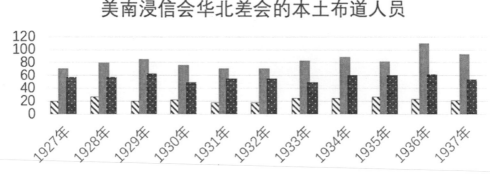

美南浸信会华北差会的本土布道人员

☒ 按立的中国籍牧师　■ 未按立的男性传道人
■ 未按立的女性传道人 ■

图 2-4 美南浸信会华北差会的本土布道人员

黄县华北浸会神学院作为华北地区神职人员的"培养基地"，不仅为浸信会系统源源不断地输送教牧人员，也为其他神学立场相近教派、主要是基要派培养了大量布道人员。"属于浸信会派的学生，约占总人数的百分之五十；灵恩会及神召会派的居于次多数；其余信义会和耶稣家庭等个别会派的，

261 Bonnie Jean Ray, "Pingtu Station, Women's Field Work," *Annual of the Southern Baptist Convention, 1932*, St. Petersburg, Florida, May 13-16, 1932, p. 216.

262 王勉斋：《山东大复兴补志》，第 7 页。

263 John W. Lowe, "Chinese Prodigal Returns," *Home and Foreign Fields,* vol. 18, no. 3 (March 1934), p. 9.

264 Blanche Sydnor White, "Persons and Personalities," *Home and Foreign Fields,* vol. 17, no. 8 (August 1933), p. 22.

265 Dr. Newton, "Spiritual Growth in Tsingtao," *Annual of the Southern Baptist Convention, 1933*, Washington, D. C., May 19-22, 1933, pp. 198-199.

则只占极少数。"[266]学生来自山东全省、河南开封和郑州、江苏无锡、上海和东三省等地。历届毕业生绝大多数都担任或兼任过各派教会的重要职务。由于灵恩会、神召会、耶稣家庭等具有显著的五旬节主义特征，故此可以看出美南浸信会与五旬节运动之间千丝万缕的关系。

特别值得一提的是，随着中国本土布道人员的成长和成熟，他们在宣教舞台上扮演的角色越来越重要，逐渐超过西方传教士。内地会的一位传教士观察到："当前中国在属灵方面的快速提升和复兴很大程度上是通过中国男女传道人的宣教来实现的，甚至很多传教士自己也一再作见证说，他们的精神之所以得到祝福，正是因为中国传道人的信息把他们带到了救世主面前。"[267]在传教士人员分配不足的中国农村、乡镇地区，中国本土布道人员是巡回宣教的绝对主力；在天灾人祸发生、传教士不得不撤离的特殊时期，中国本土布道者是宣教的主要力量；在教会、学校、医院、孤儿院等各基督教组织中，中国本土布道人员甚至成长为领导者。可见，"山东复兴"运动中，中国籍牧师和传道人队伍的逐渐壮大改变了中西力量对比，宣告了基督教本土化的阶段性转变。

四、自发布道的积极性有所提升

广传福音是基督教对基督徒的内在要求，也是基督教得以全球扩张和发展的不竭动力。早在"山东复兴"运动兴起之前，美南浸信会就发起了数个传教运动，比如"一人拉一人"（every one win one）和"五年计划"（five years program）等，取得了一定的效果。大复兴开始之后，传教成为了自发行动，包括传教士、牧师、传道人、执事、普通信徒等在内的所有人都以极大的热情投身到传福音事业中。高福德将这种热情高涨的传教精神总结为"数以百计的普通基督徒都被'圣灵充满'，并且开始吸引他人入教。"[268]黄县郭维弼在写给总部的信中描绘到"以前对别人是否得救毫不关心的男男女女都积极行动起来，没日没夜地劝人信主"[269]；明俊德观察到，似乎每个人都有

---

266 刘信纯、张铁砚：《华北浸会神学院见闻》，中国人民政治协商会议烟台市委员会文史资料研究委员会编印：《烟台文史资料》第 4 辑，第 126 页。

267 F. F. H., "The Spiritual Ministry of Chinese Christians," *Home and Foreign Fields,* vol. 20, no. 7 (July 1936), p. 2.

268 Mary K. Crawford, *The Shantung Revival*, p. 65.

269 Wiley Glass, Letter to Charles Maddry, Shandong, November 24, 1933.

与别人分享福音的冲动，每个人都变成了 "某种类型的传道人" [270]；莱州爱怜女医院的甘爱德（Hatti Alda Grayson）发现 "莱州浸信会教堂的教友都像火烧眉毛一样，深感自己对 '失丧者' 负有责任，主动向亲朋好友、街坊邻居传教" [271]。因为复兴运动的兴起，以传教士、牧师、传道人等专职人员为主力对外宣讲福音的传统方式逐渐被以平信徒为主体自发主动传教的新方式所取代。

教会组织的布道队是最稳定、最持久的布道力量，他们通常走街串巷，深入城乡各个角落，或街头布道、帐篷布道，或以某些基督徒的家为落脚点，邀请邻居们来，向他们传讲福音。与此同时，大量分发圣经、宣传单等选举印刷品。美南浸信会华北差会 1935 年的年度报告中提到，仅从 1935 年 2 月 24 日到 5 月 12 日期间，美南浸信会就自发组织了数百人的庞大宣教队伍，利用每个周日外出布道，分发了 8,489 张宣传单页，吸引了 6,688 名听众前来听道。[272]

教会学校和医院都自发组织了多支布道队。浸会神学院、男中、女中的老师和学生们都会利用闲暇时间外出布道。每个星期六下午和星期日，黄县崇实学校的男生和女生们都会出去作见证，传福音，甚至因此向学校请假不上课。[273]特别值得一提的是女生布道队，她们打破女子 "大门不出二门不迈" 的传统观念限制，成组成队地深入农村传教，向妇女和儿童讲述圣经的故事，很快就吸引了大量妇女儿童加入。[274]教会医院的医生和护士也组成了医务布道队，向每一个来医院里的病人传福音，并且一有空闲就外出布道。[275]恰逢西医西药在治疗某些病症方面的优势正在日益显现，中国人对西医西药的认可度和接受度逐渐提高，[276]故而医务布道队取得了较为显著的宣教成效。

---

270 Lewis Drummond, *Miss Bertha: A Woman of Revival, Nashville*, TN: Broadman and Holman, 1996, p. 63.

271 Alda Grayson, "Showers of Blessing at Laichowfu," *Home and Foreign Fields,* vol. 16, no. 10 (October 1932), p. 29.

272 Florence Lide, *Minutes of the North China Mission*, 1935, p. 15.

273 Florence Lide and Lucy Wright, "The Gospel Is Still the Power of God," *Home and Foreign Fields,* vol. 16, no. 7 (July 1932), p. 32.

274 柯理培：《山东大复兴》，第 84-85 页。

275 柯理培：《山东大复兴》，第 66 页。

276 李宁：《由恐惧至接纳——山东民众对西方现代医学的认知演变探析（1860-1920）》，《民俗研究》2017 年第 6 期，第 113-118 页。

"山东复兴"运动掀起的布道热潮的实施者不仅仅局限于教会、学校、医院等教会机构，最令人印象深刻的是普通信徒，他们并非获得按立的专业圣职人员，有的没有体面的社会地位，有的没有受过多少教育，但这些都没有影响他们的宣教热情，反而更为积极主动、更接地气地传播福音。他们最经常使用和最为有效的布道方法是作见证，通过介绍与分享个人的亲身经历来增强说服力。一位李先生经历过"重生"之后，主动拜访了他所在乡镇的每一户家庭，向与他们谈道、一同祷告。[277]一位在黄县教会学校烧饭的没牙老太太被"圣灵充满"后，满心欢喜地随女生布道队参加周末的乡村布道活动。[278]

柯理培在看到布道广泛参与、布道热情高涨的大复兴现象后，评价到"我看到有些单纯的没有受教育的信徒，他们所做的，就是许多传道人也不可能做到。我开始怀疑我们训练计划的效果，我反复思索，是否我们的训练更进一步地取代了圣灵的工作。"[279]可见，复兴带来的布道盛况一方面使得传教士们倍感兴奋欣慰，另一方面也引发了他们对本土教会领袖培养方法的思考。

五、基督徒的人际关系更为和谐

复兴是与社区有关系的，复兴的结果之一就是修复了社区内部的各种关系。芬尼曾用"社区里的宗教复兴"[280]这一术语来表明复兴与社区的相关性。爱德华兹认为复兴"是神在'社区'（community）里再次赋予新活力"。[281]帕克对复兴的定义中提到"复兴能为教会及基督徒群体注入灵力或再次加力，使其对社区产生一种属灵及道德上的冲击力"[282]。可见，在复兴到来之际，当基督徒愿意遵照圣经原则来改变自己，过真正意义的"得胜"生活时，就会在社区里产生一连串的社会效应。

---

277 Charles Culpepper, *Total Abandonment to the Will of God: The Essence of Christian Living*, Kalamazoo, MI: Master's Press, 1976, p. 19.

278 柯理培：《山东大复兴》，第 84 页。

279 Charles Culpepper, *Total Abandonment to the Will of God: The Essence of Christian Living*, p. 20.

280 V. Raymond Edman, *Finney Lives On. The Man, His Revival Methods, and His Message*, p.86.

281 Sam Storm, "Jonathan Edwards and the Theology of Revial," p. 3

282 J.I. Packer, *God in Our Midst: Seeking and Receiving Ongoing Revival*. p. 23.

　　基督徒改善人际关系的首要前提就是自身生命的改变。固执、怨恨、嫉妒、不良嗜好等圣经中规定的种种罪，都可能是导致人际关系不和谐的重要原因。而在以"认罪悔改"为宗教动力的"山东复兴"运动中，基督徒公开承认自己的过错，灵性得到更新，生命得到"重生"。黄县城东霍家王夫人就是"用生命影响生命"的典型例子。[283]她的丈夫曾跑到教会问牧师："你们这些信教的，究竟对我的妻子做了什么啊？自从她从你们医院回来，竟完全改变了。我与她一起生活已经三十五年了，我们每天都打架，我骂她，她就骂我，我打她，她就打我。现在，我骂她，她只是笑，我打她，她只是避开。她做事每一次都比过去好。昨天晚上，我醒来听见她一面哭，一面为我祷告。你们基督徒对她做了什么呀？"[284]基督徒自身生命的改变具有非常强大的宣教效果，没有多久，这个女教徒的丈夫、儿子、女儿以及孙子都成为了基督徒。类似"重生"经历在复兴运动中屡见不鲜。

　　复兴带来的人际关系和谐首先表现在家庭关系方面。很多破坏家庭和谐的现象，比如夫妻之间的不贞行为、父母子女之间的抚养与赡养问题、子女之间的嫉妒攀比问题等，都因为基督徒对圣经原则的践行而得到解决，父慈子孝、婆媳和睦、夫妻互敬、手足相爱、姑嫂同心等成为很多基督徒家庭的常态。传教士廖纪平曾向母会报告过这样一位中国基督徒：

> 　　黄县浸信会有一个名叫恒星华（Heng Sing Hwa 音译）的信徒。他年轻时脾气不好，经常发火或喝醉，用鞭子抽打他的母亲和妻子，所以她们一看见他就害怕。有一次，他出去好几天都没回家。他的家人赶快向她们所知道的所有神仙烧香许愿，希望他永远不要再回来。过了一段时间，她们听到消息说那个人快回来了，都吓坏了。但他这次回来以后就跟变了个人似的，令他母亲大惑不解。有一天，他母亲悄悄躲到他房间里一探究竟，她看到他回屋之后上了床，然后跪在床上恳切祷告，希望自己能引领家人接受基督。此后，他们的家庭关系彻底改善。那个人现在是他们那个地区最成功的传道人，带领许多人信主，建立了不下15个农村教会。[285]

283《黄县华北浸会神学院男布道团报告》,《全国基督徒布道团报告书》1936 年第 2 期，第 39 页。

284 柯理培：《山东大复兴》，第 67 页。

285 Ullin W. Leavell, "China in Arms-A New Day for an Ancient People," *Home and Foreign Fields,* vol. XI, no. 1 (January 1927), p. 25.

"复兴"带来的人际关系和谐还表现在邻里关系方面。据柯理培回忆，黄县一位女信徒因为女邻居欠钱不还，所以在邻居家的鸡误入她家的时候，偷偷把鸡抓住并吃掉了。后在"大复兴"的认罪热潮中，这位女信徒主动向邻居赔钱，并请求原谅。[286]在这名女信徒的感召和影响下，最终这位女邻居也皈依了基督教，此后她们一直维持着非常亲密的邻里关系。

在"山东复兴"运动中，中国信徒与外国传教士之间也建立了互相尊重、互相依存的同工关系。拿约翰观察到"复兴打破了中国人和传教士之间的隔阂，双方都没有了优越感。'洋鬼子'这个词在复兴发生的地方再也没有出现过。"[287]在柯理培带领的一次奋兴会上，他发现"宣教士与中国基督徒互相拥抱。骄傲、忌恨、论断全部都挪去了。"[288]在济南由拿约翰带领的一场聚会上，一位外国传教士、神学院教授流着眼泪说："弟兄姐妹们，在我可以继续之前，我必须承认我的罪。在我来到中国的这么多年里，我心里一直认为白皮肤比黄皮肤更好，我从来没有对任何人说过，但我相信你们已经在我的行为中注意到了。上帝已经原谅了我，我请求你们也原谅我的罪。"他刚刚坐下，一位刚刚被祝福的中国基督徒也流着泪水，站起来说："这是相互的，我也一直觉得黄皮肤比白皮肤更好。我曾经一直纳闷你们为什么来中国，你们没有我们这么有文化，我认为你们是世界上的败类。现在上帝已经原谅了我这个错误，我希望你们也能原谅我。"[289]在山东省一个叫做严家庄的山村，复兴运动之前对外国传教士极为敌视，只允许中国传道人进入教堂；复兴运动开始后，男女信徒成群结队地出来欢迎传教士。[290]前后对比之明显，令传教士印象深刻。

286 柯理培：《山东大复兴》，第 59 页。

287 John and Jewell Abernathy, "The Shantung Revival In China," http://www.reynoldsarchives.com/shantung_revival.htm, Robert Reynolds 家族档案馆，2018 年 6 月 3 日。

288 柯理培：《山东大复兴》，第 59 页。

289 John and Jewell Abernathy, "The Shantung Revival In China," http://www.reynoldsarchives.com/shantung_revival.htm, Robert Reynolds 家族档案馆，2018 年 6 月 3 日。

290 高福德：《山东复兴》，第 72 页。

六、复兴运动的某些宗教特征引发争议

　　"山东复兴"中出现了某些不同寻常的宗教特征，特别是五旬节派特有的"说方言"现象，引起了美南浸信会华北差会个别传教士的不满和抵制。为此他们写信向母会报告，要求母会派人前来考察，以阻止类似现象在浸信会系统的快速蔓延。面对这一指控，美南浸信会海外传道部执行秘书马德瑞博士（Dr. Charles E. Maddry）专程于1935年来中国特别是山东教区进行了深入调查。经过长达数月的实地调查之后，马德瑞对美南浸信会传教士的神学素养和奉献精神给予高度评价，称"我们的传教士在神学观上是正统的，是忠于耶稣基督的，是忠于浸信会古老信仰和实践的"[291]；他还对"山东复兴"运动给予了高度肯定，称"中国华北和华内地区正在经历一场盛况空前的伟大复兴，美国过去一百年间的所有复兴运动都无法企及"[292]。当时的美国总部认定美南浸信会华北差会传教士并非五旬节主义者，没有误入歧途。进入二十一世纪之后，美国东南浸信会神学院的卫斯理·汉迪[293]和中美浸信会神学院的约翰·普拉姆利[294]分别再次对"山东复兴"运动期间的传教士神学立场进行考察，均认为他们奉行的是凯锡克主义，而非五旬节主义。考虑到时至今日，一些自诩主流正统的基督教宗派依然对"五旬节"一词持有偏见，美南浸信会系统内部有意降低五旬节主义影响的做法是可以理解的。事实上，马德瑞考察结束之后，传教士在汇报"山东复兴"运动盛况的时候措辞用句即收敛了很多，特别对于"说方言"、见异象、做异梦、"圣灵充满"、医病赶鬼等词汇几乎不再提及。比如济南拿约翰在1936年的报告中专门言到："一场伟大的复兴运动持续在济南兴起，但是运动刚开始时出现的肤浅现象逐渐消失，我们目前正在脚踏实地、更加务实地继续推进。"[295]拿约翰所谓的"肤浅"一词可能正在针对某些基督徒单纯追求"说方言"和"圣灵充

291 Charles E. Maddry, "A Day of Good Tidings," *Home and Foreign Fields,* vol. 19, no. 10 (October 1935), p. 1.

292 Charles E. Maddry, "A Day of Good Tidings," p. 6.

293 Wesley L. Handy, "An Historical Analysis of the North China Mission (SBC) and Keswick Sanctification in the Shandong Revival, 1927-1937," Ph.D. diss., Southeastern Baptist Theological Seminary, 2012.

294 John C. Plumley II, "An Analysis of Charles Culpepper Sr.'s Pneumatology and Its Relevance for Missions Today," Ph. D. diss., Mid-America Baptist Theological Seminary, 2016.

295 John A. Abernathy, "Happy in the Master's Service," *Home and Foreign Fields,* vol. 20, no. 4 (April 1936), p. 18.

满"的神秘主义宗教体验而言的，而强调"务实"精神则暗示这些宗教体验并非成为更好的基督徒的唯一的、绝对的标准。

　　除了"说方言"之外，"山东复兴"运动的另外一个显著特色就是情绪主义（emotionism）的敬拜方式，包括集体大声祷告代祷、跪在地上恸哭失声、排队上台认罪忏悔等，这些也是经常引发争议的宗教特征。当然，这些宗教特征并非史无前例，也并非鲜见，早在 1907-1908 的"东北复兴"、1909 年福建"兴化复兴"、1909-1914 年第一次"山东复兴"、1921-1923 年"福州复兴"和 1925 年"上海复兴"等运动中已多次出现，但是之前都没有像"山东复兴"运动一样，将这种高度情绪主义的表达方式作为宣传招牌和敬拜特色，贯穿于整个差会几乎所有教堂的宗教实践中，并且持续时间长达数年。以祷告为例，美南浸信会的中国基督徒尤其喜欢集体祷告和出声祷告，与美北长老会、美以美会等其他差会安静肃穆的景象形成鲜明对比。美南浸信会华北差会哈尔滨传教站的栾马丁曾这样评论：

　　　　（我们教堂的）祷告在某些人看来简直是一片混乱，因为所有人都在声音很大地同时祷告。有时候，当某个人以极大的虔诚进行祷告的时候，他/她的声音就会异乎寻常的大。过一会，这个声音又会小下去，而另一个人的声音又会高出来。虽然我们已经跟中国弟兄们一起祷告了好几年，但是我必须承认，我和许多其他传教士，都不容易认可这种闹哄哄、乱糟糟的祷告方式。但中国人对于这种祷告方式不仅不反感，相反，他们很是喜欢，因为他们在内心渴望和外在表达上实现了统一，至少每个人都是在祷告的。在任何一个普通的中国教室里，经常能听到孩子们大声朗读和背诵的声音，他们从小就习惯了听到别人的声音，并且不会因此受到干扰和感到烦恼。[296]

　　可见，在祷告方式方面，外国传教士和中国基督徒存在明显差别，前者更习惯的是安静的、个人的、情感内敛的，后者更喜欢的是热闹的、集体的、情感外露的。事实上，复兴运动期间高度情绪主义的宗教特征不仅表现在集体祷告方面，而且表现在几乎所有信仰实践和行为上，除了"说方言"、集体祷告之外，还有见异象、做异梦、发预言、唱灵歌、跳灵舞、医病赶鬼等等

---

296 Charles A. Leonard, "A Bible Conference and a Revival," *Home and Foreign Fields,* vol. 20, no. 1 (January 1936), p. 14.

不一而足。正是这些不寻常的宗教实践扫清了教会的低沉和阴霾，为教会注入了新鲜和活力，拉近了人与神的距离，为挣扎求生的普通信徒提供了精神慰藉。当然，这种情绪强烈、个性十足的敬拜方式并不能被所有基督教组织和基督徒所接受，甚至招致他们的反感和孤立。

　　基督教界从来不是铁板一块，教中有派、派中有别，不同宗派和团队对于神学现象的评价和态度历来难以统一，而"山东复兴"运动中涌现的各种新特征更为教会和基督徒站队提供了素材，加深了基督教界不同派系的裂痕，加速了教会分裂的步伐。从差会背景来看，持现代主义和自由主义神学观的西方差会和传教士几乎清一色地对复兴运动中出现的某些特征持鄙视和否定态度，他们经常用的词汇有"过火""极端""迷信""原始""混乱""歇斯底里"等，以美国公理会、美以美会、部分美北长老会为代表；而持基要主义和保守主义神学观的差会和传教士则表示出某种程度的理解和同情，尤以美南浸信会最为典型。[297]从外国传教士和中国基督徒的主要立场来看，大多数传教士虽然对于复兴带来的信徒增多、捐献增加、教会更有活力等成果喜闻乐见，但对于同样由复兴带来的狂热和迷信持保守看法。中国教会领袖和基督徒是复兴运动的主要参与者，也是教会实现自立、自养、自传的真正主力，他们是复兴运动中所谓情绪主义敬拜方式和极端行为的践行者。从基督徒的地域分布来看，来自农村和乡镇的中国基督徒更容易敞开胸怀、积极参与到复兴运动中，特别对于公开认罪、灵浸方言等宗教行为接受度和参与度更高，他们是复兴之火得以持续蔓延、经久不息的真正动力；而城市基督徒，特别是城市教会里那些"最好的教友"，往往对情绪主义的表达方式表示不能理解，对奋兴会一开就蜂拥而至、奋兴会结束则一哄而散的基督徒表示不能欢迎。[298]可见，"山东复兴"运动带来的分裂是多层次和多维度的。

　　作为山东省传教历史最久、传教士和基督徒人数最多、同样来自美国的两个差会——美北长老会和美南浸信会，对复兴运动采取了截然不同的立场和态度。美北长老会代表、华北神学院院长赫士博士认为，"山东复兴"运动至少有两个方面的问题：一是过于强调被"圣灵充满"的经验以及高度情绪化的行为，会让人误以为"主是一个乱来的上帝"；二是该运动具有一定

---

297 Wesley L. Handy, "An Historical Analysis of the North China Mission (SBC) and Keswick Sanctification in the Shandong Revival, 1927-1937," Ph.D. diss., Southeastern Baptist Theological Seminary, 2012.

298 "Indigenous Revival in Shantung," *The Chinese Recorder*, pp. 767-772.

的反智主义倾向，主张依靠圣灵自发的指导作用，不重视读经、教导、布道的准备，也不重视神学教育，结果导致了"幻想式的解经法"。[299]当 1933 年复兴之火烧到华北神学院的时候，北长老会传教士们组织了专门的研经运动，要求学生认真学习新约课程，回归教义经典。[300]因此华北神学院的复兴运动如昙花一现，迅速消退。对照之下，美南浸信会领袖、华北浸信会神学院院长柯理培认为，其他差会没能像美南浸信会一样积极为大复兴做预备，甚至反对复兴是极其不明智的。它所带来的严重后果之一就是老教会走向分裂，新教会层出不穷，传教士失去对中国基督徒的紧密团结和有效引导，导致部分基督徒在情绪主义的道路上越走越远。[301]比如，美北长老会禁止教徒方言灵浸的结果是部分人脱离教会，自发成立灵恩会；美以美会禁止信徒追求灵恩的结果是部分传教士和部分信徒脱离教会，成立"凡物公有"的耶稣家庭。美南浸信会德高望重的郭维弼博士也认为，固然"山东复兴"运动中出现了某些游离于宗教与迷信、温和与过激之间的行为，但是复兴依然值得肯定和鼓励。[302]他们利用宽容接纳富有智慧地笼络住中国信徒，利用因势利导富有策略地培训中国信徒，利用耐心阅历富有经验地等待中国信徒成长。他们顺应中国基督徒的文化背景和心理特点，在与中国教徒一同追求"圣灵充满"的同时加强培训与引导，不仅避免了教会分裂，也带领了美南浸信会历史上规模最大的复兴运动。

七、复兴运动扩散至其他省份

自 1927 年"山东复兴"运动在烟台兴起之后，短短几年时间内就扩散至山东省所有的浸信会教堂和布道站，随后又从城市延伸到乡村。随着省内复兴运动如火如荼地开展，部分传教士和中国传道人被邀请至其他地区布道，由此一传十、十传百，形成"滚雪球效应"。复兴之火陆续烧到东北、河南、安徽、江苏、蒙古等省份，甚至朝鲜、日本等国家，"山东复兴"运动逐渐演变为"中国大复兴"运动。

---

299 姚西伊：《为真道争辩——在华基督新教传教士基要主义运动（1920-1937）》，第 174-175 页。

300 赵曰北：《历史光影中的华北神学院》，第 41 页。

301 柯理培：《山东大复兴》，第 71 页。

302 Eloise Glass Cauthen, *Higher Ground: Biography of Wiley B. Glass Missionary to China*, Nashville, Tenn.: Broadman Press, 1978.

　　同属华北差会的东北教区也受到"山东复兴"运动的影响。一直在东北拓荒深耕的栾马丁 1935 年写信称"过去两年，我们一直渴望在东北地区的浸信会和其他教会中兴起一场复兴运动，但一直求而不得，直到近期的一场圣经会议发展为复兴运动"[303]。董维恩夫人（Mrs. Wayne Womack Adams）也报告称："虽然之前东北也有复兴的迹象，但是直到 1935 年才迎来了真正的复兴。藉着集体祷告和各种预备，圣灵终于带着权柄降临了。以前从来没有见过这么多的喜乐感、神圣感和虔诚感，查经热、祷告热和见证热。"[304]在来自山东平度的关寿松和侯公瑞的带领下，哈尔滨的查经会发展为一场声势浩大的奋兴会，很多参与者得到灵浸重生。1935 年哈尔滨浸信会的受浸人数为 337 人。[305]大连有三个教堂，并且新开了两处基督教福音堂，三名中国籍牧师五年没有领过工资，依然充满热情地为主作工。1935 年受浸人数为 176 人[306]，1936 年受洗人数为 121 人[307]。伪满洲国首都新京新建了一处浸信会教堂，之前因为经费问题关闭的两个外围布道站重新开放。

　　美南浸信会华内差会更早地燃起了复兴之火，这主要得益于华北差会传教士作为复兴之火传递者的巡回布道。1932 年春，河南开封的浸信会学校发生学生抗议事件，一名中国学生掌掴了传教士，并公开谴责所有传教士。该教会学校一度局面失控，师生关系极度尴尬与紧张。驻开封的美南浸信会传教士陆德恩（Wesley Willingham Lawton. Sr.）给德高望重的郭维弼博士写信，请求前来带领奋兴会。郭博士不负众望，经过 10 天的演讲布道会，顺利平息了校园冲突，化解了师生矛盾。[308]1932 年底，郭博士再次受邀回访河南，在郑州和开封教堂领会，掀起了河南复兴运动。一名开封浸信会传教士报告称："当人们完成认罪，承认了自己的贪婪、偷盗、撒谎等之后，地上的坑洼里流满了泪水"[309]；一名郑州的传教士写道："主耶稣变得真实和珍贵，吸大

---

303 Charles A. Leonard, "A Bible Conference and a Revival," p. 14.

304 Mrs. W. W. Adams, "Calling to Mind God's Marvelous Woks in North China," *Annual of the Southern Baptist Convention, 1936*, Saint Louis, Missouri, May 14-18, 1936, p. 185.

305 Mrs. W. W. Adams, "Calling to Mind God's Marvelous Woks in North China," p. 186.

306 Mrs. W. W. Adams, "Calling to Mind God's Marvelous Woks in North China," p. 186.

307 Anna Hartwell, "Thy Kingdom Come in North China," p. 210.

308 Eloise Glass Cauthen, *Higher Ground: Biography of Wiley B. Glass Missionary to China*, pp. 157-158.

309 Josephine Ward, "Revival in Kaifeng," *Home and Foreign Fields,* vol. 16, no. 10 (October 1932), pp. 29-30.

烟的戒烟了，失足的得救了，基督徒变成了见证者，自给自足的教堂建立起来了"。[310]1933年初正值农历新年期间，郭维弼和陆德恩受邀来到安徽省领会，揭开了安徽基督教复兴运动的序幕。平度浸信会的关寿松牧师也受邀至河南郑州领会，带领许昌县一位72岁的许爱理老太太信主，她被"圣灵充满"之后得到新生命新能力，不仅眼病腿病都好了，而且从一字不识变得对圣经背诵如流，并将福音传扬到湖北省的武昌、汉口和汉阳等地。[311]

　　除了华北差会、华内差会呈现复兴气象之外，华中差会也有复兴运动的相关报道。美南浸信会的机关报《美南浸信会母会与海外事工》曾收到来自华中差会驻江苏扬州的施坦士夫人（Mrs. Drue Fletcher Stamps）的来信，称扬州浸信会教堂里出现了跟山东、河南类似的复兴运动："有人承认他们没有认真履行什一捐，现在愿意连本带息地补交；还有人承认盗窃，希望能归还并补偿。"[312]许多对基督教从来不感兴趣的人，突然出现在教会和礼拜堂里，询问重生得救的消息。虽然在复兴运动中很多非基督徒皈依，但是复兴运动带来的最引人注目的影响还是基督徒所发生的激进而彻底的转变，信仰热情高涨，灵程一日千里，自觉过着"得胜的基督徒生活"。

　　在"山东复兴"之火走出山东、影响全国的过程中，不仅美南浸信会的外国传教士发挥了重要作用，而且中国籍宗教领袖、优秀基督徒也发挥了重要作用，将复兴运动的火种撒到全国各地。徐上达大夫及其西北医疗布道事工也是"山东复兴"运动的重要成果。徐上达自浸信会初中毕业后，进入黄县浸会神学院就读，大复兴开始后多次公开表达想去西北行医宣教的愿望。经安霖森医生推荐，在济南的齐鲁大学医科接受了全面系统的医学培训，毕业后回到黄县怀麟医院实习。1937年实习结束正要奔赴西北传道之际，抗日战争爆发，日本人占领黄县，并禁止像徐大夫这种受过专业训练的人士通过防线到西部的大后方去，导致徐大夫计划搁置。直至1941年，在美南浸信会国外传道部和浸信会华北议会的合作支持下，徐上达才终于踏上深入内陆拓荒布道之路。在柯理培的陪同下，经上海、香港、广州湾、西江、梧州、重庆、成都、稻城等地，最终到达雅安藏民区。徐大夫最终在甘肃省武威县扎

310 Eloise Glass Cauthen, *Higher Ground: Biography of Wiley B. Glass Missionary to China*, pp. 161-162.

311 王勉斋：《山东大复兴补志》，第7页。

312 Charles E. Maddry, "Stranger Than Fiction," *Home and Foreign Fields,* vol. 18, no. 8 (August 1934), p. 25.

下跟来，一边行医，一边传福音，发展了上百名基督徒。[313]中国籍义务传道人张广柱、赵德山等人把"山东复兴"的福音传到华北其他省份和东北地区。张广柱来自济南的富裕宦官家庭，"蒙神感召"后与赵德山、黄先生三人外出传教，在几个月的时间里一路向北，途径泰安、济南、天津、北平，最远到达内蒙古绥远。他们自己出资在绥远建立孤儿院和耶稣村，"帮助当地游荡的牧羊人和长袍大袖的喇嘛改善经济状况，同时在信仰上得到真光和安慰"。[314]

小 结

　　美南浸信会华北差会的"山东复兴"运动具有深刻的社会背景。从浸信会和美南浸信会的历史来看，它们发源于基督新教改革运动，植根于传统农业社会和保守文化氛围，虽然在教会礼仪和制度方面具有个性化和分权化的自由色彩，但是在神学教义的基本取向上一向以保守著称，一直是广义福音派的核心主力成员。在二十世纪上半叶美国本土的现代主义与基要主义之争中，美南浸信会的绝大多数成员毫不犹豫地加入基要派，对现代派及其神学观点进行大肆讨伐，在神学立场上更加保守。来到中国以后，美南浸信会传教士延续了自己一贯的神学主张，在工作中大力宣传基要主义的核心要义，坚决维护《圣经》的权威性，高度重视灵魂得救和个人皈依，以神迹奇事作为传教的重要手段。面对十九世纪末二十世纪初悄然兴起的五旬节主义新主张，比如前千禧年主义的末日观，耶稣快来的紧迫感，"圣灵充满"的宗教体验，方言异象异梦医病赶鬼等鲜活灵恩，集体祷告认罪悔改等教会仪式等，大部分美南浸信会传教士选择了包容甚至接纳，这成为"山东复兴"运动得以在美南浸信会首先兴起的内在原因。

　　"山东复兴"运动是美南浸信会历史上的一桩盛事，当时大量的差会报告和传教士书信都用压抑不住的激动口吻对其进行了描述；到二十世纪下半叶亲身参与了这一复兴运动的传教士们掀起一股追忆和复述的热潮，以回忆录或传记的方式集体回忆这段"过去的美好时光"，充分体现了"山东复兴"运动对于美南浸信会在华传教事业的重要意义。这场复兴之火起源于

313 柯理培：《诸圣之末——柯理培传》，第 200 页。
314 高福德：《山东复兴》，第 82 页。

1927 年的山东烟台，受到"南京事件"的影响，全国多个省份的上千名传教士齐聚烟台暂时避险，这其中就有来自挪威路德会的单身女传教士孟慕贞。她是一位具有五旬节倾向的基要派传教士，之前曾在她所工作的河南南阳带领了小规模的"南阳复兴"运动。来到山东烟台之后，她将复兴的火种播撒在美南浸信会传教士的心中，很快带动了美南浸信会系统的复兴运动。"复兴之火"从烟台点燃，一路向西，先后蔓延到平度、高密、莱阳、莱州、莱阳、黄县、济南、济宁等地，并以华北浸会神学院所在的黄县为中心，不断向外延伸和辐射。

1927-1930 最初的四年间，"山东复兴"运动尚处于起始阶段，外国传教士和中国信徒彼此认罪、归还财物，非基督徒皈依，祷告的氛围充满了整个华北差会，但是复兴的马达尚未火力全开，复兴的高潮尚未全面到来。这期间山东天灾人祸接踵而至，传教工作受到极大影响。比如 1928 年日军以武力阻止国民革命军北伐而制造"济南惨案"，1929 年美国爆发经济危机导致美南浸信会债台高筑，连续九年没有向山东教区派过一名传教士[315]。危机一方面加剧了民众生活的苦难，使其生活无依，心灵不安，灵魂无着，另一方面也给宗教信仰带来了迫切需求和生存空间，大规模的虔诚的宗教皈依和复兴运动蓄势待发，终于在 1931-1933 年到达最高潮。在接下来的几年中，受到美南浸信会内部神学立场分歧的影响，以"方言灵浸"为表现的五旬节主义特征有所弱化，至少传教士们普遍提高了这方面的警惕性，对五旬节主义的戒备心理增强。随着 1937 年日本侵华战争的全面爆发，"山东复兴"运动走向衰落。

---

315 Mrs. W. B. Glass, "Nine Years Without Re-enforcements," *Home and Foreign Fields,* vol. 16, no. 11 (November 1932), p. 31.